"十三五"高职高专规划教材

高职大学生心理素质提升

主　　编　李韦嫦　阮书云

副 主 编　甘　瑜　吴沁嶷

电子工业出版社·

Publishing House of Electronics Industry

北京·BEIJING

内 容 简 介

本书围绕与高职大学生（简称高职生）紧密相关的学习与生活问题展开，从各个方面阐述高职生心理健康问题，既有理论基础，又有实践经验，更有案例分析。在各个章节中，穿插案例和心理测试题目，帮助高职生认识自我，学会一些心理减压方法，这无疑具有很强的现实意义。内容包括高职生心理健康导论、自我意识、常见心理问题及应对、情绪管理、人际交往技巧、恋爱与性、学习心理、家庭关系、网络心理，等等。

本书可作为高职院校大学生心理健康教育的教材和指导书，也可作为教育学和心理学工作者的参考用书。

图书在版编目（CIP）数据

高职大学生心理素质提升 / 李韦嫦，阮书云主编 . — 北京：电子工业出版社，2021.3

ISBN 978-7-121-40672-0

Ⅰ．①高… Ⅱ．①李… ②阮… Ⅲ．①大学生－心理健康－健康教育－教育研究－高等职业教育 Ⅳ．① G444

中国版本图书馆 CIP 数据核字（2021）第 039077 号

责任编辑：祁玉芹　　文字编辑：张　豪

印　　刷：中国电影出版社印刷厂
装　　订：中国电影出版社印刷厂
出版发行：电子工业出版社
　　　　　北京市海淀区万寿路 173 信箱　　邮编：100036
开　　本：787×1092　1/16　印张：14.75　　字数：340 千字
版　　次：2021 年 3 月第 1 版
印　　次：2023 年 8 月第 6 次印刷
定　　价：39.50 元

前　言

　　大学生[1]是国家宝贵的人才资源，是民族的希望和未来，承载着建设中国特色社会主义、将"中国梦"的伟大构想化为美好现实的重托。因此，关注大学生心理健康和全面发展，是高等教育的重要内容。

　　随着经济的不断发展，社会竞争的日趋激烈，生活节奏的日益加快，多元文化的相互交织和碰撞，在给大学生带来机遇和挑战的同时，也给他们带来了巨大的心灵冲击。大学生面临着环境适应、学习适应、人际交往、恋爱、理想与现实、就业等方面的心理压力和冲突。如果这些问题处理不当，会给大学生带来不良的心理影响，甚至导致心理疾病的出现。

　　本书紧密结合大学生的学习和生活实际，对大学生在校期间可能遇到的成长和发展问题，从理论到实践，从体验到训练，为当代大学生提供了学习和成长的知识和方法。每章内容都包含心理案例、心理课堂、心灵瑜伽、心理测试、活动训练、作业反思六个模块。心理案例导读性强，发人深思；心灵瑜伽愉悦身心，在轻松的阅读中帮助大学生获得启发和感悟；心理课堂淡化理论知识的全面性和系统性，注重精选、实用、够用；心理测试帮助大学生更好地认识和发现自己，并为成长和发展找准方向；活动训练设计了实践训练方案，针对性和操作性强；作业反思引导大学生进一步思考，在反思中整合与巩固所学的知识与技能。本书既可以作为高等院校大学生案头必备的自助手册，也可作为高校心理健康教育的教材和指导书，亦可作为高校学生管理者的参考书。

　　希望通过本书的学习，帮助学生明确心理健康的标准及意义，增强自我心理健康意识和心理危机预防意识，掌握并应用心理健康知识，培养自我认知能力、人际沟通能力、自我调节能力，提高心理素质，促进学生全面发展。

　　经过三年的教学实践，本书根据高职院校的特点进行改版由李韦嫦、阮书云、担任主编，甘瑜、吴沁嶷担任副主编，参加编写的还有姚紫燕、唐小媚、陈香、赵小兔、韦莲花、梁小连、吴小婉、张燕飞、王佩娟（柳州第一职业技术学院）。其中，第一章、第三章、第八章由李韦嫦编写；第二章由姚紫燕编写；第四章由唐小媚编写；第五章由韦莲花编写，第六章由赵小兔编写；第七章由陈香编写；第九章、十一章由甘瑜编写；第十章由吴沁嶷编写。阮书云、王佩娟对全书章节内容进行了审核修改，梁小连、吴小婉、张燕飞对稿件进行了修改。在编写过程中，我们引用了同行专家的有关资料，在此特表感谢！

　　由于编者水平有限，本书难免存在不足之处，恳请同行、专家及读者批评指正。

编者

---

1. 生活中，大学生一般泛指本科大学生和高职大学生两类学生。本书中，在涵盖两者时使用了大学生的称法，在特指高职大学生时使用了高职生的简称形式。

目　录

第一章　美好人生从心开始——高职生心理健康导论 /1

第一节　走进浩瀚的心灵——科学的心理健康观　/2

第二节　为心灵播撒阳光——高职生心理健康的维护　/5

第二章　在意识空间感受自我本色——自我意识 /18

第一节　我是谁——探索自我意识的世界　/19

第二节　我为什么是我——高职生自我意识发展的特点　/21

第三节　理想的我在哪里——高职生自我意识的完善　/24

第三章　解开心灵密码——高职生常见心理问题及应对 /30

第一节　心理问题大揭秘——高职生常见的心理问题　/31

第二节　高职生心理咨询　/42

第四章　做情绪的主人——高职生情绪管理 /57

第一节　初识情绪——了解情绪的本质　/58

第二节　晾晒心情——高职生常见的情绪困扰　/60

第三节　培养情商——做自己情绪的主人　/72

第五章　沟通你我他——高职生人际交往 /90

第一节　初识人际——了解人际交往　/92

第二节　直面人际——人际交往中常见的问题及影响因素　/95

第三节　改善人际——培养人际交往的能力　/99

第六章　恋爱与性 /120

第一节　高职生性心理的发展和性心理特点　/121

第二节　高职生恋爱心理及常见问题　/125

第七章　高职生压力管理与挫折应对 /140

第一节　压力、挫折探源——压力与挫折概述　/141

第二节　直面冷静——高职生压力和挫折的产生、反应特点及影响　/144
第三节　解决之道——高职生压力管理与挫折应对　/149

第八章　珍爱生命——大学生生命教育与危机干预　/161
第一节　生命教育——认识生命本真　/162
第二节　生命礁石——细说心理危机　/166
第三节　大学生心理危机的应对　/171

第九章　学习心理　/183
第一节　大学生学习心理概述　/184
第二节　大学生常见学习心理问题　/186
第三节　大学生学习中的心理调适　/188

第十章　家庭关系　/197
第一节　家庭的结构和发展　/198
第二节　家庭的沟通　/207
第三节　家庭治疗的产生和发展　/211

第十一章　网络心理　/217
第一节　大学生与网络　/218
第二节　大学生常见网络心理问题和成因　/220
第三节　大学生网络心理问题的自我调适　/223

参考文献　/229

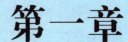

第一章

美好人生从心开始
——高职生心理健康导论

【心理案例】

郁闷的小张

小张是一名大一新生，父母在外地打工供他上学。他自从上学以来，学习一直十分刻苦。但是自从进入大学之后，他忽然感到心中茫然，对学习一点也提不起精神，对于未来感觉迷茫，有时候想到自己家境的窘迫和上大学的不易，心里也是十分着急，但仍旧找不到学习的目标和动力。上课时间久了就会觉得自己浑身不舒服，经常头晕眼花，听课效率特别低，在学习上得过且过，上课经常犯困打盹。最近他经常上网打游戏，但他解释说并不是因为自己喜欢上网，而是实在觉得学习太没劲而上网打发时间。他对于自己的现状十分苦恼，但却束手无策。

案例分析：

案例中的小张面临的是常见的大学生学习心理问题。首先，小张缺乏学习动力。由于刚步入大学，离毕业尚早，没有时间的紧迫感和危机感。此外，由于大学以主动学习为主，学习方式发生了变化，与高中阶段的被动学习十分不同。小张一时间还没有适应，没有明确的学习目标和学习计划，在学习中缺乏连贯性和目标性，没有成就感，不能集中精力进行学习。随着闲暇时间的增多，小张通过网络游戏或上网聊天的方式来打发时间，导致学习成绩不佳，学习动机更加不足。

其次，小张产生了学习疲劳。大学生的学习疲劳分为生理性疲劳和心理性疲劳。生理性疲劳是指由于长时间的持续过度学习所引起的一系列身体上的不适感，如眼睛干涩、身体疼痛等；心理性疲劳则是指感官活动机能降低、注意力涣散、思维迟钝、情绪躁动、忧郁、厌烦、学习效率下降等，甚至出现对于学习的心理排斥。案例中的小张两者皆有，上课头晕脑胀，浑身不舒服是生理性疲劳；学习动力不足，上课效率低则是心理性疲劳。生理性疲劳可以经过一段时间的休息得以恢复，心理性疲劳则要通过心理调节进行缓解。

此外，小张还存在学习适应的问题。由于大学生的学习内容和学习方式不同于以往，需要自主性学习和创新性学习，小张产生了适应上的困难。加上学习动力不足，找不到方向和目标，就借上网来打发时间，导致学习状况日益变差。

第一节 走进浩瀚的心灵
——科学的心理健康观

一、现代健康新概念

健康是人的第一财富。如果没有健康，智慧就难以表现，知识也无法利用。有了健康就有了希望。对于当代高职生来说，健康更是学业有成、事业成功、生活快乐的基础。

什么是健康？长久以来，"没有病痛和不适就是健康"的观念一直为许多人持有，认为只要自己头不疼、脑不热的就是健康。随着科学文化和社会的不断发展，人们对健康的理解也发生了很大的变化，社会心理因素对于健康和疾病的影响越来越引起人们的关注，人们在重视生理健康的同时，对心理健康的关注程度也与日俱增。现代医学认为，个体的情绪、性格对人体疾病的发生与发展有很大的影响。一个人在遭受重大刺激、心理上遭到严重创伤时，会本能地产生一种应激反应进行自我保护。但是如果这种刺激或创伤强烈而持久，就有可能导致机体疾病的产生，甚至精神崩溃，也就是我们常说的精神失常。

1948 年，世界卫生组织提出了健康的概念：健康是一种生理、心理和社会适应都趋于完满的状态。具体来说，精力充沛，能从容不迫地担负日常工作和生活；积极乐观，心胸开阔，勇于承担责任；情绪稳定，睡眠良好；自我控制能力强，善于排除干扰；应变能力强，能适应外界环境的各种变化；眼睛有神，牙齿洁净，无出血现象；体重得当，身材匀称，步态轻松自如。1989 年，世界卫生组织又修改了健康的概念，在原来的基础上又增加了道德健康。即健康包括身体健康、心理健康、社会适应健康与道德健康四个方面。这告诉我们，评价一个人健康与否，不能只看他是不是强壮或化验单上的指标是不是正常，衡量一个人是否健康，必须从生理、心理、行为等因素进行综合分析。有没有器质性或功能性异常，有没有主观不适感，有没有社会公认的不健康行为等。

二、心理健康的含义与标准

（一）心理健康的含义

什么是心理健康？所谓心理健康，就是一种良好的、持续的心理状态与过程，表现为个体具有生命的活力、积极的内心体验、良好的社会适应，能够有效地发挥个人的身心潜力以及作为社会一员的积极的社会功能。

其中，"良好的社会适应"表现在：能恰当地承担自己的社会角色和社会职能，和谐的人际交往，灵活的应变能力，没有非适应行为四个方面。

（二）心理健康的标准

心理健康的标准不像生理健康的标准那样具体、精确和绝对。对心理健康状况的划分，一般用"常态"与"变态"或者"正常"与"异常"来表示。心理健康与否、正常与否的界限是相对的，是一个连续体的两端，没有绝对的分界线。

美国心理学家马斯洛与米特曼在《变态心理学原理》中提出了一个正常人的行为标准：

1. 具有适度的安全感，有自尊心，对自我与个人的成就有"有价值"之感；

2. 适度的自我批评，不过分夸耀自己，也不过分苛责自己；

3. 在日常生活中，具有适度的自发性与感应性，不被环境所奴役；

4. 与现实环境保持良好的接触，能容忍生活中挫折的打击，无过度的幻想；

5. 适度地接受个人的需要，并具有满足此种需要的能力，特别不应对个人在性方面的需要与满足产生恐惧或歉疚感；

6. 有自知之明，了解自己的初衷与目的，并能对自己的能力做出适当的评估；

7. 对个人不违背社会规范、道德标准的欲望不做过分的否认或压抑；

8. 能保持人格的完整与和谐，个人的价值观能视社会标准的不同而改变，对自己的工作能集中注意力；

9. 有切合实际的生活目的，个人所从事的多为实际的、可能完成的工作，及个人生活目的中含利己与利人两种成分；

10. 具有从经验中学习的能力，能适应学习的能力，能通过改变自己的方式适应环境的需要；

11. 在团体中能与他人建立和谐的关系，重视团体的需要，接受团体的传统，并能控制为团体所不容的个人欲望或动机；在不违背团体意愿的原则下，能保持自己的个性；有个人独立的意见，有判断是非善恶的能力，对人不做过分的阿谀，也不过分追求社会赞许。

浙江大学教授马建青主编的《心理卫生学》认为，一个心理健康的人，智力正常，善于协调和控制情绪，心境良好，意志品质健全，人际关系和谐，能主动适应环境，心理行为符合年龄特征。

三、高职生心理健康的标准

综合国内外专家学者的观点，根据高职生的年龄特征、心理特征和角色特征，我国当代高职生心理健康的标准一般包括以下八个方面。

（一）智力正常

智力是指一个人认识能力与活动能力所达到的水平，是人的观察力、注意力、记忆力、想象力、思维力、创造力和实践能力等的综合。智力正常是高职生学习、生活、工作的最基本的心理条件，也是适应周围环境变化所必需的心理保证。

（二）情绪健康

情绪健康的主要标志是情绪稳定和心情愉快。包括的内容：愉快情绪多于负面情绪，乐观开朗，富有朝气，对生活充满希望；情绪较稳定，善于控制与调节自己的情绪，既能克制，又能合理宣泄；情绪反应与环境相适应，情绪反应是由适当的原因引起的，反应的强度与情境相符。

（三）意志健全

意志是一种心理过程，即个体在完成一种有目标的活动时所进行的选择、决定与执行的心理过程。一个意志健全的人在行动的自觉性、果断性、顽强性、自制力等方面都表现出较高的水平。在各种活动中都有自觉的目的性，能适时地做出决定并运用切实有准备的方法解决所遇到的问题。在困难和挫折面前能采取合理的、有效的反应方式，善于控制自己的情绪和言行，而不是盲目行动、畏惧困难、顽固执拗。

（四）人格完整

心理学上的人格是指一个人比较稳定的心理特征的总和，包括气质、性格、能力、兴趣、爱好、需要、理想、信念等，也就是我们常说的个性。人格完整就是一个人所想、所说、所做的都是协调一致的：人格结构的各要素完整统一；具有正确的自我意识，不产生自我同一性混乱，以积极进取的人生观作为人格的核心，并以此为中心把自己的需要、目标和行动统一起来。

（五）自我评价正确

正确的自我评价是高职生心理健康的重要条件，对自己的认识比较接近现实，有自知之明，恰如其分地认识自己，摆正自己的位置，对优点感到欣慰，又不狂妄自大；对弱点既不回避，也不自暴自弃，而是善于自我接纳，喜欢自己，接受自己；自尊、自强、自制、自爱，正视现实，积极进取。

（六）人际关系和谐

良好而和谐的人际关系，是事业成功与生活幸福的前提。其表现为乐于与人交往，既有广泛而和谐的人际关系，又有知心朋友；在交往中保持独立而完整的人格，有自知自明，不卑不亢；能客观评价别人和自己，善于取长补短；对人宽容，乐于助人，积极的交往态度多于消极态度；交往动机端正。

（七）适应能力强

适应能力强表现在和社会保持良好的接触，对周围事物和环境能做出客观的认识和评价，能够面对现实、接受现实，并能主动适应，以有效的办法应对环境中的各种困难，不退缩，还能根据环境的特点和自我意识的情况努力进行协调。

（八）心理行为符合年龄特征

在校高职生正处于青春期，心理特征应与年龄特征和角色相适应。如果一个高职生经常严重地偏离这些心理行为特征，有可能是心理异常的表现。

第二节　为心灵播撒阳光
——高职生心理健康的维护

一、高职生心理健康维护的策略

从策略上讲，高职生可以从以下三个方面维护自己的心理健康。

（一）主动学习心理健康和心理问题方面的知识，正确认识心理健康和心理问题，树立科学的健康观，掌握一些心理问题的鉴别方法和常用的心理调适方法。

（二）积极参加实践活动，丰富生活体验，增加社会阅历，从而不断增进人际关系，提高挫折承受力和社会适应力。

（三）以科学、理智的态度对待心理问题，发现有心理困扰时，主动、积极、及时地到心理咨询机构进行心理咨询或心理治疗。

二、高职生心理健康维护的方法

具体来说，高职生可以通过学习掌握以下方法来维护和提高心理健康水平。

（一）从根本上，要树立积极的人生态度

例子： 维克托·弗兰克尔什么罪也没有，只因为他是犹太人，就被投入了纳粹德国某集中营。每天他都在积极思考，用什么办法能够逃出去，他请教同室的伙伴，伙伴嘲笑他："来到这个地方，从来就没有人想过能活着出去，还是老老实实干活吧，也许能多活几天。"可他不是这种想法，他想到的是家有老母和妻儿，自己一定要活着出去。积极的思考终于给他带来了机会。一次，在野外干活，趁着黄昏收工的时候，他钻进了大卡车底下，脱掉衣服，趁人不注意，悄悄地爬到了附近的一堆赤裸死尸上。刺鼻难闻的气味，蚊虫的叮咬，他全然不顾，一动也不动地装死，直到深夜，他确信无人，才爬起来光着身子一口气跑了70公里。可见，世上没有绝望的处境，只有对处境绝望的人。这位幸存者后来对人们说："在任何特定的环境中，人们还有最后一种自由，就是选择自己的态度"。

这就是积极的人生态度。有人对积极的人生态度是这样诠释的：不能改变环境就适应环境，不能改变别人就改变自己，不能改变事情就改变对事情的态度，不能向上比较就向下比较。积极的人生态度来源于对生命的体悟和觉察，是智慧与洒脱的表现。

1. 享受过程

每个生命都是一段旅程，从出生到死亡，这是一段不可逆的过程。不可快进，不能倒退，不能暂停，不能回放，每个阶段都有各自的价值和乐趣，每个阶段的空白都是终生的空白，每个阶段的遗憾都是终生的遗憾。生命是一个括号，左边括号是出生，右边括号是死亡，我们要做的事情就是填括号，要争取用精彩的生活、良好的心情把括号填满。

例子： 有一个年轻人自称看破红尘了，每天什么都不干，懒洋洋地坐在树底下晒太阳。有一个智者问他："年轻人，这么大好的时光，你怎么不去赚钱？"年轻人说："没意思，赚了钱还要花。"智者又问："你怎么不结婚？"年轻人说："没意思，弄不好还要离婚。"智者说："你怎么不交朋友？"年轻人说："没意思，交了朋友弄不好会反目成仇。"智者给年轻人一根绳子说："干脆你上吊吧，反正也要死，还不如现在死了算了。"年轻人说："我不想死。"智者于是说："生命是一个过程，不是一个结果。"年轻人幡然醒悟，这就叫"一句话点醒梦中人"。

2. 活在当下

活在当下的真正含义来自禅。曾经有人问一个禅师，什么是活在当下？禅师回答："吃饭就是吃饭，睡觉就是睡觉，这就叫活在当下。"如果现在问大家，对于你们来说，什么事情是最重要的？什么人是最重要的？什么时间是最重要的？有人可能会说，最重要的事情是升官、发财、买房、购车；最重要的人是父母、爱人、孩子；最重要的时间是高考、毕业答辩、婚礼。我告诉大家，这些都不是，最重要的事情就是现在你做的事情，最重要的人就是现在和你在一起的人，最重要的时间就是现在，这种观点就叫活在当下。

例子： 一个人被老虎追赶，他拼命地跑，一不小心掉下悬崖，他眼疾手快抓住了一根藤条，身体悬挂在半空中。他抬头向上看，老虎在上边盯着他；他低头往下看，万丈深渊在等着他；他往中间看，突然发现藤条旁有一颗熟透了的草莓。现在这个人有上去、下去、悬挂在空中吃草莓三种选择，他怎么选择？他选择吃草莓。这是一个禅学故事，吃草莓这

种心态就是活在当下。你现在能把握的只有那颗草莓，就要把它吃了。现在连接着过去和未来，如果你不重视现在，你就会失去未来，还连接不上过去，你能够把握的只有现在。如果一味地为过去的事情后悔，你就会消沉；如果一味地为未来的事情担心，你就会焦躁不安。

3. 学会感恩

如果你把别人看成魔鬼，你就生活在地狱里；如果你把别人看成天使，你就生活在天堂里。如果你能把别人变成魔鬼，你就在制造地狱；如果你能把别人变成天使，你就在制造天堂。怎么才能把别人变成天使呢？你要学会感恩、欣赏、给予、宽容。

一个人幸福不幸福，在本质上与财富、地位、权力没关系。幸福是由思想、心态决定的，心可以造天堂，也可以造地狱。

例子： 一个武士问老禅师："师父，请问什么是'天堂'？什么是'地狱'？"老禅师轻蔑地看了他一眼，说："你这种人根本不配和我谈'天堂'。"武士被激怒了，"嗖"地拔出刀，把刀架在老禅师的脖子上，说："糟老头，我要杀了你！"老禅师平静地说："这就是'地狱'。"武士明白了，愤怒的情绪就是"地狱"，于是把刀收了回去。老禅师又平静地说："这就是'天堂'。"武士明白了，心情好就是"天堂"。

4. 停止抱怨

"与其埋怨世界，不如改变自己。"俗话说"车到山前必有路"。只要有突破困境的愿望，改变抱怨的态度，积极地去做当下应该做的事情，那么就一定能突破困境，继续向追求的目标前进。

例子： 有一个作家出差时，无意中坐了一辆非常有特色的出租车。这辆出租车的司机穿着干净，车里也非常干净。作家刚刚坐稳，就收到司机递来的一张精美卡片，卡片上写着："在友好的氛围中，将我的客人最快捷、最安全、最省钱地送达目的地。"看到这句话，作家来了兴趣，便和司机攀谈了起来。司机说："请问，你要喝点什么吗？"作家诧异："这辆车上难道还提供喝的吗？"司机微笑着说："对，我不但提供咖啡，还有各种饮料，而且有不同的报纸。"作家说："那我要杯热咖啡吧。"司机从容地从旁边的保温杯里倒了一杯热咖啡给这个作家。然后又给了作家一张卡片，卡片上是各种报纸的名称和各个电台的节目单。只见上面写道《时代周刊》《体育报》《今日美国》……简直太全面了！在路上，这个司机善意地询问这个作家，车里的温度是否合适，到目的地还有条更近的路是否要走，作家觉得温馨极了。这个司机对作家说："其实，刚开始的时候，我的车并没有提供如此全面的服务。我像其他人一样爱抱怨糟糕的天气、微薄的收入、堵得一塌糊涂的路况，每天都过得很糟糕。有一天，我偶然在广播里听到一个故事，改变了我的观念。那个广播节目请了励志成功学大师韦恩•戴尔博士，让博士来介绍他的新书。那本书我到现在都记得名字，它叫《心诚则灵》。书中重点阐述了一个观点：停止抱怨、停止在日常生活中的抱怨，会让任何人走向成功。他让我突然醒悟，我目前糟糕的情况其实都是自己抱怨造成的。所以，我决定停止抱怨，开始改变。第一年，我只是微笑地对待所有的乘客，我的收入就翻了一倍。第二年，我发自内心地去关心所有乘客的喜怒哀乐，并对他们进行安慰，这让我的收入又翻了一番。第三年，也就是今年，我让我的出租车变成了全美国都少有的五星级出租车。除了我的收入，上涨的还有我的人气，现在要坐我的车，都需要提前打电话预约。而您，其实是我顺路搭载的一个乘客。"

这位出租车司机的话，让这个作家惊讶极了。作家不禁反思自身，其实在日常生活中，自己何尝不是抱怨很多。因此他决定改变自己，他将这个司机的故事写成了一本书。有受到启发的读者试着去做了，生活真的发生了改变。这种改变让作家知道了，停止抱怨的力量是多么的强大。

（二）建立合理的认知模式，积极看待周围的人和事

为什么面对同一件事情，不同的人会有完全不同的情绪反应呢？答案：决定我们情绪的是我们对事物的认知和评价，快不快乐完全由自己的想法决定。美国心理学家艾利斯的情绪 ABC 理论可以帮助我们更深入地理解这一点。

1979 年，艾利斯曾提出了四点基本假设：

1. 自寻烦恼是人的本性。人并不完全是理性的动物，人常为情绪所困扰，而困扰的原因多半是内生自取的，很少是外因造成的。

2. 人有思考能力，但在思考自身问题时，则多表现出损人利己的倾向。对与自己密切相关的事，往往做过多的无谓思考，这是困扰自己的主要原因。

3. 不需要有事实根据，单凭想象就可以形成信念，这是人区别于其他动物的特征之一。这种无中生有的想象力如果太丰富，就会使人陷入越想越苦恼的困境之中。

4. 人有自毁倾向，同时也有自救能力，可以通过转化前者，来帮助发展后者。

艾利斯根据自己提出的这四点假设，创立了情绪 ABC 理论。

A：Activating Events，指发生的事件。

B：Beliefs，指个人对事件所持的信念。

C：Consequences，指人的情绪及行为结果。

A 代表与自己有关的事件。所谓事件，可能是客观事实（如丢了一笔数量不少的钱），可能是他人的态度和行为（如有人对自己很冷淡），可能是与别人的关系发生了变化（如失恋），也可能是自己所造成的后果（如自己学习不得法，导致考试成绩不理想）。

B 代表个人对与自己有关的事件所持的信念，也就是所作的解释和评价。

C 代表个人对事件的情绪反应，这种反应可能是积极的，也可能是消极的；可能是适度的，也可能是过度的。

通常，人们会认为，人的情绪及行为反应是由诱发性事件 A 直接引起的，即 A 引起了 C。情绪 ABC 理论则指出，诱发性事件 A 只是引起情绪及行为反应的间接原因，而人们对诱发性事件所持的信念、看法、解释，即 B，才是引起人的情绪及反应的更直接的原因。也就是说，人的情绪不是由某一诱发性事件本身所引起的，而是由经历这一事件的个体对这一事件的解释和评价引起的。总之，A 不是 C 产生的直接原因，C 的性质关键取决于 B 的中介作用。这就是情绪 ABC 理论的基本观点。

在此基础上，艾利斯提出通过改变认知达到调节情绪的目的。而生活中不良情绪的产生、发展并影响人的整个状态多是由于不合理的认知导致的。美国心理学家韦斯勒等人曾

对不合理认知进行了专门研究，认为不合理认知有以下三个基本特征：

（1）绝对化的要求

所谓绝对化的要求是指人们以自己的意愿为出发点，对事物怀有必定发生或不会发生的信念。这是不合理认知中最常见的特征。例如，"只要我付出了努力，我就应该获得成功。""我爱他，他就应该用同样的爱来回报我。"下面这一案例就是"绝对化的要求"的典型。

李昆，某重点大学学生，与同班一个女生在两年前建立了恋爱关系，可最近他的女友对他在感情上越来越疏远，时常发生争吵，并多次提出要终止恋爱关系，而且他发现自己的女友与同班的另一个男生关系很密切。于是，近一个月来，他食欲很差，几乎每晚失眠，常感到头晕、头痛、浑身疲乏无力，无论做什么都提不起精神，他的精神萎靡不振，总想报复女朋友。

下面是心理医生与他的一段对话：

○你很爱你的女朋友吗？是的。

○她也很爱你吗？不，她不像我爱她那么深，不过以前还勉强说得过去。

○她要离开你，你为什么很苦恼甚至恨她呢？因为我那么爱她，可她一点情意都不讲，太没良心了。

○在认识她之前有别的女孩子喜欢你吗？有，不止一个。

○为什么没有与她们其中一个建立恋爱关系呢？因为我不喜欢她们。

○她们喜欢你，你为什么不喜欢她们呢？感情是复杂的，可我不能勉强自己。

○这是不是说你有选择的权利呢？是的。

○每个人都有选择的权利吗？是的。

○包括你的女朋友吗？当然包括。

○那为什么她行使这个权利你又恨她呢？因为她忘恩负义。

○那为什么你能做而她不能做呢？（答不上来了）

通过对这个男生与心理医生之间对话的分析，我们可以发现，他的不合理信念就是：我爱她，她就应该爱我。

所以，这类信念常与"必须""应该"等词语联系在一起。

这类信念之所以不合理，主要原因是事物的发展并不能以个人的主观意愿为转移，事物的发生和发展都有其自身的规律，而我们对这些客观规律的认识往往是不全面的，因此，我们看问题不能太绝对，要留有余地。

（2）过分概括化

过分概括化是一种以偏概全、不合理思维方式的表现。用艾利斯的话来说，这就好比你以一本书的封面来判定它的好坏一样。过分概括化的表现是个体对自己或别人不合理的评价。其典型特征是以某一件或某几件事来评价自身或他人的整体价值。如一遇到挫折就认为"我没用，我是一个失败者"；一遇到不幸便认为自己前途渺茫。以这种思维方式来评价自己的人，常会产生焦虑或抑郁的情绪。下面举例说明。

一个男生爱上了一个姑娘，他千方百计地想赢得姑娘的芳心，可事与愿违，姑娘不但不爱他，反而更讨厌他了。他终于灰心丧气，认输了。但他不肯就此罢休，于是转向了一个他并不是很喜欢的姑娘，在他看来，这个姑娘各方面都很一般，没有什么资本值得骄傲，想和她处朋友应该是轻而易举的，甚至可以说是唾手可得的，可没想到姑娘已经有了意中人。最令他伤心的是，姑娘的心上人是他平时从没放在眼里的一个同学。这两次挫折使他深深地感到自己是个没有魅力的男人，进而又感觉到自己不仅在恋爱问题上是个"低能儿"，而且在处理其他问题上也同样是个"低能儿"。

这个男生的思维方式就是典型的过分概括化。他的思维结论是从两次恋爱挫折中得出来的，这就是以偏概全。过分概括化不仅会对自己做出不合理的评价，还会对他人做出不符合实际的评价，从而导致一味地责备他人，甚至产生敌意、轻蔑和愤怒等情绪。

（3）糟糕至极

不合理认知的第三个主要特征是"糟糕至极"。这是一种对事物的可能后果进行非常可怕、非常糟糕、甚至是一种灾难性的预期，致使自己陷入极端不良的情绪状态中而难以自拔。这种信念易导致个体产生严重的不良情绪。

例如，某大学的学生，因期末考试作弊受到了记过处分。无疑，学校的处理是正确的。这个学生受到处分后，思想包袱很重，他想了很多事情：自己刚上大学就受到处分，自己的家人、同学和朋友会因此而瞧不起自己。大学刚开始就给老师留下一个坏印象，以后就算表现再好，恐怕也是徒劳。在读书期间，有如此重大的污点，等到就业时会很麻烦，用人单位一看档案就会拒绝，即使接受，也不会得到重用，没想到自己一生的前途就这样葬送了。后来，他变得平时无精打采，上课心不在焉，晚上睡不着觉，整日忧心忡忡，灰心丧气。问题出在哪里呢？就在于他把事情的后果想得太糟糕了。

（三）掌握心理调试的方法，做情绪的主人

情绪对于心理健康来说，是至关重要的。几乎每一种心理疾病都有其情绪上的表现。稳定而良好的情绪状态，使人心情开朗，轻松安定，精力充沛，对生活充满热爱与信心。相反，如果一个人情绪波动不稳，患得患失，喜怒无常，处于不良的情绪状态中，而自己又不会调节和控制，就会导致心理失衡和心理危机，甚至精神错乱。高职生情感丰富而冲动，就更应掌握自我调节的方法，通过自我心理调节，保持健康的情绪，增强"免疫"能力，提高心理健康水平。概括起来，心理调适的方法主要有以下五种：

1. 合理宣泄法

通过说一说、写一写、哭一哭、喊一喊、唱一唱、跳一跳等方法把情绪合理地表达出来。找到充分表达自己情绪的方法，既不要压抑自己，也不要放纵自己。每个高职生都应意识到，任何一种情绪，都是由一定原因引起的。正视这种原因，接受这种情绪，并让它适当地表达出来，这样才会有益于健康。

2. 注意力转移法

对一件令人沮丧的事，总去注意它，就会限制自己的思维，使自己愈发低沉。这时，不妨将自己的注意力转移到别的事物上去，暂时离开这件不愉快的事。例如，去看看电影，

听听音乐，这样便可使忧闷排遣出来。

3. 放松训练法

利用深呼吸、打哈欠、伸懒腰、听音乐、想好事、按摩、催眠的方式或在大脑中浮现出蓝天白云、森林草原、海浪沙滩、小桥流水等美好景色，让自己体验轻松的感觉。

4. 运动疗法

体育锻炼是振奋人精神的好方法。体育锻炼能使人的身体发生化学和心理的变化，改变血液中激素的含量，从而改善精神健康状况和自主神经系统的功能。另外，锻炼时所做的动作，可以给人一种成就感，并使忧郁的人减少孤立无援的感受。体育锻炼还可以促进自信心、安定感等性格因素的成长，使人们的意志变得勇敢、坚强、果断，使锻炼者产生满足、舒适等良好的情绪。

5. 笑疗法

常言道"笑一笑，十年少；愁一愁，白了头"，原因是笑对人的身心健康是有益的。笑能改善血液循环，提高免疫力；稳定心脏和大脑的工作；舒缓压力，治疗失眠和抑郁症；减缓疼痛，加速康复；缓解哮喘及皮肤病症状。俄罗斯的一位心理学家这样说："笑是一种特殊的呼吸方式。"人在笑的时候，吸气变得又长又深，而呼气则短促有力，从而使肺部得到彻底的放松。此时血液中的氧气交换量会增加，体内生理过程变得异常活跃，面部肌肉也运动起来，进而促进大脑血液循环。更重要的是，人在开怀大笑时，血液中会出现内啡肽——一种让人产生快感的激素，压力和疼痛感随之烟消云散，笑能使高血压患者的血压降低。

（四）建立良好的人际关系，学会去爱

建立良好的人际关系，是非常重要的心理保健途径。高职生都是同龄人，共同点较多，人际关系简单。和谐的人际关系，可以增加自信和理解，减少心理上的不适感，实现心理平衡。健康的心理是需要丰富的营养的，最重要的营养就是爱。爱不是抽象的，它有着十分丰富的内涵。除了通常意义上的男女爱情之外，诸如眷恋、关怀、惦念、安慰、鼓励、帮助、支持、理解等，都可归为爱的范畴，而这些都可以从良好的人际关系中得到。反过来，又可以使人际关系更为和谐。

（五）树立符合实际的奋斗目标

一个心理健康的人，应该能对自己的能力做出客观的评价，并依此付诸社会实践。做到这一点，对于保护个体少受挫折及充分发挥才能等都是非常重要的。因此，不对自己过分苛求，把奋斗目标确定在自己力所能及的范围内，使自己通过艰苦努力，能最终实现目标。成功的体验，对于维持心理健康是极为重要的。

与此相反，如果不自量力，仅凭良好的愿望和热情，盲目地制定宏伟目标，结果往往是目标落空，令个人心理蒙受打击，产生挫折体验。这样不仅白白耗费了精力，而且给自信心和心境造成不良的影响，还会影响今后的进一步发展。

（六）必要时寻求专业的支持与帮助

荀子曾说："君子生非异也，善假于物也。"他告诉我们，一个人的知识、经验及思维能力都是很有限的，但是可以借助他人的智慧来解决自己的难题。当我们遇到一些心理方面的问题，自己没法解决时，就需要及时寻求他人的帮助。我们既可以向亲人、朋友、同学、老师求助，也可以借助于心理咨询，寻求专业的支持与帮助。

【心灵瑜伽】

（一）六只狐狸的命运

一个炎热的夏天，六只口干舌燥的狐狸来到一个葡萄架下。抬头仰望，琳琅满目、晶莹剔透的大个葡萄挂满枝头，狐狸的口水就流下来了。

第一只狐狸开始跳，够不着；咬牙、跺脚、使劲再跳，还是够不着；去周围找找梯子、板凳、砖头、竹竿等，什么都没有。"这葡萄肯定是酸的，不好吃。走吧，捉只鸡，喝杯可乐、矿泉水不行吗？"于是，这只狐狸心安理得，哼着小曲，高高兴兴地走了。

第二只狐狸使劲跳，同样够不着葡萄，心想："我吃不着葡萄，死不瞑目。"于是从天亮跳到天黑，又从天黑跳到天亮，结果呢？这只狐狸累死在葡萄架下，两眼圆睁，望着高高挂在枝头上的葡萄。

第三只狐狸吃不着葡萄，开始骂大街："谁这么缺德，把葡萄栽这么高，让我吃不着！"结果骂出老农，"怎么着，这葡萄是我栽的，你骂什么，偏不让你吃。再骂，再骂就打死你。"于是老农抡起锄头打狐狸，狐狸含恨而死。

第四只狐狸也没有办法吃到葡萄，还挺内向，憋在心里，就这样整天压抑、愁眉苦脸，结果抑郁成疾，得病而死。

第五只狐狸心想："想吃葡萄都吃不着，真没用，活着还有什么意思呀？"于是，找棵歪脖树，上吊而死。

第六只狐狸，跳了几下，吃不着葡萄，一气之下就精神分裂了，整天蓬头垢面，满大街转悠，口中念念有词。"吃葡萄不吐葡萄皮，不吃葡萄倒吐葡萄皮。"

巴纳姆效应

在日常生活中，我们既不可能每时每刻去反省自己，也不可能总把自己放在局外人的位置来观察自己，于是只能借助外界信息来认识自己。正因如此，每个人在认识自己时很容易受到外界信息的暗示，并把他人的言行作为自己行动的参照。

要避免巴纳姆效应，客观真实地认识自己，有以下四种途径。

1.要学会面对自己

有个测验情商的题目：当一个落水昏迷的女人被救起后，她醒来发现自己一丝不挂时，第一个反应会是捂住什么呢？答案是尖叫一声，然后用双手捂住自己的眼睛。从心理学上来说，这是一个典型的不愿面对自己的例子。因为自己有"缺陷"或者自己认为是缺陷，就通过自己的方法把它掩盖起来，但这种掩盖实际上也像上面的落水女人一样，是把自己眼睛捂上。所以，要认识自己，首先必须面对自己。

2. 培养收集信息的能力和敏锐的判断力

判断力是一种在收集信息的基础上进行决策的能力，信息对于判断的支持作用不容忽视，没有高效的信息收集，很难做出明智的决断。

3. 以人为镜，通过与自己身边的人作比较来认识自己

在比较的时候，对象的选择至关重要。找不如自己的人作比较，或者拿自己的缺点与别人的优点比，都会失之偏颇。因此，要根据自己的实际情况，选择条件相当的人作比较，找出自己在群体中的合适位置。

4. 通过重大事件，特别是重大的成功和失败认识自己

从重大事件中获得的经验和教训可以提供了解自己的个性、能力的信息，从中发现自己的长处和不足。越是在成功的巅峰和失败的低谷，就越能反映一个人的真实性格。

 【心理测试】

高职生心理健康测试

以下 40 道测试题，如果你感到"常常是"，画"√"；"偶尔是"，画"△"；"完全没有"，画"×"。

1. 平时不知为什么总觉得心慌意乱，坐立不安。　　　　　　　　（　　　）
2. 上床后，怎么也睡不着，即使睡着也容易惊醒。　　　　　　　（　　　）
3. 经常做噩梦，惊恐不安，早晨醒来就感到倦怠无力、焦虑烦躁。（　　　）
4. 经常早醒 1 ~ 2 小时，醒后很难再入睡。　　　　　　　　　　（　　　）
5. 学习的压力常使自己感到非常烦躁，讨厌学习。　　　　　　　（　　　）
6. 读书、看报甚至在课堂上也不能专心致志，往往自己也搞不清在想什么。

　　　　　　　　　　　　　　　　　　　　　　　　　　　　　（　　　）
7. 遇到不称心的事情便较长时间地沉默少言。　　　　　　　　　（　　　）
8. 感到很多事情不称心，无端发火。　　　　　　　　　　　　　（　　　）
9. 哪怕是一件小事情，也总是放不开，整日思索。　　　　　　　（　　　）
10. 感到现实生活中没有什么事情能引起自己的兴趣，郁郁寡欢。（　　　）
11. 老师讲概念，常常听不懂，有时懂得快，忘得也快。　　　　（　　　）
12. 遇到问题常常举棋不定，迟疑再三。　　　　　　　　　　　（　　　）

13. 经常与人争吵发火，过后又后悔不已。 （　　　）

14. 经常追悔自己做过的事，有负疚感。 （　　　）

15. 一遇到考试，即使有准备也紧张焦虑。 （　　　）

16. 一遇到挫折，便心灰意冷，丧失信心。 （　　　）

17. 非常害怕失败，行动前总是提心吊胆，畏首畏尾。 （　　　）

18. 感情脆弱，稍不顺心，就暗自流泪。 （　　　）

19. 自己瞧不起自己，觉得别人总在嘲笑自己。 （　　　）

20. 喜欢跟比自己年幼或能力不如自己的人一起玩或比赛。 （　　　）

21. 感到没有人理解自己，烦闷时别人很难使自己高兴。 （　　　）

22. 发现别人在窃窃私语，便怀疑是在背后议论自己。 （　　　）

23. 对别人取得的成绩和荣誉常常表示怀疑，甚至嫉妒。 （　　　）

24. 缺乏安全感，总觉得别人要加害自己。 （　　　）

25. 参加春游等集体活动时，总有孤独感。 （　　　）

26. 害怕见陌生人，人多时说话就脸红。 （　　　）

27. 在黑夜行走或独自在家有恐惧感。 （　　　）

28. 一旦离开父母，心里就不踏实。 （　　　）

29. 经常怀疑自己接触的东西不干净，反复洗手或换衣服，对清洁极为注意。

（　　　）

30. 担心没锁门和可能着火，反复检查，经常躺在床上又起来确认，或刚一出门又返回检查。 （　　　）

31. 站在曾经有人自杀的场所，如悬崖边、大厦顶、阳台上，有摇摇晃晃要掉下去的感觉。 （　　　）

32. 对他人的疾病非常敏感，经常打听，深怕自己也身患其病。 （　　　）

33. 对特定的事物、交通工具（电车、公共汽车等）、尖状物及白色墙壁等稍微奇怪的东西有恐惧倾向。 （　　　）

34. 经常怀疑自己发育不良。 （　　　）

35. 一旦与异性交往就脸红、心慌或想入非非。 （　　　）

36. 对某个异性伙伴的每一个细微行为都很在意。 （　　　）

37. 怀疑自己患了癌症等严重的不治之症，反复看医书或去医院检查。 （　　　）

38. 经常无端头痛，并依赖止痛或镇静药。 （　　　）

39. 经常有离家出走或脱离集体的想法。 （　　　）

40. 感到内心痛苦无法解脱，只能自伤或自杀。 （　　　）

测评方法：

"√"得2分，"△"得1分，"×"得0分。

评价参考：

（1）0～8分。心理非常健康，请你放心。

（2）9～16分。大致属于健康的范围，但应有所注意，也可以找老师或同学聊聊。

（3）17～30分。你在心理方面有了一些障碍，应采取适当的方法进行调适，或找心理辅导老师帮助你。

（4）31～40分。黄牌警告，你有可能患上了某些心理疾病，应找专门的心理医生进行检查和治疗。

（5）41分以上。有较严重的心理障碍，应及时找专门的心理医生进行治疗。

 【活动训练】

（一）冥想放松训练

冥想放松训练大体上与我国的气功、印度的瑜伽是一样的道理：闭目守静，把精神集中到一点，大脑里产生一个优势兴奋中心，从而抑制其他部位。下面介绍一种在国外流行的简便易行的冥想放松训练。

具体方法：

（1）凝视手里拿着的橘子，反复仔细地观察它的形状、颜色、纹理脉络，然后用手触摸它的表面质地，是光滑还是粗糙？再闻闻它的气味。

（2）闭上眼睛，回忆和回味这个橘子都留给了你哪些印象？

（3）放松肌肉，排除杂念，集中精力地想象自己越变越小，越变越小，最终钻进了橘子里，那么里面是什么样子？你感觉到了什么？里面的颜色和外边的颜色一样吗？然后再假想你尝了一口这个橘子，记住它的滋味。

（4）想象自己从橘子里面走出来，恢复了原来的样子，记住刚才在橘子里面所看到的、尝到的和感觉到的一切，然后做深呼吸5遍，慢慢地数5下，睁开眼睛，你会感到头脑轻松而清爽，你可以每天早中晚各做一遍。

（二）正向思维习惯的养成

（1）在本子上罗列让你心情不好的几件事和你相应的消极思维。

事件	消极思维
例①被上级批评	我完了，再也没有机会发展了
例②被朋友误会	我们的友情完了，他再也不会理我了
例③……	
例④……	

（2）从例①开始想，当出现消极思维时，在心里对自己说一声"停"！

事件	消极思维	喊停
例①被上级批评	我完了，再也没有机会发展了	停
例②被朋友误会	我们的友情完了，他再也不会理我了	停
例③……		

（3）再从例①做起，对应每一个消极思维做至少一个积极思维的新解释。

积极思维就是指从事物的积极面入手去进行解释，这样说不是要我们不注意事物的另一面，而是要让有消极思维习惯的人能够学习从事物的积极面去看问题，这样不仅有助于改善我们的心情，而且有助于我们对问题的解决。

例题如下：

事件	消极思维	喊停	积极思维
例①被上级批评	我完了，再也没有机会发展了	停	领导批评我是关心我的工作，这正好是个人成长的机会
例②被朋友误会	我们的友情完了，他再也不会理我了	停	误会表明我们之间现在需要增加沟通和了解。我们的友情会因为误会的消除而更牢固
例③……			
例④……			

（4）与朋友分享上述练习后的感受和发现。

（5）在本子上记下你的感想。

（6）在日常生活中，用上述方法养成从积极思维的角度解释问题的习惯。

【作业反思】

（一）两位经理的不同眼光

在美国曾发生过这样一件事：一家鞋子制造商，为了进一步扩大市场，同时派两位市场经理到非洲去调查市场。他们到达那里后，都发现当地的人赤脚。甲经理回到宾馆，马上打电话告诉董事长说："这里的人都没有穿鞋的习惯，即使有鞋也不穿，我们的鞋子在这里恐怕没有市场。"乙经理看到当地人都没穿鞋，心中很兴奋，一回到旅馆，立刻发电报告诉总裁说："这里的人都还没有穿鞋的习惯，市场发展的潜力非常大，快发一万双鞋子来。"

请分析、比较两位市场经理的认知方式的差异。

（二）黄阳光的故事

黄阳光出生于广西桂林农村，5岁时和母亲去亲戚家喝喜酒，因一时贪玩爬上了电流变压器，触摸了高压线，导致双臂残疾。但他没有放弃生活，他坚信别人能做到的自己也能做到！凭着这样一个信念支撑着他。虽然只有小学三年级文化，但是他成为了一个最美的舞者和知名的书画家！而完成这些任务的则是他的双脚！

黄阳光没有了双臂、双手，完全可以依赖别人，但他选择了自力更生！失去双臂没有影响他的生命旅程，他可以上学，用脚写字；他能够自理，洗脸、刷牙、洗衣用脚来完成；用脚接电话，用脚发信息，他可以骑车、编织、挑水、务农、绘画，手艺精湛，异于常人。

黄阳光说："我从来不看自己没有什么，只看自己拥有什么，想着好好利用起来。"

请谈谈黄阳光的故事给你的启示。

第二章

在意识空间感受自我本色
——自我意识

 【心理案例】 ▪▪

　　小林，21岁，某大学学生。大学期间，与一个女生恋爱。但女生的父母因小林的身高只有一米五六而强烈反对，导致小林失恋。从此以后，小林便痛恨自己的身材矮小，埋怨自己的遗传基因为什么这么差，认为自己这辈子都无法找到理想的对象。于是，小林经常情绪低落，自怨自艾，时而仰天长叹，时而掩面哭泣。有一次，小林服下过量的安眠药轻生，幸得同寝室的同学及时发现，经抢救后生还。

案例分析：

　　这种行为其实是个体不能容忍自己的缺点和不足，追求自我的过度完善，从而导致的自我厌恶。如何帮助小林走出自我厌恶的死胡同呢？通过本章的学习，你将找到帮助小林的办法。

第一节 我是谁

——探索自我意识的世界

你清楚你自己吗？如果想要知道自己的外表，我们可以去照镜子；如果想要知道自己的个性，我们该怎么办呢？通过探索自我意识的世界来了解。

一、什么是自我意识

自我意识是人对自己的认识，是个体对自身存在、自己与周围事物之间关系的意识。"自我意识"的概念是由美国心理学家詹姆斯于 1890 年在其著作《心理学原理》中首次提出的，詹姆斯认为自我可以分为两个层面，其一是主我，其二是客我，主我即是主动的我，是可以进行自我认知的意识，它是自我认识的主体；而客我是主我的认识对象，即主我的观察对象及其结果，包括人对自身的所有知识与信念。主我是具有动力性质的自我活动，而客我是主我的活动结果（即自我概念），客我可以制约主我的活动。詹姆斯关于"自我意识"的概念提出后一直受到心理学者的关注。

人类的自我意识包含三种心理成分：自我认知、自我情感、自我意向。自我认知，是人对自己各种身心状态、人际关系等方面的认识。例如，人对自身的相貌、身高、体重、体形、自己在群体中的地位等方面的感受与认识；自我情感也称自我体验，是伴随着自我认知而产生的情感体验。例如，由于对自身相貌美丑的认知而产生的自豪或自卑等情绪和情感；自我意向也称自我控制，是伴随着自我认知、自我情感而产生的各种思想倾向或行为倾向，是个体对自己的行为与心理活动进行的自觉、有目的地调节与控制。

二、自我意识的分类

（一）理想自我与现实自我

美国心理学家罗杰斯根据他的临床实践，提出自我意识可以划分为现实自我与理想自我。现实自我是人在其现实的生存环境中，通过与情境的相互作用而表现出来的、对自身现实状况、实际能力与行为等方面的意识。理想自我是个体经由理想或为了满足内心需要而在意念中建立起来的有关自己的理想化形象。理想自我在一定程度上也是客观现实的反映，它反映了来自他人的要求与社会规范的约束及其是否能够满足个体的内在需要。理想自我实际上是在观念中存在的，而非实际存在的。在正常的情况下，当理想自我的形成源于理智认知或者对他人和社会规范的自觉内化基础之上时，理想自我可以指导现实自我积极地适应和作用于社会环境。此时，理想自我有助于现实自我的不断完善与进步，有助于协调现实自我与社会环境的良性互动，促进自我的健康发展。但有些时候，当理想自我的形成源于焦虑或者理想自我与现实自我之间的差距难以弥合时，理想自我不但不能指导现实自我的合理发展，反而会因为焦虑而导致过度的攻击、自卑、依赖、逃避、退却等脱离现实的自我心理倾向。用这种自我心理倾向指导现实的社会人际交往，必然导致自我与社会环境发生矛盾或冲突，引发个体内心的混乱，从而造成生活适应上的困难，严重者很有可能引发心理问题甚至心理疾患。

（二）生理自我、社会自我与心理自我

生理自我是指个体对自己的年龄、性别、体形、容貌、健康状况等生理特征的意识，有时也可以将与自身密切相关的所有物（例如衣着、打扮或重要物品等）和生理自我统称为物质自我，它可以理解为生理自我的扩展。生理自我，在认知方面主要指向自己的相貌、身高、身体健康等方面的认识；在情感体验上可以表现为自豪或自卑；在行为意向上可以表现为对身体健康、外貌美的追求和对自己所有物的维护等。

社会自我是指人对自己的社会属性的意识内容。在宏观方面，包括人所隶属的民族、阶层、国家、时代等方面的意识；在微观方面，包括个体在群体中的地位、名望、受人尊敬和接纳的程度、所属家庭、亲友、经济与政治地位等方面的意识；在情感体验上也可以表现为自豪或自卑、振奋或沮丧等；在行为意向上则表现为追求名誉、地位、社交、社会竞争等方面的计划与努力。

心理自我是指人对自己的智能、兴趣、爱好、气质、性格诸方面心理特点的意识；在情感体验上表现为自豪、自尊或自卑、自贱等；在行为意向上表现为追求智慧、发展能力、追求理想和信仰、注意行为符合社会规范等内容。

三、自我意识的作用

自我意识是意识的核心成分，也是个性结构中的主要组成部分。自我意识具有能动性，是个性形成的调节机制，对个性发展起着重要的调控作用。

（一）自我意识是认识周围客观事物的条件

从个体的发展来看，自我意识是从无到有、从低级到高级、从简单到复杂而发展起来的。婴儿出生后并没有自我意识，主观与客观的东西在他的头脑里是混沌一片的，不能把自己和周围事物区分开来，也就不能真正地、客观地认识周围世界。只有产生了自我意识，个体才能区分主体和客体，逐渐认识主体与客体、客体与客体之间的关系，才能正确认识周围的客观事物。

（二）自我意识能促进个体个性的自我完善

随着自我意识的发展，个体的个性也随之相应地发展和完善。1-3岁的儿童出现自我意识的第一次飞跃，开始把自己当作主体来认识；到了青春期，个体出现了自我意识的第二次飞跃，能认识到自己是一个独立的个体。自我意识的发展水平在很大程度上促进了个

性的发展水平，要培养个体优良的个性品质，就要不失时机地提高个体的自我意识水平，提高个体自我认识和自我评价的能力，以促进个体的自我完善。

（三）自我意识能提高个体自我监督和自我教育能力

个体只有在充分意识到自己是什么人、处于什么位置、应该做什么样的事、应该怎样做的时候，才能够自觉行动，实现自我监督和自我教育。自我监督是指随时检查和分析自己的活动，及时反馈和及时调整。自我意识越强，自我监督的随机应变性就越强。自我教育是指个体既是教育的客体，又是教育的主体，自我意识越强，自我教育的可能性就越大，自我教育的目标性就越强。

第二节 我为什么是我
——高职生自我意识发展的特点

从个体发展的角度看，大学生正处于从青春末期向成人转变的时期，大学阶段正是个体逐渐走向成熟、走向独立的重要阶段，是大学生走向社会的适应阶段。伴随着生理成熟和知识技能的进一步提高，大学生的心理也迅速发展起来。

一、个体自我意识发展的四个时期

（一）生理自我形成期（1-3岁）——萌芽阶段

这是自我意识发展的第一阶段。生理自我的形成一般始于出生后的第8个月左右，在3岁左右基本成熟，期间它一直处于自我意识发展的中心地位。此时，生理自我的发展主要表现为个体对自己躯体认知感的增强，其中包括对躯体的占有感、支配感和爱护感等。处于这一阶段中的婴幼儿对于"我是谁"这个问题的回答最有可能是（如果他们可以说话）："我有眼睛能看东西""我会玩玩具""别的小朋友不可以打我，我也不能打别的小朋友"。

（二）社会自我形成期（3-12岁）——外部探索

大约在3岁以后，生理自我的发展开始保持稳定的趋势，虽然在青春期时，青少年的生理自我可能会发生一些微妙的变化，但从3岁到12岁这一时期内，社会自我开始处于自我发展的中心地位。在此期间，个体更为关注自己的社会属性，开始学会了解社会对自己的期待，并根据他人的要求和社会期待来调整自己的行动。处于这一阶段的个体对于"我是谁"问题的回答，更有可能从社会属性来加以考虑，如"我是某某小学的学生""我的爸爸是处长""我的学习成绩好""我有 3 个好朋友"等。

（三）心理自我发展期（12—18 岁）——持镜自照

大约从青春期开始，在其后 10 年左右的时间里，个体的心理自我在生理自我、社会自我基本成熟后，开始居于自我意识发展的主导地位。经过这一阶段的发展，个体逐渐能知觉和调节自己的心理活动、心理特征及其状态，并能根据社会需要和自我发展的要求来调控自己的心理与行为，而这方面的自我意识与能力通常是此前阶段所不具备的。美国心理学家埃里克森所提出的"自我认同与角色混乱阶段"一般发生在 12 岁至 18 岁期间，这一阶段是生理自我、社会自我、心理自我相互融合的过程。此时，青少年的第二性征越来越明显，他们对周围世界有自己的判断和评价，心理自我意识增强，情感也更加丰富，他们时常面临着生理自我、社会自我与心理自我的混乱与冲突，一方面希望获得自主地位，另一方面却缺乏独立生活的能力和对现实世界的深入了解；一方面希望获得自我的独特性，另一方面却渴望被社会和他人所认可，所以，如何形成统一的自我以及克服自我角色混乱成为这一阶段所面临的核心任务。

（四）自我意识的分化、矛盾、统一和稳定时期（19 周岁以上）——发展和完善

青少年在 19 周岁以后，他们的自我意识正处于迅速发展和不断完善的关键阶段，此时自我意识的发展将影响其心理健康，影响到他们的价值观、道德观、人生观、世界观的确定。这个时期，他们的自我意识会出现分化，造成不同程度的矛盾冲突，健康的自我意识具有积极的自我意向，使个体向着有利于自身长远发展并与社会和谐一致的方向发展，逐渐趋于统一，形成稳定时期。

二、高职生自我意识发展的特点

（一）自我认识能力增强，自我意识出现分化

高职生的自我认识能力增强，他们的自我认识倾向更加系统、更加稳定。他们主动地通过比较自己与周围人来认识自我，参照他人的要求及社会期望，将之内化为自我的稳定品质。他们关注自己的外表生理自我，更加关注自身的性格、智力、人际关系、活动能力等心理自我和社会自我。在自我认识能力增强的同时，高职生的理想自我与现实自我出现了明显分化，他们既能将他人的要求及社会期望内化为理想自我，也能更加客观地对自我现实情况进行分析，这种理想自我与现实自我的分化既有可能成为发展的动力，也有可能让高职生对生理自我、社会自我、心理自我等方面产生强烈的不满意感，进而产生自卑感，还有可能使他们表现出较强的自我陶醉意识，进而形成自大或自负心理。

（二）自我评价趋于客观

高职生的自我认识已经基本摆脱了单纯感性认识的层面，自我评价的客观性逐渐增强。他们通过对事物本质规律的认识，通过与他人的比较分析和对自己周围环境的分析，客观地认识现实生活中的自我，发现自己的优势，找到自己的不足，然后扬长避短，不断修正自我，也能够对他人的评价进行合理的反思，形成成熟的、能够发挥适应功能的自我概念，使现实的自我越来越接近理想的自我。

（三）自我体验具有敏感性和波动性

高职生往往很容易对外界事物产生感触，进而内化为深刻的自我体验。他们的自我体验比较敏感，凡涉及"我"以及与"我"有关的事物均会引起他们的兴趣，这种情绪体验的内容相当丰富，这个时期，他们比较偏好于那些心理刻画细腻且复杂的文学作品，因为这类作品扩大了他们自我体验的空间。他们既在意自己在别人心目中的形象和地位，也比较关注别人对自己的看法，有时别人不经意的点滴评论会在他们的心中掀起轩然大波。所以，高职生的自我体验也具有一定程度的波动性。这种自我体验的波动性使得高职生的情绪还不太稳定，对自我的健康发展可能存在不利的影响。

（四）有自觉的自我控制能力，但相对薄弱

高职生自我控制的自觉性明显提高，他们对生活、未来充满信心，他们希望自己成为开拓进取的、不断创新的高职生，并由此设计了理想自我的奋斗历程；他们的自我设计强烈期望摆脱幼稚性和依赖性，希望通过自己的言论、行动去实现自我的设计，向他人充分展示自我，表现出很强的独立性。同时，高职生的自我控制还具有相对薄弱性。他们不仅容易受到社会负面信息的干扰，而且理想自我与现实自我的较大差距也会影响他们的自我意向的积极性，使他们裹足不前，甚至怨天尤人。当外界出现诱惑，尤其是诱因的持续时间较长时，他们会产生强烈的内心冲突，抗诱惑能力受到巨大挑战，有些高职生的自控弱点就会明显地表现出来，所以还需要重视对他们自我控制能力的培养。

（五）有积极的自我意向

自我意向是伴随着自我认知、自我情感而产生的各种思想倾向和行为倾向，自我意向常常表现为对个体思想和行为的发动、支配、维持和定向，因而又可称为自我调节或自我控制。健康的自我意识应具有积极的自我意向，使个体向着有利于自身长远发展并与社会和谐一致的方向发展。个体为自我所设定的思考方向和行动目标应具有积极的意义，能够使个体获得社会的良好评价，有利于个体的全面、健康发展。此外，自我意识作为人类的一种高级意识形态，其具有主观能动性的特点。人们通常会根据自身的现实需要和社会要求来设计一个理想自我，而这一理想自我与现实自我之间的距离可以称之为自我差距。适当的自我差距可以给人们提供行为的动力，促进人将理想自我作为人生的目标和生活的定位。对于健康的自我来说，这一人生目标应该是积极向上的，它应该能够促进一个人养成独立、自信、乐观的品格，促进人的全面发展。

（六）有适度的自尊

自尊是指个体对自身整体状况的满意程度，可以从对个体角色、活动能力等方面的积极评价中获得。自尊对人的行为具有重要的导向作用和适应价值，自尊是积极行动的动力，对身心健康具有决定性的作用。高自尊者能树立适当的目标，能够以自我提升的心态应付所遇到的情境；低自尊者则可能会选择不切实际的目标或不树立目标，对未来持悲观态度，对批评和负性反馈产生更多的消极情绪及行为反应。马斯洛认为自尊是人类的一种高级需要，当人能够从对自我的评价中获得自尊时，他会感知到自身的价值，并进而产生自信心；相反，当个体的自尊需要得不到满足时，他则可能会感到无能和自卑，进而导致自信心的丧失。

（七）有良好的自我效能感

美国心理学家班杜拉认为，自我效能感是认为自己能够成功完成某一任务的信念。自我效能感对于个体有效发挥自身的能力具有重要的作用。很多时候，我们是否会采取某一具体行动，是否愿意去完成一项具体的任务，是否努力去实现一个具体的目标，都取决于我们认为自己是否能有效地完成这些事情，也就是我们的自我效能感。自我效能感往往是高度具体化的，它是针对具体能力的具体知觉，而非一种普遍的能力感知。自我效能感主要是从成功经验中获得的、关于自身能力的认知，具有较强自我效能感的人会表现得更加坚毅、具有更少的焦虑感，与此同时，他们对自身的健康程度评价也更高。

第三节 理想的我在哪里
——高职生自我意识的完善

你是否曾为小小的成绩而沾沾自喜？你是否曾为偶尔的困境而自怨自艾？你是否曾抱怨过英雄无用武之地？你是否曾感慨过自己为什么有那么多的不如意？如果一个人看不清自己的优势，就永远不知道自己真正的价值，从而导致盲目自信，或者失去自信，那么生活就会像浮萍一样找不到根基，经不起一点点的风吹日晒，一旦遇到失败和挫折就会一蹶不振。只有找到真正的自我，才能放飞希望，冲出羁绊，去寻找属于自己的那片天空，去奏响人生中最美的乐章。只有认识自我，完善自我，才能不断地发展自我，超越自我，才能保证我们身心健康、阳光灿烂地生活下去。

一、自我意识的偏差

（一）过度的自我接受和过度的自我拒绝

自我接受是指自己认可自己、肯定自己的价值，对自己的优势和劣势都能客观地评价、坦然面对，不会过多地抱怨和谴责自己。适当的自我接受是心理健康的表现。过度自我接受的个体往往高估自己，对自己的肯定评价往往超出自己的实际水平和能力，他们习惯夸大自己的优点和别人的缺点，经常拿自己的长处去和别人的短处相比，从而产生盲目乐观和骄傲的情绪，一旦无法完成任务，就会推卸责任，指责他人。他们的人际交往采取"我好，你不好""我行，你不行"的极端模式，在人际交往中居高临下，自以为是，漠视他人，不易处理好人际关系。

自我拒绝是指否定自己，不喜欢自己，不认可自己，因自己的缺点和弱点而抱怨或指责自己。适当的自我拒绝有利于个体认识到自己的不足而不断地修正自己，不断地提高自己，但过度的自我拒绝就是严重低估自己的能力，表现为多方面否定自己。过度自我拒绝的个体习惯拿自己的缺点和别人的优点相比，常常感到自己各方面都不如别人，从而易引起严重的自卑感，压抑了自己的积极性，失去了对未来生活目标的追求，严重的会由自我否定发展到自我厌恶甚至走向自我毁灭。

（二）强烈的优越感和过重的自卑感

随着高等教育大众化，高职学校门槛相对较低，部分相对高分的学生因高考失利或者其他原因到高职学校就读，他们往往有着较高的自我评价，而且优越感和自尊心都很强。这些高职生有远大的目标理想，积极上进，不甘落后。但强烈的优越感容易导致自我中心化，骄傲自大，缺乏自我批评和自我反省的能力，更不愿接受别人的批评指正。在人际交往中，他们习惯于以自我为中心，往往不能融入群体，不能建立良好的人际关系。

在现实生活中，任何人都有缺点或者不足，可能每个人都会多多少少有一些自卑，这一般不会影响我们的生活，有时候还可能成为个人前进的动力。但过重的自卑感会带来极大的负面影响。许多高职生并非主动选择高职院校，而是因为成绩不理想只能报读高职院校，步入实际的大学生活时，他们与考取本科院校的中学同学比较，有较大的落差，产生比较深的自卑感。尤其是发现自己的学习成绩、外貌、家境、经济、社交等方面也不如别人时，更会产生过重的自卑感，开始怀疑自己甚至全面否定自己。有些自卑心理过重的学生甚至躲避他人，逃避交往，试图把自己封闭起来。

（三）强烈的自我中心性和过强的从众心理

部分高职生过度地关注自己，常常主观臆想地分析和思考，从而形成自以为是的思想，这是强烈的自我中心性所导致的。他们在生活中，总认为所有人应该以他（她）为中心，觉得人人应该为自己服务，缺乏"我为人人服务"的意识，不会感谢，不懂感恩。这样的高职生过于以自我为中心，在群体中慢慢被孤立起来。

部分高职生缺乏主见，依赖他人，人云亦云，遇到需要自己做决定的事情也犹犹豫豫，优柔寡断，这是过强的从众心理所导致的。这类学生往往把握不住机遇，错失成功的时机，而这又会促使他们更加顺从他人，更加迷失自我。

（四）强烈的独立意识与过强的依附性

高职生的独立意识日益明显，这有利于他们适应大学的生活方式。但强烈的独立意识也容易使某些高职生误解为独来独往、我行我素。他们有时会不顾及社会规范和道德约束，不接受他人的意见，不懂得分享。大学生活虽然要求他们自主地解决自己遇到的一些问题，但由于他们上大学以前都是依赖父母或老师来处理一切问题的，所以过强的依附性使某些高职生还不能转变观念。遇到复杂的事情时，他们无从把握，难以应对。最后导致他们产生继续依附下去的想法，任何时候都希望父母来解决，学习上不努力，生活上不自理，只等毕业后家长给自己找工作，丧失了生活的积极主动性。

二、自我意识的完善

健康的自我意识是高职生心理健康的重要组成部分，通过掌握一定的心理学知识与理论，运用恰当的心理学方法来全面地认识自我、悦纳自我、调整自我，对于高职生纠正自我意识的偏差，形成积极、健康的自我具有十分重要的意义。

（一）正确认识自我

人们平常总认为自己很了解真实的自己，但是，正确认识自我并不是一件容易的事。正确认识自我是高职生走向成熟的重要标志。对高职生而言，从生理上认识自我主要包括自己的性别、容貌、身高、体形和神经系统类型等方面。随着高职生的生理发育逐步定型，一些学生对自己的仪表特征非常敏感，由于不能正确看待自己的生理特点，也会出现一些心理困扰。因此，高职生要认同自己，比如，自己的高矮胖瘦是由种族、环境、遗传、健康状况等决定的，非个人力量能改变的，个人的能力和情操才是最主要的。从心理上认识自我主要包括气质、性格等心理品质方面，一些学生还不能完全认识自我，不能正确地评价和冷静地审视自我，对自我的心理品质以及自我与社会的关系等问题仍然会感到困惑和苦恼。

高职生可以通过以下途径加强自我认识，正确认识自我：第一，通过认识他人而认识自我。通过与他人的比较，尤其是和自己的年龄、状况相似的人相比，会使个人产生关于自己能力、性格等心理品质的相应认识，加强对自己心理活动的认识。第二，通过分析自己的行为活动来认识自我。通过认识自己行为活动的结果来间接地认识自我，例如，通过分析自己的学习成绩和努力程度来分析自己的能力水平；通过分析自己的人际关系以及周围同学对自己的态度，来认识自己的性格和品质等。第三，通过自我反省来认识自我。所谓自我反省就是观察自己的感觉、表象和思维等，对自身心理活动的观察和控制。我们通常会静下心来回想自己的所作所为和所思所想，思考自己的优点和缺点、成功和失败的原因，对经历过的事情进行再体验和再分析，这些对自己今后的发展和成长都十分有益。

（二）积极悦纳自我

所谓悦纳自我就是乐于接受自己，喜欢自己，承认自身价值的一种积极心理状态。积极悦纳自我不是固步自封，而是在全面承认现实自我的基础上，再寻求自我的发展。因此，积极悦纳自我可以从以下三个方面入手。

1. 合理地定位理想自我。全面地接受现实自我是自我完善的前提，与此同时，合理的定位理想自我才能指引自我的发展。合理定位的理想自我既不能很容易达到，也不应过于高远，如果一个奋斗目标个体无论如何努力都难以实现的话，也不能起到动力的作用。高职生在自我发展的过程中，可以对自己进行合理的预期，并且这种预期也可以起到一定的引导作用，如皮格马利翁效应。该效应说明人们会成为他想象中的样子，也从一个侧面说明悦纳自我的重要性。

2. 要了解自己的弱势所在，也要找到自己擅长的领域。每个人有所短的同时也有所长，我们在了解自我的基础上应扬长避短，而不能一味地模仿别人。多元智能理论认为：人的智能发展会呈现出不均衡性，每个人都有自己独特的智能强点和弱点，能够找到智能强点中的最佳点，自身隐藏的潜力便能得到极致的发挥，进而使自身的才能得到更大的发挥。

3. 扩展自己的交往空间，通过活动合理展示自我。扩大自己的交往范围、积累生活经验、合理展示自我，也是悦纳自我的途径。真正的悦纳自我绝不会是自我封闭的，而应当是适度地扩大交往、合理展示自我的。生活中常有少数同学羞于社交活动和自我展示，在日常生活中表现得退缩、孤僻，这些做法都与积极的悦纳自我相悖。一个人只有通过展示自己、被别人所接受，反过来才更容易接受自己。通过自我展示来扩大交往范围，理论上能够得到更多的社会支持，更容易建立起具有安全感、信任感的人际关系网络。

（三）有效调控自我

自我调控能力是高职生自我意识发展的重要标志，是个体主动地调节自己的言行，增强意志力和自信心，完善人格特点的心理过程。该能力主要表现为两个方面：一方面是个人能够根据自己的抱负水平和期望值确定学业和生活目标，在实现目标的过程中能克服困难，为理想而努力奋斗；另一方面表现为在实现目标的过程中能抵制外在不利因素的影响，抵制各种不良诱惑，保证自己坚定地朝目标奋进。为了提高调控自我的能力，高职生应该多掌握一些具体可行的调控策略，比如，制定较为详细的目标，在作息时间表中给自己留有部分时间，以便随时进行自我反思，随时监控计划的执行；不要积压自己的不良情绪，要选择恰当的形式进行宣泄；要积极改变自己不良的认知方式，促进自我升华等。

（四）完善和超越自我

健康自我意识的养成是一个不断自我完善和自我超越的发展过程。高职生不但要正视现实，建立符合自身实际的奋斗目标，而且要正视自己的不足，能够明智地借鉴他人的优势，弥补自身能力的不足，完善积极的性格特点。同时，高职生也不要一味地效仿他人而失去自我，所以在学习优秀者的过程中要重视自我的存在，认可自我的价值，保持自己的良好个性，体现出自己的独特性。只有这样，高职生才能充分利用自身的条件，积极适应外部环境，在现有水平上达到最好的效果。完善和超越自我就是既注重自我，又不囿于自我；既发展自我，又不迷失自我；既追求自我目标的实现，又要把自我目标和社会规范以及国家的发展联系起来。只有在艰辛的努力和付出中，在不断的自我完善和自我超越中，高职生才能充分感受到自我的力量。

 【心灵瑜伽】

我很重要

　　我对自己小声说。我还不习惯嘹亮地宣布这一主张，我们在不重要中生活得太久了。我很重要。我重复了一遍。声音放大了一点。我听到自己的心脏在这种呼唤中猛烈地跳动。我很重要。我终于大声地对世界这样宣布。片刻之后，我听到山岳和江海传来回声。是的，我很重要。我们每一个人都应该有勇气这样说。我们的地位可能很卑微，我们的身份可能很渺小，但这丝毫不意味着我们不重要。重要并不是伟大的同义词，它是心灵对生命的允诺。人们常常从成就事业的角度，断定我们是否重要。但我要说，只要我们在时刻努力着，为光明在奋斗着，我们就是无比重要地生活着。让我们昂起头，对着我们这颗美丽的星球上无数的生灵，响亮地宣布——我很重要。

——毕淑敏

 【心理测试】

自尊测量

　　指导语：请写出下列说法在多大程度上与你的情况相符合，1代表非常符合；2代表符合；3代表不符合；4代表很不符合（数字代表分数）。

　　1. 我感到我是一个有价值的人，至少与其他人在同一水平上。　　（　　　　）

　　2. 我感到我有许多好的品质。　　（　　　　）

　　3. 归根结底，我倾向觉得自己是一个失败者。　　（　　　　）

　　4. 我能像大多数人一样把事情做好。　　（　　　　）

　　5. 我感到自己值得自豪的地方不多。　　（　　　　）

　　6. 我对自己持肯定态度。　　（　　　　）

　　7. 总的来说，我对自己是满意的。　　（　　　　）

　　8. 我觉得我将来难以获得更多的尊重。　　（　　　　）

9. 我确实感到毫无用处。　　　　　　　　　　　　　（　　　）

10. 我时常认为自己一无是处。

第1、2、4、6、7题是正向题，反映的是一个人的自尊情况，所写的分数越低，对应的自尊水平越高；第3、5、8、9、10题则需要反向计分，只需要用5减去你写的分数就可以了，然后将全部10题的得分相加。10分为最低分，说明自尊心非常强；40分为最高分，说明自尊心非常低；25分为中间值。你的自尊分数处于什么位置上呢？

第三章

解开心灵密码
——高职生常见心理问题及应对

 【心理案例】

变化的小李

　　小李，女性，19岁，某大学学生。小李刚入大学时学习认真，乐观开朗，热情助人，人际关系良好，很受同学们的喜欢。但这学期开学后，同学们纷纷反映小李变了，有时很兴奋，不停地自言自语，但同学们根本听不懂她在说什么，总是前言不搭后语。有时默默地坐着，一坐就是几个小时。有时没有洗漱就睡觉了，室友们提醒她，但她好像没有反应。开学后可能由于回学校没有买到卧铺，小李看起来很疲劳，经常躺在床上；有时晚上别人都睡了，她却四处溜达。最近她情绪很低落，向家长提出想回家。因为总听到班里的男生骂自己下流，连老师也这样说。一天，小李突然离校出走，坚决不肯回学校，说系里几个女生合计好了要勒死自己。父母来到学校，她坚决不见母亲，说母亲是某一个同学变的，是来害自己的。学校要求小李休学，由其父母强行带来就诊。小李从小自我要求严格，学习成绩好，人际关系良好，老师、同学证实小李没有谈恋爱。

案例分析：

　　案例中小李刚入大学时表现优秀，可是后面却出现了一些反常的现象，这让老师和同学难以理解。那小李究竟出现了什么问题呢？学完本章后，你会对小李的问题有一个非常全面的了解。

【心理课堂】

心理问题是各种心理及行为异常的总称。世界上任何事物都有正反两面，人的心理活动亦如此。心理的正面，即正常的心理活动，能保障人顺利地适应环境，进行正常的人际交往，在家庭和社会中肩负责任，健康地生存和发展，同时能正确地认识客观世界的本质和规律，创造性地改造世界。心理的反面，即异常的心理活动，无法保证人正常生活，而且随时会破坏人的身心健康。心理的"正常"和"异常"之间并没有明确的和绝对的界限。一般认为，人的心理及行为是一个由"正常"逐渐向"异常"、由量变到质变，并且相互依存和转化的连续谱。因此，生活在现实社会中的每个人在不同时期都可能存在一定程度的心理问题，即人的心理问题是普遍存在的，只是程度不同而已。

第一节 心理问题大揭秘
——高职生常见的心理问题

案例：某大学女生小李是在一个传统家庭中长大的。某天收到一封来自班上男生的情书，表达对她的爱慕，顿时觉得不知所措。小李对该男生也有好感，可是想到父母从小教育自己要好好学习，男女之间的事情不应该过早考虑，于是不再理会该男生。两人同班，见面是在所难免的，可一见到该男生，小李就感觉紧张、恐惧，不敢正视他的目光，想快点儿逃离。由于老担心这件事，小李害怕去上课，学习效率降低，一听到舍友谈论爱情就觉得自己满脸通红。可她又不敢把这事告诉家人和朋友，于是她提醒自己不要再去想，可是无法控制，最后甚至与其他异性都不敢正常交往了。

分析：被异性喜欢原本就是一件很正常的事情，惊慌失措也是正常的心理反应，然而对于一件事过于恐惧和担心，压抑自己，容易引发心理问题。小李由于对男女交往的错误认知和不恰当的应对方法，使问题越来越严重，从而引发了情绪反应的泛化，导致其不敢与异性交往。

一、正常心理与异常心理的区分

对于心理状态的正常与异常的判断至今没有统一的标准，人们往往从不同的角度，按照不同的经验，在不同的学科领域，用不同的方式加以区分。

（一）常识性的区分

这种区分方法是依据日常生活经验进行的，归纳起来有四个方面。

1. 离奇怪异的言谈、思想和行为。假如有人对你讲："我是联合国的官员，我掌管着全世界所有人的口粮。昨天我刚从纽约回来，明天我要飞往莫斯科，我到哪个国家，该国的总统都要陪同。"再假如你见一人衣衫褴褛、披头散发、满口胡言、满街乱跑。这时，尽管你不是心理咨询师也可以判断，他们的言行是异常的。

2. 过度的情绪体验和表现。假如一个人终日郁郁寡欢，行动缓慢，与人交流困难，甚至不知如何去表达，未开口，泪先流，表现出对生活的悲观与失望，对生活失去了兴趣，觉得现实世界是灰色的；再假如一个人彻夜不眠，时而开心大笑，时而载歌载舞，精神亢奋，话语量增多，说个不停。这时，你可以依据自己的生活经验判断，他的行为已经偏离了正常。

3. 自身社会功能不完整。假如一个人害怕与他人的目光接触，觉得自己长得很丑，为此而不敢见人；再假如一个人脸上长了许多青春痘，所以周围的人只要谈论青春痘，他就认为在讽刺他，为此常常与别人吵架。当你遇到这样的人，也会依据自己的生活经验，判断他们的行为偏离了正常轨道。

4. 影响他人的正常生活。有人认为班级的女生都喜欢他，于是常常在晚上给女同学打电话，一聊就是几个小时，不愿挂电话，而女同学都深感厌恶，但碍于面子不好拒绝他。这时同样可以依据生活经验做出判断，这个人不正常。

（二）心理学的区分

我国学者郭念锋把心理状态分为正常心理和异常心理，并以心理学对人类心理活动的一般性定义为依据，提出了鉴别正常心理和异常心理的三条原则。

1. 主观世界与客观世界的统一原则。例如，一个人能感知到客观世界不存在的东西，那么说明他产生了幻觉；一个人的思维内容脱离现实，我们便说他产生了妄想。这些都是我们观察和评价人的精神与行为的关键，称为统一性标准。人的精神或行为只要与外界环境失去统一，必然不能被周围的人理解。

2. 心理活动的内在协调性原则。人的心理活动包括知、情、意三个部分，这三个部分协调一致是正常的，不一致则异常。例如，一个人用低沉、悲哀的语调去说一件令人愉快的事情或对于一件痛苦的事情做出快乐的反应。这都说明他的心理活动的内在协调性出了问题，属于心理异常。

3. 人格的相对稳定性原则。每个人在长期的生活道路上，都会形成自己独特的人格心理特征。这种人格心理特征一旦形成，便有相对的稳定性，在没有重大生活变故的情况下，一般不易改变。若有人在没有明显外部原因的情况下，做出了与本人以往的个性大相径庭的行为，则要考虑心理异常的可能。比如，一个性格内向、不善言辞的人，突然变得开朗外向、热情活泼，如果在他的生活环境中找不到足以促使他发生改变的原因，则要考虑心理异常的可能。

（三）标准化的区分

1. 医学标准。这种标准将心理障碍当作躯体疾病一样看待。如果一个人的某种心理或行为被疑为有病，就必须找到它的病理解剖或病理生理变化的根据，在此基础上认定此人有精神疾病或精神障碍。其心理或行为表现，则被视为疾病的症状，其产生原因则归结为脑功能失调。医学标准将心理障碍纳入了医学范畴，这种做法，对心理障碍的研究，曾经做出过重大贡献。

2. 统计学标准。在普通人群中，人们的心理特征，在统计学上显示常态分布。在常态分布曲线上，居中的大多数人属于心理正常范围，而远离中间的两端则被视为"异常"。因此，一个人的心理正常或异常，就以其偏离平均值的程度来决定。显然，这里的"心理异常"是相对的，它是一个连续的变量，偏离平均值的程度越大，则越不正常。以统计数据为依据，确定正常与异常的界限。统计学标准提供了心理特征的数量资料，比较客观，也便于比较，操作简便易行。因此，受到很多人欢迎，但这种标准也存在一些明显的缺陷，例如，智力超常或有非凡创造力的人在人群中是极少数的，但很少被人认为是病态。再者，有些心理特征和行为也不一定成常态分布，而且心理测量的内容同样受社会文化制约，所以，统计学标准的普遍性也只是相对的。

3. 内省经验标准。这里的内省经验涵盖两个方面：一是指病人的内省经验，如病人自己觉得有焦虑、抑郁或说不出明显原因的不舒适感，自己觉得不能控制自己的行为，等等。二是指观察者的内省经验，如观察者把被观察者的行为与自己的以往经验相比较，从而对被观察者做出心理正常或异常的判断。当然这种判断具有很大的主观性，不同的观察者有各自的经验，所以评定行为的标准也就各不相同。如果观察者接受同一种专业训练，那么，对同一个行为，也能形成大致相近的看法，甚至对许多心理障碍仍可取得共识，但对某些少见的行为，仍可能有分歧，甚至意见截然相反。

4. 社会适应标准。在正常情况下，人能够维持生理和心理活动的稳定状态，能依照社会生活的需要去适应环境和改造环境。因此，正常人的行为符合社会的准则，能依据社会要求和道德行事。这时，我们说他的行为是一种社会适应性行为。如果由于器质的或功能的缺陷，使得某个人的社会行为能力受损，不能按照社会认可的方式行事，那么，我们就认为此人有心理障碍。这一判断，是将此人的行为与社会行为常模相比较之后得出的。

二、高职生常见的心理困扰及其应对

心理困扰往往使个体自我感觉痛苦、深深体验到紧张、消极、无所适从、不愉快、内心矛盾等心理感受。经常性的心理困扰必然导致个体意志消沉、精神萎靡、心态失衡，心理障碍、心理疾病以致心理危机就会相伴滋生。因此，了解高职生常见的心理困扰及解决对策是从源头上解决高职生日益严重和普遍的心理问题的务本之举。

高职生常见的心理困扰分成生活类心理困扰、学业类心理困扰、交际类心理困扰、恋爱和性意识类心理困扰、成长与发展类心理困扰。下面就不同种类的心理困扰一一说明。

（一）生活类心理困扰

1. 生活类心理困扰的内涵与原因

生活类心理困扰的典型代表是大一新生面对的入学适应问题。学校环境对高职生有着极为重要的影响。每一个大学新生来到大学都要面对一个角色转换与适应的过程，对他们而言，面临的是陌生的校园、生疏而又关系密切的新群体。大学的集体生活，既改变了原来的生活方式，又改变了原来所熟识的人际环境。面对这些，每个大学新生都会产生不同程度的应激反应，使他们在内心或多或少地感到惶惶不安。这种因不适应高职生活环境而出现的不安、苦闷和孤独感，在那些应变能力较差的学生身上表现得更为明显。每年刚入学的高职生往往会出现各种各样的心理问题，心理学上将这一时期称为"大学新生心理适应期"。

案例：下列哪种方法更加有利于度过适应期？

（1）入校后一经安排好行李，马上就到校园的各处熟悉情况，了解办公室在什么地方、教室和图书馆的使用规定、食堂的开饭时间、如何购买澡票、学校有几个大门、商店的位置等，都在短时间内了解清楚。这样，在办理各种手续、解决各种问题时就会比别人更顺利、更节省时间、更早适应新环境，而且可以给那些对周围环境不熟悉的同学以指点和帮助。

（2）刚到新的环境中，非常拘束和胆怯，缺乏方向感。生怕走动一点儿就会迷路，又不好意思开口向别人求助。所以尽量少走动、少说话，碰到一定要办的事则只能跟在别人后面或者结伴而行。

2. 生活类心理困扰的调适

显然，对新环境适应快的学生，很快就会成为班级中的重要人物，担任一些班级工作。与老师、同学接触多，掌握的信息多，锻炼的机会也多，能力提高快，自信心也就逐渐建立起来了。如何尽快熟悉新的环境呢？除了自己摸索以外，比较方便的方法是向学长、学姐或同乡请教，多数学长、学姐都很愿意把他们的经验、教训介绍给新生，以帮助他们尽快适应高职生活、少走弯路。

（二）学业类心理困扰

1. 学业类心理困扰的内涵与原因

高职生的学习目的、学习方式、学习内容等都有别于中学生。因此在适应大学学习环境的过程中，可能会出现各种各样诸如动机、兴趣、方法、用脑等问题。此外，角色地位的改变，也是每个高职生所要面临的。多数高职生在入学前，是当地学校的尖子生、老师和家长的宠儿、同学和朋友心目中的榜样，自我感觉良好。但进入大学后，在这个集中了各地优等生的新群体中，原来的优越感不复存在。能否继续保持优势，或者能否接受"自己是平凡的一员"这一事实，是摆在每个高职生面前的问题。如果对这种现实不能正确地接受和对待，逃避或否认现实，就会引发心理问题。

2．学业类心理困扰的调适

学习是高职生活中重要的一部分，能否尽快适应大学的学习生活，直接影响四年的学业，并间接影响以后的工作和生活。因此，高职生应加强心理调适，以正确的方法、积极的心态迎接学业上的挑战。

（1）充分了解学习环境。一般来讲，大学的校园规模都比较大，教学设施比较齐全，新生入学后，在思想上要有这样一种认识：要想在学业上获得成功，"能干加巧干"是成功的最好保证，这里的"巧干"就有充分利用周围环境的意思。尽快熟悉学校提供的一切教学及辅助设施，如教学办公地点、图书馆的使用时间和方法，教学辅助设施包括实验室、复印室、书店等。

高职生必须通过多种渠道，获取大量的信息，并充分利用现代多种高科技教学手段来掌握、运用自己所学的知识从而提高自己的能力。有些高职生没有这种意识，念了几年大学，不知道如何在图书馆、资料室查找自己所需的文献材料，甚至从没有利用过电教设备；还有一部分高职生，对学习环境、教学设施的意义理解不够、重视不足，认为只要把老师讲的知识掌握了就行了，这些同学应当学会利用各种有利条件来发展自己、提高自己，充分利用环境中的优势，使个人的能力与潜力得到更大程度的促进与提高。

（2）适应新的学习气氛

同样是一种竞争的学习气氛，但大学与中学是截然不同的。这里很少有人监督你，很少有人主动指导你，没人给你制定具体的学习目标……但这里绝不是没有竞争。每个人都在独立地面对学业，每个人都应该有自己设定的目标，每个人都在和自己的潜能比，也暗暗地与别人比。这里的一切都看似轻松、自由，但实际上却充满了紧张与竞争。高职生入校后，被表面上轻松的大学氛围所包围，时间长了若仍不能体味到这种激烈竞争的氛围的话，不久就会在许多方面落伍。另外，大学的学习从以教师为主导的教学模式变成了以学生为主导的自学模式。学生不仅要消化理解课堂上所学的内容，还要大量阅读相关方面的书籍和文献资料，努力提高自己的自学能力。

（三）交际类心理困扰

1．交际类心理困扰的内涵与原因

比起中学生，高职生的人际交往更为复杂，更为广泛，独立性更强，更具社会性。个体开始独立地步入了准社会群体的交际圈。高职生们开始尝试独立的人际交往，并试图发展这方面的能力。另外，交往能力越来越成为高职生心目中衡量个人能力的一项重要标准，然而并不是每个高职生都能处理好人际关系的。在这一过程中，有相当数量的人会产生各种问题，认知、情绪及人格因素都影响着人际关系的建立。一旦某一个体在这一过程中受挫，就可能表现为自我否定而陷入苦闷与焦虑之中，或因企图对抗而陷入困境，并由此产生心理问题。

2．交际类心理困扰的调适

和谐的人际关系可以增加自信和理解，减少心理上的不适感，实现心理平衡。事实上，高职生的人际关系与社会上相比简单而单纯，高职生的友谊往往是深刻而持久的，它可以成为高职生情感的寄托，可以增加归属感。另外，去关心他人、理解他人又能促使自己拥有博大的胸怀，从而大大增加生活、学习、工作的信心和力量，最大限度地减少心理应激和心理危机感。在交往过程中应该意识到，现实生活中的每个人都不可能是完美无缺的，在个性、行为习惯、价值观念和情绪状态等各个方面都可能会有各自的优点与不足。因此，对他人要有一种宽容的态度，不要期望过高。对他人期望过高，往往会产生失望感，其结果是使自己的心理平衡受到干扰，对自己造成更大的不良影响。一个孤芳自赏、离群索居、生活在群体之外的人，是很难做到心理健康的。

案例：朋友还是敌人？

小安与小白是某艺术院校的学生，同在一个宿舍生活。入学不久，两个人成了形影不离的好朋友。小安活泼开朗，小白性格内向，沉默寡言，小白逐渐觉得自己像一只丑小鸭，而小安却像一位美丽的公主，心里很不是味，她认为小安处处都比自己强，把风头占尽，时常以冷眼对小安。后来，小安参加了学院组织的服装设计大赛，并获得了一等奖，小白得知这一消息后妒火中烧，趁小安不在宿舍之际将小安的参赛作品撕成碎片，扔在小安的床上。小安发现后，不知道怎样对待小白，更想不通为什么她要遭受好朋友这样的对待？

阅读后，你如何看待小白的行为呢？假如你是小安，你会怎么做？假如住在一个生活背景各不相同、个性多样的宿舍里，如何才能处理好宿舍的人际关系呢？

（四）恋爱和性意识类心理困扰

1. 恋爱和性意识类心理困扰的内涵与原因

从个体的生理年龄发展阶段来看，高职生处于青年中期，正是开始恋爱的时候。但是，由于大家所处的特殊环境，恋爱与性的问题都不容易处理好。由于性生理逐渐发育成熟，高职生会受到性意识的困扰，并且能体验到对性的压抑。这些困扰，通常只带来一般程度的不安和躁动，但如果达到严重程度时，就会产生心理问题。此外，对性知识、性行为的不恰当的认识和理解，也会造成诸多心理压力，从而进一步发展为心理问题。有的高职生把失恋看成是严重的生活事件，这会使他们在情绪、自我评价、人际交往、学习、生活等各个方面受到打击和干扰，由此引发诸多心理问题。

2. 恋爱和性意识类心理困扰的调适

和谐的性行为需要安全、私密、舒适的环境，而高职生的婚前性行为多数在隐蔽状态下进行，常常伴着内心的恐惧、紧张、害怕、担心怀孕及不洁感、不道德感、羞愧感和罪恶感，容易引发性反应抑制和性焦虑。当欲望的潮水袭来时，要用理智战胜脆弱的情感。儿童心理学家曾做过"延迟满足"的实验，告诉被试者如果选择等待，将能够获得更多的奖赏如糖果，而即时满足只能获得极少的奖赏。随着年龄的增长，儿童会主动选择延迟满足。对爱情中的性也是合适的，只有学会延迟满足，才能为将来生活打开一扇幸福的大门。

案例：一位高职女生的求助信

我是刚进入大学认识他的。他是我的老乡，在初次离家孤独时给予了我太多的安慰与帮助，不知不觉我陷入了恋爱之中。随着交往的深入，我们的恋爱也不仅限于精神层次的交往，彼此从身体上也渴望接纳对方。于是，在某一个晚上，我们有了第一次。虽然我们还在恋爱，可每次在一起我总会想到性，我会感到恐慌，经常觉得所有人都知道我们的事，睡眠障碍、上课注意力不集中、产生性幻想等，现在我也陷入了深深的担忧中，如果今后我们分手怎么办？我真不知道如何面对？

你是如何看待婚前性行为的？遇到案例中类似的情况，当对方对自己有过分亲密的关系要求时，应该如何"说不"？

（五）成长与发展类心理困扰

1. 成长与发展类心理困扰的内涵与原因

高职生作为同龄人中的佼佼者，容易把未来设计得过于完美。而现实社会中的各种客观条件，会妨碍"理想自我"的实现，对这一客观事实认识不足，就会引起认知上的矛盾，从而严重影响高职生的心理状态。有的高职生在客观现实面前，能调整自身的认识，重新树立起自己的人生目标，使之符合客观现实的要求；而有些高职生则企图逃避与现实的矛盾冲突，出现消沉、颓废、苦闷、抑郁等心态，或耽于玩乐、放纵，以此来麻痹自己的心灵，甚至出现自杀企图。

有些高职生在面临当今社会多样化的价值体系时，难以找到自己的坐标，无所适从，茫然失措，即失去了自我，失去了生命的存在感，结果使自己陷入苦闷、绝望的境遇中。在追求发展自我的过程中，如果没能达到期望的目标，或者对自我有不正确的认识，害怕暴露自己的弱点而采取某种防御性的心态，过多独处，很少与他人交流，也会出现各种行为、情绪等问题。

2. 成长与发展类心理困扰的调适

很多心理学家认为，确立和形成自我同一性是青年期的重要课题之一。在这个过程中，高职生需要完成职业选择，形成个人终生目标和最终确立人生观、价值观。就业前要把握好四个方面：一是降低自身的期望值——对社会要事先有一个误差的准备；二是把握好自身目标，不要轻易跳槽，初涉社会，对工作经验、人际交往技巧都还没有定型，正是锻炼的时候，千万不要错过了自己的发展期；三是注重人际交往技巧，不同行业的人在人际交往方面有所不同，不妨多买些人际交往的书米看；四是要避免盲目性，在进入单位之前，要多了解用人单位的企业文化。

三、高职生常见的心理障碍及其应对

心理障碍是指一个人由于精神上的紧张，而使自己思维上、情感上和行为上发生了偏离社会生活规范轨道的现象。心理障碍主要是由心理因素造成的。对于处在青年期的高职生来说，这是一种较为常见的功能性疾病。在高职生中，心理障碍发病率高的主要是神经衰弱、焦虑症、强迫症、恐惧症、疑病症、抑郁症。

（一）神经衰弱

1. 神经衰弱的主要表现

精神活动能力下降；精神兴奋度增高；情绪变化异常（容易产生焦虑和疑病倾向，容易伤感和落泪）；紧张性疼痛；睡眠障碍；多数患者有头昏、耳鸣、多汗等特点。

2. 引起神经衰弱的原因及其应对

引起神经衰弱的主要原因：长期存在的某些精神因素引起大脑机能活动的过度紧张，使精神活动的能力减弱。有易感素质和不良性格特征的人更易患神经衰弱。

高职生神经衰弱的发生，主要是缺乏面对现实的勇气和良好的适应能力造成的，如学习负担过重、专业思想不稳定、个体自我调节失灵、对社会和人生思虑过多、在家庭问题和恋爱问题上犹豫徘徊等。所有这些，在患者头脑中产生强烈的思想冲突，使得神经活动过程强烈而持久地处于紧张状态，超过神经系统本身的张力所能忍受的限度，从而引起崩溃和失调。对神经衰弱的学生，合理安排学习和生活作息，适当参加娱乐活动和体育锻炼，并进行必要的心理治疗，一般可以收到较好的效果。

案例：我有神经衰弱

某大学男生小孙因失眠、精神差、易疲劳来到心理咨询中心寻求帮助。小孙两年前因高考复习压力大而开始失眠，入睡困难，每晚要 2 ~ 3 个小时方能入睡，睡后极易惊醒，轻微的响声都不能忍受，晚上多梦，白天昏昏欲睡，记忆力和学习效率下降，一看书便心烦意乱，熟人的名字有时也叫不出来。近 3 个月来头昏，头晕，情绪急躁，自信心低，情绪不稳定，认为自己的病难以治愈，非常着急，迫切希望心理咨询师能够帮助自己尽快摆脱这种状态。

建议： 应合理安排校园活动和体育锻炼，及时进行心理治疗，正确对待，神经衰弱可以缓解或痊愈。

（二）焦虑症

1. 焦虑症的主要表现

焦虑症是一种常见的神经症，是以广泛和持续性焦虑或反复发作的惊恐不安为主要特征的神经症性障碍，患病者的焦虑与惊恐并不是由实际威胁或危险所引起的，或其紧张不安与惊恐程度与现实处境不相称。

而生活中一般的焦虑是由实际威胁引起的，并非疾病状态，适度的焦虑水平还有助于任务的完成，比如考试、面试等，焦虑水平与任务完成水平成"倒 U 型"的关系，即焦虑达到某种最佳水平时任务完成的水平也最佳，焦虑水平过低和过高都不利于任务的完成。

2. 引发焦虑症的原因及其应对

高职生进入新的环境，各方面都要重新开始适应和调整。如果对自己期望过高，压力过大，凡事患得患失，时间长了，就会产生持续性的焦虑、不安、担心、恐慌，并且伴随有明显的运动性不安以及躯体上的不舒适感。患有焦虑症的人，在其性格上也有一定的特点，大多数胆小，做事瞻前顾后、犹豫不决，对新事物、新环境适应能力差，遇上一定精神刺激，就很容易患焦虑症。患有焦虑症的人常感到无明显原因、无明确对象、游移不定、范围广泛的紧张不安；经常提心吊胆，却又说不出具体原因。患者过分关心周围事物，注意力难以集中，从而使工作和学习效率明显下降。对焦虑症，一方面可进行药物治疗；另一方面可进行心理训练，如各种自我松弛训练、生物反馈疗法等。

（三）强迫症

1. 强迫症的主要表现

强迫症是指患者在主观上感到某种不可抗拒和被迫无奈的观念、情绪、意向或行为存在。患有强迫症的人，明知某种行为或观念不合理，但却无法摆脱，因而非常痛苦。

2. 引发强迫症的原因及其应对

这种症状大多是由强烈而持久的精神因素及情绪体验诱发而来的，与患者以往的生活经历、精神创伤或幼年时期的遭遇有一定的联系。强迫症患者病前的人格多有一定的偏移，主要特征是过分追求完美、容易将冲突理智化、过分内省自制、过分注重细枝末节、不能从宏观上操纵全局、过分循规蹈矩、墨守成规、不知变通、遇事优柔寡断、无所适从、难以做出决定、缺乏幽默感、思虑过多、喜欢钻牛角尖等。

患强迫症的高职生多与其性格缺陷有关，如缺乏自信、遇事过分谨慎、生活习惯呆板、墨守成规、常怕出现不幸、活动能力差、主动性不足等。行为疗法对强迫症有一定效果，向强迫症患者解释精神生活中的各种知识，增强他们的自信心，对缓解症状有一定效果。

目前，关于强迫症的治疗方法，临床上常用的技术有思维阻断法、厌恶疗法、森田疗法、心理分析法、认识领悟疗法、认知行为疗法。在心理治疗的同时，辅以必要的抗焦虑、抗抑郁药物，以减轻伴发的焦虑和抑郁症状。

案例：令人烦恼的强迫症

某大学女生小娜，由于家庭重男轻女，在刚出生时就被家人遗弃了，由养父抚养长大。刚上大学时谈了男朋友，由于男方家长反对，两人很快就分手了，这件事让小娜非常痛苦。去年暑假在舅舅的水果店帮忙做收银员，每次顾客走后她就不停地怀疑刚才有没有算错钱。自这个学期以来，发展到任何刚刚发生过的事情都要在头脑里面回忆，甚至连洗手、洗澡也要算次数，严重时，一天要耗掉大部分的时间回忆和洗漱，学习成绩越来越差，导致数门功课不及格。

分析及建议：小娜的成长很明显受家庭因素的重要影响。因此，心理咨询师在为其咨询时，应重点与其探讨和分享。在此基础上，可以采用认知疗法、系统脱敏疗法循序渐进地帮助她减轻焦虑情绪，改变认知方式，以逐步消除强迫症的症状。

（四）恐惧症

1. 恐惧症的主要表现

以对某一特殊物体、活动或情境产生持续的和不合理的恐惧为特征的神经症性障碍，常伴有自己神经功能紊乱，患者常不得不回避某些害怕的对象或情境，如恐高症、动物恐惧症等。

2. 引发恐惧症的原因及其应对

高职生恐惧症的主要表现为社交恐惧、考试恐惧等。社交恐惧症患者往往性格胆怯、极端的腼腆，缺乏自信，对自身过分关注。

目前，关于恐惧症的治疗方法，临床上常用的技术有行为疗法、认知疗法、系统脱敏疗法、催眠疗法等。

（五）疑病症

1. 疑病症的主要表现

疑病症是一种以担心或相信自己患有严重躯体疾病的持久性优势观念为主的神经症。患者往往对自身的健康状况或身体的某一部分功能过分关注，怀疑患了某种疾病，但与实际情况不符，医生对疾病的解释或客观检查常不能消除患者对自身健康固有的疑虑。病人因为这种症状反复就医，常伴有焦虑和抑郁，并为此深感苦恼。有些时候，病人确实存在某种躯体障碍，但躯体障碍不足以解释所诉症状的性质或程度，或病人的痛苦和有些观念与现实不符，也属于疑病症。

2. 引发疑病症的原因及其应对

患疑病症的高职生人格特征为敏感、多疑、主观、固执、对自身过分关注，要求十全十美，心理社会因素常为本病诱因。疑病症的治疗以心理治疗为主。心理治疗以认知疗法为主，可辅以催眠及暗示治疗。

案例：怕自己感染艾滋病

某大学男生小卢听说，最近有些艾滋病感染者拿着针筒在街上随意刺伤行人，对此产生了恐惧心理。有次去医院体检，医生给他抽血检查后，他的手不小心碰到另外一个病人的手，不由自主地联想到艾滋病，四处去做检查。所有检查结果都表明正常，可他还是不相信，认为医生检查不够仔细，或者医生担心他承受不了这个结果，故意隐瞒真相，坚定地认为自己感染上了艾滋病。从此无法安心学习，疲于奔走在各大医院中。

分析及建议：对小卢应该采用认知疗法。引导其正确认识自身的健康状况，消除错误观念，把时间和精力转移到其他事情上，使他的心理得到调适。另外，也可以通过自我暗示的方法加以调节。

（六）抑郁症

1. 抑郁症的表现

抑郁症是高职生中常见的一种心理疾病。抑郁症的主要表现有悲伤、绝望、孤独、自卑、自责等，把外界的一切都看成"灰暗色"的。有的高职生对枯燥的专业学习不感兴趣，对刻板的生活方式感到厌烦，为自己学习或社交的不成功而灰心丧气，陷入抑郁或悲观的状态。长期的抑郁状态会导致思维迟钝、失眠、体力衰退等，对个体危害是很大的。

高职生患抑郁症的比例较高，主要原因有两点：一方面，他们对社会有各种强烈的需求，极力想表现出自己的才能；另一方面，他们对社会的复杂缺乏认识，对自身行为的合理性和可能性了解得不够深刻，加上人生观、价值观尚未稳定建立，对挫折的承受能力与心理防卫机能不成熟、不完善，因而很容易产生抑郁的情绪和心境。

2. 引发抑郁症的原因及其应对

一般来讲，神经性抑郁症患者在病前大多数能找到一些精神因素。例如，生活中的不幸遭遇、学习中遇到重大挫折和困难、在公共场合中自尊心受到严重伤害等。该病症的发生与性格也有一定的关系。性格不开朗、多愁善感、好思虑、敏感性强、依赖性强的人，在精神因素的作用下，容易导致抑郁症的发生。

抑郁症的克服可以采用以下三种方法：

（1）学会将自己的忧伤、痛苦以恰当的方式宣泄出来，以减轻心理上的压力，如倾诉、写日记、哭泣等，都可以减少心理负荷；

（2）多与其他同学交往，尝试从另一个角度看待自己所面临的问题，开阔视野；

（3）有意识地参加一些实实在在的活动，如体育锻炼、文化娱乐活动等，将自己从苦恼中解脱出来。

四、高职生常见的精神病性障碍及其应对

精神病是指人脑机能活动失调，丧失自知力，不能应对正常生活，不能与现实保持恰当接触的严重心理疾病。精神病的种类很多，高职生常见的精神病主要有精神分裂症、情感性精神分裂症、偏执性精神病和反应性精神病等。其常表现为思维破裂、情感淡漠、妄想、出现幻觉或幻听等。

精神病患者很难通过自身的心理调节得以缓解，所以，一旦确诊为精神病，应该尽快在专科医师的指导下进行系统和完整的治疗，以免耽误病情。一般来讲，早期、系统的治疗效果比较理想，可使多数患者见到明显的疗效，部分患者可以痊愈。而讳疾忌医则可能由于耽误了最佳的治疗时机而影响治疗效果，使症状缓解不彻底，甚至复发和加重，既不利于疾病的治疗，又影响了自己的学业和生活。

健康小提示：别乱贴标签

心理问题的判断，实际上就是一个心理评估和行为诊断的过程，需要专业人员如临床

心理学家、心理咨询师等，运用心理学和精神病学的理论、技术、方法和手段，根据严格的诊断标准，按照严格的程序去实施的一项专业性强的工作。

通常所使用的评估和诊断方法包括观察法、会谈法和测验法。观察法是指通过观察对被测试的心理和行为表现进行有计划、有目的的了解。会谈法是心理咨询的技术，通过会谈可以搜集有关资料进行评估和诊断，为患者提供心理支持和治疗。测验法是通过心理测验对心理健康状态进行评估，该方法对心理健康状态能够实现定性和定量的评估，简单易行，便于操作。

因此，是否有心理问题，不能简单地根据一些情绪或躯体症状就轻易下论断，更不能简单地对号入座。人在遇到挫折时，出现一些情绪反应和躯体症状，本来就属于正常反应，可有些高职生却根据网络上查到的相关资料，盲目给自己"诊断"为某种心理障碍，如焦虑症、强迫症、抑郁症等。这对降低紧张情绪和缓解心理痛苦是不利的，这种消极的暗示作用有时还会使情绪和躯体反应进一步加重，反而给身心调适带来更大的问题。

第二节 高职生心理咨询

一、什么是心理咨询

（一）对心理咨询常见的误解

1. 害怕被同学看成精神病。在人们的观念里，说某人"有病"，通常是指有"精神病"，或指一个人思想极度不正常。因此，许多高职生本来想去寻求心理咨询，但害怕被同学看成"有病"，而不敢前去咨询。有这样一则笑话，一对美国恋人和一对中国恋人分别去约会，男友都迟到了，女方很生气，都责问男友为什么不准时赴约，而男友均回答去接受心理咨询了。美国的女青年听了，认为男友有素质、有修养，又有一定的经济实力，立刻对男友增加了几分好感。而中国女青年听了，则认为男友可能不正常，并猜测会不会有精神病，是不是遗传，结果与男友不欢而散。

2. 担心被老师看作不正常。许多高职生会认为心理咨询就像思想道德教育，只是从道德角度给予批判和要求。而按照他们所掌握的道德标准，他们的某些所思所行很难从道德上说明白。例如，某些同学所遇到的单相思或某些欲望冲动问题，虽然自己从道德的角度会有一个判断，但仍然摆脱不了心理困扰。如果去做心理咨询，又担心老师从道德的角度将自己看作有问题的人。

3．咨询老师无法解决我的实际问题。许多同学会因生活中一些具体的生活困难而产生心理困扰，甚至严重影响自己的正常生活。但当有人劝其寻求心理咨询时，他们常常会说："咨询老师解决不了我的实际问题！"当事人简单地认为，自己要走出困境，别人只要能帮自己解决好具体事情就行。如果事情已不可改变，做什么都不能使自己走出困境。殊不知，心理学早已证明，人在负性情绪的困扰下，负性情绪越大，人的思维水平越低，甚至想不到任何新的解决问题的思路。所以，不论事情是否还能改变，我们都应该先调整自己的心态，从而以好的心理状态去争取事情的改变，这样成功的概率就会大得多。如果事情已经不能改变，则需调整心态，打开思维，寻找新的发展机会。

4．回避问题。生活中每个人都会遇到或大或小的心理矛盾，其实有些心理矛盾自己可以调整好，但有些心理矛盾在某个阶段自己没有能力调整好，就会沉积为心理包袱。许多高职生背上这些包袱后害怕被别人误以为有严重的"心理问题"，宁可自己承受着痛苦，也不去寻求心理咨询的帮助。有的甚至采取从主观上"否认"自己问题的方式欺骗自己。殊不知这样带来的危害更大。许多校园危机就是这样突然爆发的。其实，问题越早解决越好，可以减少许多痛苦。

案例：我有病吗？

某大学学生，在临近毕业找工作前，突然出现了一些躯体症状：一进食就想呕吐，与同学说话时也时常想呕吐，并时常伴有出汗、头晕现象，但通常只是吐出一点清水。该生急忙跑去医院检查，但检查结果除了有一点胃病，并无其他疾病。而这点胃病，医生认为并不会导致上述现象。医生建议该生去做心理咨询，该生不信，坚信自己身体"垮了"，一定有生理疾病，便继续求医。他前后跑过4家医院，从专科医院到综合医院，结论完全一样。虽然在该生的强烈要求下做了输液治疗，但最后医生还是建议该生去做心理治疗。百般无奈之下，该生来到学校的心理咨询室。在寻求三次咨询治疗后，呕吐、出汗、头晕现象都消失了。该生终于相信自己是心理问题而不是生理问题。在此之后，他继续做了几次心理咨询，最终康复了。

案例分析：该生身体一直很棒，但经济压力一直很大。在临近毕业时，他对寻找一个较高收入的职业期望很高，但求职并不顺利，求职压力陡增，又不愿将心中的苦恼告诉别人。这种内在强烈的欲求与自我强行压抑形成较大的冲突，导致过度紧张、出汗、头晕和欲吐又止的"呕吐"现象。自己误以为身体出了问题——"我有病了"。

建议：去医院检查一下是必要的，但不顾医院检查的客观结果而坚信自己身体"有病"，则会使自己陷入误区。要转变观念，及时寻求心理咨询师的帮助，消除症状，恢复正常的心理状况，否则定会影响正常的生活。

（二）心理咨询的定义

所谓心理咨询，是指专业咨询人员以语言、文字、动作或其他载体为信息沟通形式，运用心理学知识和技术，给来访者以帮助、启发和疏导，最终提高来访者心理健康水平的过程。心理咨询的目的是帮助精神正常但又存在某种心理负担的来访者解决其在学习、工作、生活、人际交往以及疾病和康复等方面的心理不适或障碍，提高其正确对待自己和适应环境的能力，促进其自身发展和完善。

求助心理咨询最关键的是通过专业心理咨询人员的帮助和鼓励，发现高职生自身成长中的心理障碍或心理困惑，认识自己心理或行为的真正原因，并且尝试某些新的策略和新的行为，去摆脱情绪上的痛苦，解除心理负担，最大限度地发掘出自己的潜力或者形成更为适当的应变能力。因此，当高职生出现心理矛盾，自我无法调节时，就应该主动、及时地寻求心理咨询，自愿寻求帮助是心理成熟的标志。

（三）心理咨询有何特点

1. 心理咨询具有助人自助的原则

心理咨询不仅可以解决某些具体的心理问题，更多的是通过交谈等方式启发来访者全面地了解自己，找到自己身上的潜在力量。使来访者在心理咨询师的帮助下，学会自我克服成长中的障碍，自尊、自立地均衡发展。

2. 心理咨询是人际互动过程

心理咨询既不依靠药物治疗，也不依靠理论说教，而是依靠咨询师与来访者之间平等的交流互动，调动来访者的内在智慧达成咨询目标。

3. 心理咨询具有"心理性"

心理咨询是在心理学原理的指导下，按照心理规律进行的辅导过程。在没有指责、评判、完整接纳的氛围中，完成真实呈现、真诚互助的过程。

4. 心理咨询有一个安全的空间

心理咨询师按照心理咨询工作的要求，遵守为来访者的信息保密的职业纪律，再加上心理咨询师采取客观、中立的态度，这就为心理咨询建立了一个独特的、安全的心理空间，为深层心理问题的解决提供了安全保障。

5. 心理咨询是一个过程

心理咨询要解决的可能不仅仅是某一个具体问题，而是由各种原因长期积累在来访者心里的各种困扰。心理问题通常不是一次心理咨询就能彻底解决来访者的问题，同时，个体的心理成长、行为改变，也不是一蹴而就的。因此，心理咨询通常是一个或长或短的成长发展过程。少则数天，多则数月，最终促进来访者的健康成长。

（四）高职生心理咨询具有不同于一般心理咨询的特点

1. 问题的性质不同

高职生面临的大量问题和主要问题都是成长的问题，包括学习、适应、交际发展、恋爱、择业等问题。因此，高职生心理咨询应着重帮助与辅导高职生成长与发展，而不是专门治疗心理疾病。

2. 自愿性更强

高职生是文化层次较高的群体，对心理咨询了解的人较多，也认识到心理咨询的重要性，因此高职生多数是自觉、自愿来咨询的。

3. 相对封闭

处于青春期的高职生具有闭锁性的心理特征。因此，高职生来做心理咨询时喜欢一个人来，并且希望心理咨询师能单独对其咨询，不希望有第三者在场。

二、心理咨询的原则

心理咨询的原则即心理咨询人员在工作中必须遵守的基本要求，它是心理咨询人员在长期的实践中不断认识并逐步累积、提炼的结晶。心理咨询的原则有很多，在这里，根据我们在心理咨询工作中的切身体会，重点提出以下九项原则。

（一）信赖性原则

这一原则是指在心理咨询过程中，心理咨询人员要从尊重、信任的立场出发，努力和咨询对象建立朋友式的友好信赖关系，以确保咨询工作的顺利进行，取得效果。平等的地位、良好的第一印象、善于启发和耐心倾听是与咨询对象建立友好信赖关系的重要条件。

（二）整体性原则

这一原则是指在心理咨询过程中，心理咨询人员要有整体观念，对来访者的心理问题做到全面考察、系统分析，既要重视心理活动诸要素的内在联系，又要考虑心理因素、生理因素和社会因素的相互制约和影响，以便使咨询工作准确有效，防止或克服咨询工作中的片面性。

整体性原则是系统观点的体现和要求。按照系统的观点，人的心理是一个有机整体，知、情、意、行是密切联系在一起的，心理过程、心理状态和个性心理特征交互影响，心理因素与生理因素也相互作用、密不可分。

（三）发展性原则

这一原则是指在心理咨询过程中，心理咨询人员要以发展变化的观点看待来访者的问题，不仅要在问题的分析和本质的把握中善于用发展的眼光做动态考察，而且在对问题的解决和咨询结果的预测上也要具有发展的观点。

（四）异同性原则

所谓异同性原则，是指在心理咨询过程中，心理咨询人员既要注意来访者的共同表现和一般规律，又不能忽视其年龄差异、性别差异和个体表现差异，要善于在同中求异、异中求同，努力做到二者的有机结合和统一。

（五）艺术性原则

这一原则是指学校的心理咨询人员在咨询过程中要通晓咨询的理论和技巧，善于运用言语表达、情感交流和教育手段促进来访者的思想转化和行为改变，以便如期实现咨询的目标。

例如，该发问时需及时发问，该鼓励时则当即鼓励，该强调时可适当加重语气，该沉默时当闭口不语。

（六）坚持性原则

这一原则是指在心理咨询过程中，学校的心理咨询人员要引导来访者充分认识解决问题的艰巨性和复杂性，特别要对心理障碍的矫治问题树立坚持不懈、不怕反复的思想，这样才有利于咨询和治疗效果的巩固和提高。

（七）保密性原则

这一原则是指心理咨询人员有责任对来访者的谈话内容予以保密，来访者的名誉和隐私权应受到道德上的维护和法律上的保护，在没有征得来访者同意的前提下，不得把在咨询场合下来访者的言行随意泄露给任何人或机关。

（八）预防重于治疗的原则

这一原则是指学校的心理咨询人员不仅应重视来访者心理偏常或心理障碍的诊治工作，更应重视咨询过程中心理卫生知识的宣传教育，只有把后一项工作做好了，使预防重于治疗的思想深入人心，才能更好地发挥心理咨询在促进学生心理健康方面的作用。

（九）限定时间和感情原则

事先对心理咨询时间予以限定，让来访者有一定的安全感，使来访者能够充分珍惜并有效利用时间。另外，咨询关系不能超出咨询室以外。心理咨询人员不要与来访者在咨询室以外亲密接触和交往，不对来访者产生爱憎和依恋，更不能在咨询关系中寻求欲望的满足和实现。

三、心理咨询的对象

目前在国内，心理咨询还是个未被普遍接受的事物，许多人认为去做心理咨询的人都是心理不正常的人，去做心理咨询是见不得人的，被人知道了会很丢脸。事实上，在心理咨询的来访者中，虽然有一部分人确实有心理疾病，但是大多数的咨询对象是正常人。正常人在日常生活中遇到的心理困扰，比如择业、学业、人际、恋爱、适应、婚姻等，都是心理咨询的工作范围。

按照心理活动是否正常，可以把人的心理分为两种状态：常态心理和异常心理。常态心理又可分为心理健康和心理不健康。具体见下表所示。

常态心理与异常心理

常态心理		异常心理	
心理健康	心理不健康	神经症	精神疾病
择业、学业、人际、恋爱、适应、婚姻等适应和发展性问题	一般心理问题 严重心理问题 神经症性心理问题	抑郁症 强迫症 焦虑症 恐惧症 疑病症 神经衰弱	精神分裂 癔症 人格障碍

心理咨询的对象既包括常态心理人群，也包括一部分异常心理人群。

四、高职生寻求心理咨询的策略

（一）什么情况下需要寻求心理咨询

总的来说，当你遇到自己不能解决的任何问题，同时所产生的情绪等困扰又是自己调整不好的，已经明显影响了你的生活质量或功能时，就应该立即寻求心理咨询师的帮助。对高职生来说，遇到下述具体情况都应及时寻求心理咨询师的帮助：学业迷茫；考试屡次失败；人际交往困难；与家人很难沟通；欲求过强，不能自控；恋爱失利；家境困难，自己的学习生活艰难；家人出现意外；上网过度，不能自控；较长时间内受到某种想法或情绪的困扰；突然出现某种自己不能调控的状况；身患疾病，心中茫然等问题。

案例：一位女生的烦恼

某校一位女生，马上就要毕业参加工作了，但却常常处于烦恼中。不是为能否找到工作烦恼，而是为自己缺少人际交往能力而烦恼。平日里，她不会主动与别人交谈，别人跟她打招呼，她还会红脸，经常不知所措，好像自己犯了什么错误，话也不敢多说就走开了，她几乎没有好朋友。以前她没有觉得这有什么不妥，自己安安心心地读书，有事就给妈妈打电话，妈妈提供了她所需要的一切安慰。现在临近毕业，需要去面试，才突然觉得自己好像什么都没准备好。近段时间她出现了心慌意乱、情绪波动、行为迟缓的症状。后来，她报名参加了学校组织的心理素质提升团体辅导班，解决了上述问题。她在课程结束时的自述报告中欣喜地写道："上了心理素质提升辅导班以后，我明白了自己有些自卑的特点，充分了解了自己的性格特征，抛弃了消极的思想态度，转而积极挖掘自己积极的一面，慢慢找到了自己心理的平衡点，从而变得越来越自信……在实际生活中，因为我心态稳定了，比以前更为开朗，朋友也渐渐多起来了，从朋友身上我又学到了很多，在困难时朋友的帮助也让我感到无比的欣慰。我开始从情绪的奴隶变成它的主人。

案例分析： 人际交往能力是每个要在社会上生存的个体需要具备的基本能力。该生因为妈妈的过度保护而觉得没有什么必要与他人发展个体间的交往。因此，弱化了自己人际交往的能力。当需要自己独立面对找工作时的人际交往时，才发现了自己的严重问题，产生了自卑感，随之产生了许多不满情绪，并在这些情绪的影响下更不能与他人正常交往。幸好她及时参加了团体心理辅导，在毕业前解决了困扰自己的问题。

建议： 在个体成长中总会遇到因为缺乏某些能力而产生的心理困扰，阻碍自己的发展。特别是这种人际交往方面的困扰，及时主动报名参加团体心理辅导，效果会更好。

（二）高职生如何接受心理咨询

心理咨询的各个阶段都需要来访者的密切配合。因此，来访者做好充分的心理准备，对提高心理咨询效果十分必要。

1. 咨询前准备

（1）有主动咨询的愿望。良好的心理咨询首先建立在来访者自愿的基础上，如果来访者没有沟通的意愿，仅仅是被老师或家长带来的，是不会情愿谈及真实的自我的，心理咨询效果会受到影响。通常，来访者的求助动机越强，与心理咨询师的配合越好，心理咨询的效果也会更快、更明显。

（2）减少不必要的担心。心理咨询要遵循保密原则和价值中立原则，这是心理咨询师最基本的职业道德。有些来访者担心谈话的内容外泄，在咨询时往往隐去某些问题，这样不利于心理咨询师发现问题，做出诊断和提供帮助。此外，有些来访者清楚自己的行为是"非主流"的，如同性恋，担心被心理咨询师嘲笑，又想解决自己的痛苦，在交流过程中表现得犹犹豫豫。心理咨询不是思想教育工作，不是与上级领导谈话，心理咨询师的关注点不是价值判断，而是帮助来访者解决心理上的困扰。

（3）选择合适的咨询师。咨询前，要了解一些关于心理咨询师的情况，每个心理咨询师的职业背景、职业经历、咨询擅长领域都有所差异，尽量找受过专业培训、具有从业资格的心理咨询师。如咨询婚姻问题，最好找年龄偏大的心理咨询师；有关性的问题，最好找同性别的心理咨询师，咨询时会更方便。如果与心理咨询师接触后，感觉不合适，可以提出终止咨询或请求转介其他心理咨询师。

（4）了解咨询的时间规定。咨询是有时限的，通常一次咨询的时间约为50分钟，根据来访者表现出来的心理问题程度和心理咨询师使用的方法，咨询次数不固定，有的需要1～2次，就会达到咨询目的，有的需要更长的时间，甚至一两年。心理咨询一般需要提前预约，来访者应按照约定的时间准时去咨询，如遇特殊情况，需提前联系，更改咨询时间，以免耽误心理咨询师的宝贵时间。

2. 咨询过程中的准备与配合

（1）来访者要有自助意识。心理咨询不是一般的助人行为，而是"助人自助"的过程。心理咨询师不是救世主，只能起到分析、引导、启发、支持、促进来访者改变和人格成长的作用，不能替代来访者改变或做决定。心理咨询更需要来访者积极主动配合，参与到咨询方案的制定中来，认真完成咨询作业，勇于改变自己、战胜自己，最终才能走出心理困境。

（2）来访者要有耐心。心理问题、心理疾病不是一两天形成的，它可能是多种原因引起的，解决问题也需要一定的时间。心理咨询也是一个渐进的过程，一般要经过了解来访者的问题、诊断、设立咨询目标、选择咨询方法、制定咨询方案、实施和反馈等过程，欲速则不达。有时在咨询的过程中，心理问题还会反复出现，非常考验来访者的耐心和信心。

（3）真诚坦率地交流。心理咨询主要以语言沟通为基础，面对心理咨询师，来访者尽量不要过多地考虑说话的方式、方法，要如实地、直截了当地讲述心理困惑和内心感受，即使分不清问题所在，也不用担心，心理咨询师会在倾听过程中捕捉一些信息点去询问。来访者不用辨别有用与无用，只要实事求是地回答问题即可。

（4）认真完成咨询作业。在咨询过程中，一个重要的环节就是来访者和心理咨询师共同制订咨询目标和计划，来访者要在咨询的不同阶段认真完成各种实践作业，贯彻咨询计划，做好反馈，这样才会有助于收到理想的咨询效果。

【 心灵瑜伽 】

别让自己受小事左右

有一种叫吸血蝙蝠的小动物在非洲草原上随处可见。它小得有些不起眼，不过吸血的本领却一流，据说每年死在吸血蝙蝠嘴下的野马不计其数。体格庞大的野马怎么会死在吸血蝙蝠的嘴下呢？难道小小的蝙蝠竟然能使野马因失血过多而死吗？

带着一连串的疑问，一批马上就要毕业的高职生来到了非洲草原，他们想要了解野马究竟是如何死于吸血蝙蝠嘴下的。他们将几十部特制的微型摄像机放到了野马出没的地方，经过几天的跟踪拍摄，高职生们终于看到了野马与吸血蝙蝠"搏斗"的全过程。

吸血蝙蝠轻轻地附在野马腿上，然后用锋利的牙齿迅速刺破野马腿上的一块皮肤，同时开始将尖尖的嘴伸到伤口处用力吸血。感到疼痛的野马迅速踢腿、狂奔，可是任凭野马怎么剧烈运动，吸血蝙蝠都不肯放弃，仍然将嘴埋在那里用力吸血。野马越是剧烈地运动，伤口处的血就越是往外涌，这会吸引更多的吸血蝙蝠。当越来越多的吸血蝙蝠飞来的时候，野马仍然不停地奔跑，用力踢踏脚下的植物。吸血蝙蝠们终于吸得肚皮鼓鼓的飞去，可是野马却被它们折腾得愤怒至极，到处横冲直撞，简直就像发了疯一样不停地奔跑，最后终于在精疲力竭中死去。

当这些高职生反复对这些影像资料进行分析之后，又结合吸血蝙蝠的吸血量和野马的体格特征进行深入研究，最后他们得出这样的结论：吸血蝙蝠吸取的血量对于野马来说其实是微不足道的，真正使野马死去的原因根本就不是失血过多，而是野马在被吸血蝙蝠袭击之后的暴怒和剧烈运动。也就是说，如果野马能够按捺住怒气，不理会吸血蝙蝠的袭击，任凭小蝙蝠吃个饱，它也不会失去多少血，更不会因此丧命。

面对强敌，人们常常依靠勇气和毅力来唤醒无尽的潜力，最终获得胜利的往往是自己；

可是当面对微不足道的小事时，人们往往不能沉着冷静地处理，结果小事扰乱了人们的心绪和生活，使人们最终在琐碎的烦恼中终其一生。

 【心理测试】

（一）抑郁自评量表（SDS）

填表注意事项：本测验采用4级评分，主要评定症状出现的频度，4级的计分标准为没有或很少有为1分；小部分时间有为2分；大部分时间有为3分；绝大多数时间或全部时间有为4分。请仔细阅读量表中的每一条文字，根据一周内的情绪体验，在分数栏1～4分间选择适当的分数打"√"。

评定项目	没有或很少有	小部分时间有	大部分时间有	绝大多数时间有或全部时间有
1. 我觉得闷闷不乐，情绪低沉	1	2	3	4
2. 我觉得一天之中早晨最好	4	3	2	1
3. 我一阵阵哭出来或觉得想哭	1	2	3	4
4. 我晚上睡眠不好	1	2	3	4
5. 我吃的跟平常一样多	4	3	2	1
6. 我与异性密切接触时和以往一样愉快	4	3	2	1
7. 我发觉我的体重在下降	1	2	3	4
8. 我有便秘的苦恼	1	2	3	4
9. 我心跳比平时快	1	2	3	4
10. 我无缘无故感到疲乏	1	2	3	4

（续表）

11. 我的头脑跟平时一样清晰	4	3	2	1
12. 我觉得经常做的事并没有困难	4	3	2	1
13. 我觉得不安而平静不下来	1	2	3	4
14. 我对将来抱有希望	4	3	2	1
15. 我比平常容易生气激动	1	2	3	4
16. 我觉得做出决定是很容易的	4	3	2	1
17. 我觉得自己是个有用的人，有人需要我	4	3	2	1
18. 我的生活过得很有意思	4	3	2	1
19. 我认为如果我死了别人会过得好些	1	2	3	4
20. 平时感兴趣的事我仍能感兴趣	4	3	2	1

　　测评结果分析：SDS 的分析方法比较简单，主要的统计指标是总分，但要经过一次转换，将粗分化成标准分。待自评结束后，把 20 个项目中的各项分数相加，即得到了粗分。用粗分乘以 1.25 后取整数部分，就得到标准分。需要说明的是，SDS 的 20 个项目中，第 2、5、6、11、12、14、16、17、18、20 共 10 项的计分，必须反向计算，反向计算即按与其相反的频度计分。

　　结果的解释：按照中国常模标准，SDS 标准分的分界值为 53 分，其中 53 ~ 62 分为轻度抑郁，63 ~ 72 分为中度抑郁，72 分以上为重度抑郁，分数越高，症状越严重。

（二）焦虑自评量表（SAS）

　　填表注意事项：本测验采用 4 级评分，主要评定症状出现的频度，4 级的计分标准为没有或很少有为 1 分；小部分时间有为 2 分；大部分时间有为 3 分；绝大多数时间有或全部时间有为 4 分。请仔细阅读量表中的每一条文字，根据一周内的情绪体验，在分数栏 1 ~ 4 分间选择适当的分数打"√"。

评定项目	没有或很少有	小部分时间有	大部分时间有	绝大多数时间有或全部时间有
1. 我感到比往常更加神经过敏和焦虑	1	2	3	4
2. 我无缘无故感到担心	1	2	3	4
3. 我容易心烦意乱或感到恐慌	1	2	3	4
4. 我感到身体好像分成几块，支离破碎	1	2	3	4
5. 我感到事事都很顺利，不会有倒霉的事发生	4	3	2	1
6. 我的四肢抖动和震颤	1	2	3	4
7. 我因头痛、颈痛和背痛而烦恼	1	2	3	4
8. 我感到无力且容易疲劳	1	2	3	4
9. 我感到很平静，能安静坐下来	4	3	2	1
10. 我感到自己的心跳较快	1	2	3	4
11. 我因阵阵的眩晕而不舒服	1	2	3	4
12. 我有阵阵要昏倒的感觉	1	2	3	4
13. 我呼吸时进气和出气都不费力	4	3	2	1
14. 我的手指和脚趾感到麻木和刺痛	1	2	3	4
15. 我因胃痛和消化不良而苦恼	1	2	3	4

（续表）

16. 我必须时常排尿	1	2	3	4
17. 我的手总是温暖而干燥	4	3	2	1
18. 我觉得脸发热发红	1	2	3	4
19. 我容易入睡且晚上休息很好	4	3	2	1
20. 我常做噩梦	1	2	3	4

　　测评结果分析：SAS 的主要统计指标为总分。在由自评者评定结束后，将 20 个项目的各个得分相加即得，再乘以 1.25 以后取得整数部分，就得到标准分。需要说明的是，在 SAS 的 20 个项目中，第 5、9、13、17、19 共 5 项的计分，必须反向计算。反向计算即按与其相反的频度计分。

　　结果的解释：按照中国常模标准，SAS 标准分的分界值为 50 分，其中 50 ～ 59 分为轻度焦虑，60 ～ 69 分为中度焦虑，69 分以上为重度焦虑。标准分越高，症状越严重。

 【活动训练】

（一）自我肯定练习

1. 活动目的

练习肯定自己、鼓励自己，并学会温和的表达或拒绝方式。

2. 活动时间

40 分钟。

3. 活动操作

（1）团体辅导者在白色屏幕上打出了一个黑色的圆点。问："你们看见了什么？"如果回答说："一个黑点。"那么只说对了极少一部分，屏幕中最大的部分是空白。只见小，不见大，就会束缚我们的思考力。成千上万的人不能突破自己的原因就在这里。这个黑点恰似人的缺点，盯着自己缺点不放，你会成为一个自卑而怯懦的人；盯着别人的缺点而不放，你则会失去周围所有的朋友。

（2）请对照以下条目，在自己能够做到的项目后面画"√"，看看你对自己的关爱是否足够。做完之后，大家互相讨论。

① 停止对自己的批评。

②不要自己吓自己。

③保持温柔、善良和忍耐。

④好好对待自己。

⑤悦纳自己、称赞自己、支持自己。

⑥保重身体。

⑦注重自己的感受。

⑧现在就做。

（3）现在闭上眼睛，从小声到大声地反复背诵这句话："无论你怎样待我或说什么，我仍然是个有价值的人！"

（4）提高练习效果的方法：两人一组，其中一个人先说一句指责、挑剔的话；另一个人听完别人的批评与指责，延缓数秒钟，平复自己恼怒的心情，然后用平和沉稳的语气说："无论你怎样待我或说什么，我仍然是个有价值的人！"

（5）几分钟后，角色互换，进行同样的练习，相互强化。

4. 活动总结

这看起来简单，但反复练习，会有很大的影响。它可以去掉深植于心中的悲观念头，重建新的观点。自信心虽受遗传影响，但通过教育和训练也能得到提高和改善。对于缺乏自信与行为勇气的人，行为训练非常有效。在人际交往中不敢表达自我，不敢坚持自己的立场，往往是缺乏自信引起的，生怕被拒绝或坚持自己的立场会使他人弃己而去，结果人际关系反而不佳。因此，自信训练主要包括坚持自己的立场和学会表达自己的感受。

（二）身心健康"十个一"

1. 一个宽阔的胸怀

心态决定健康。豁达、宽容、大度的生活态度会使你更容易满足和懂得享受生活的美好。

2. 一种活泼、热情、开朗的合群性格

性格决定命运。具有活泼、热情、开朗性格的人天真、善良、自信，愿意帮助别人，拥有和谐的人际关系。

3. 一种不向任何压力低头的意志

能接受挑战的人，说明他的精力十分充沛。

4. 一张永远微笑的面孔

笑会使你全身肌肉牵动，促进血液循环，并能呼出二氧化碳，吸入更多的新鲜空气。

5. 一种对年龄的忘却

不要老是想着我又长了一岁，更老了。每天都要抱着乐观的态度去生活，这样你就会觉得永远年轻有活力。

6. 一种有规律的生活

这将有助于形成良好的条件反射，以保证各种生理机能发挥最好的效应。

7. 一种合理的饮食习惯

合理饮食是长寿之本，每餐吃八成饱，注意营养平衡，不偏食，主、副食适当搭配，不吸烟，不饮酒。

8. 一种适合自己的锻炼方法

选择原则有两条：一是个人的兴趣和爱好；二是根据自己的身体状况，特别是心血管和呼吸系统的状况。

9. 一种能调节身心的业余爱好

一个人起码要有一种以上的业余爱好，它能增添你的生活情趣，同时也是消除工作疲劳的良方。

10. 一种正确对待生活的态度

即得之，接受之。生病时，不要恐慌，要积极找医生治疗，且保持乐观、自信的心态，相信自己一定能战胜它。

（三）人物情绪与心理分析

1. 活动目的

通过案例交流，学会设身处地地理解别人的心情。

2. 活动时间

20 分钟。

3. 活动操作、指导语

（1）案例呈现：在某大学的二年级某班里，一个女高职生突然失恋了（男友说她太幼稚、天真、不成熟、太依靠他），很伤心，病倒了，同班同学给予她热情的关心和细心的照顾，女高职生的心情逐渐好起来了，病也痊愈了，身体渐渐康复并去上课。之后，同学不再特别照顾她，她的学习和生活恢复正常。一日，该女高职生情绪低落，独自回到寝室，照着镜子，叹息了一声："咳，生病真好！"

（2）请小组成员讨论分析：

① 女高职生失恋时的心情。

② 女高职生叹息时的心情。

③ 女高职生的人格特征。

④ 女高职生的性格特点。

4. 活动总结

设身处地地理解别人的情绪的能力有高低之分，我们应该尽量提高自己在这方面的能力，同时在人际交往中完善自己。

附：同理心测试问卷。

请根据自己的实际情况，在每一题目后面选择"是"或者"否"。

（1）当别人生气的时候，我常常不知所措。　　　　　　　　　　（是；否）

（2）当同寝室的同学哭泣时，我一般不知道他（她）是因为什么。　（是；否）

（3）一帮同学聚在一起闲聊，我常常不知道该不该插话进去。　　（是；否）

（4）当我的两个朋友吵架时，我不知道应该劝说谁。　　　　　　（是；否）

（5）不知道因为什么，一个同学突然不想去吃饭了，我觉得他（她）不必这样做。

（是；否）

（6）我总是猜不透别人在想些什么。 （是；否）

（7）同学总缠着我问作业怎么做，我为此烦死了。 （是；否）

（8）当我的同学生病、问他（她）什么也不想吃的时候，我就让他（她）在寝室躺着，自己去上课了。 （是；否）

（9）正要去上课的时候，有个同学让我陪他（她）去医院看病，我劝他（她）下课再去。 （是；否）

（10）我的同学踢足球受伤了，看到校医院的医生来运动场为他包扎，我就回教室了。 （是；否）

（11）同学拿来两张票让我陪他（她）去看歌舞剧，我因为今天受到批评没心情，就没有陪他（她）去。 （是；否）

（12）当有的同学向我诉说他（她）的烦恼时，我不想因为听他（她）啰嗦而耽误时间。 （是；否）

（13）班级开联欢会的时候，我觉得自己没什么事可干。 （是；否）

（14）如果因为失恋而痛苦，我认为不值得。 （是；否）

（15）我妈妈一点儿也不会疼我。 （是；否）

（16）朋友聚会，都是他们主动来找我。 （是；否）

（17）有时候，我觉得放弃学习去和朋友聚餐，太浪费时间了。 （是；否）

（18）我爸爸有点老了，很多观念跟不上时代的进步。 （是；否）

（19）在班级里学习好的同学总是遭人嫉妒。 （是；否）

（20）有人和我争论的时候，我怀疑他（她）是别有用心的。 （是；否）

评分办法：答"否"得1分。统计你的得分，总分在15分以上者是具有同理心的人。总分在10～14分之间者在一定的时间和环境中会具有同理心。总分在9分以下者需要培养你的同理心，否则，人们会觉得你不太通情达理。

【作业反思】

（1）小李因为自己没有考入理想的大学而烦恼。他认为"只有考入理想的大学才会成才，没有考入理想的大学这辈子就完了"。现在他对生活失去了热情，觉得干什么都没有意思，什么也不想做，只是为了活着而活着，本来很开朗、对工作和生活都充满热情的他，现在变得郁郁寡欢了。

试分析：小李存在的心理困惑是什么？如何帮助他解决这个问题？

（2）当遇到心理问题时，你会采取哪些求助方式？

（3）如果发现身边的同学中有人心理异常，你会怎么办？

第四章

做情绪的主人
——情绪管理

【心理案例】

　　小康是家中的独女，父母对其管教较为严格，尤其对其学习要求很高。到大学后，没有了母亲在身旁督促学习，没有了高中的紧张氛围，小康突然感到不知道要做什么了。除了学习和吃饭，大部分的课余时间都用来睡觉了。小康认为，睡觉既可以恢复精力，又可以放松心情，尤其是不开心的时候，她感到睡一觉坏情绪就会过去。但是时间久了，小康感到没有融入宿舍同学的生活中。她在日记本上写道："来到大学，我最大的困扰是经常莫名其妙的心情不好。当然这不是进了大学才有的现象。上高中时就有过，但是最近更严重了，我感觉自己很孤独，很想自己一个人静一静，周围的一举一动我都觉得很烦，我会很没耐心，这种时候经常在宿舍的床上翻来覆去，甚至觉得朋友或者生活都没意思，完全活在自己的世界里。有时情绪控制不住就会一个人偷偷地哭，不想理人。我觉得自己这样跟性格有关，以前我很喜欢和朋友们在一起，但大家都很忙，就觉得关系疏远了。因此，感到被遗忘，有了孤独感。"

案例分析：

　　小康遇到的问题是众多高职生可能遇到的问题之一。处于青春期的高职生，由于生理和心理的逐渐成熟、生活环境的变动、成长任务的内容增加，加之情绪的波动性大，容易陷入情绪困扰，产生消极的情绪体验。情绪困扰是高职生群体中比较突出和普遍的问题。本章我们将学习三个方面的内容："初识情绪——了解情绪的本质"，将会带领大家去认识情绪，提高情绪认知能力；"晾晒心情——高职生常见的情绪困扰"，将会深入剖析大家常遇到的情绪困扰并在此基础上支招；"培养情商——做自己情绪的主人"，将会指导大家掌握情绪管理的方法，提高大家的情商。

第一节 初识情绪
——了解情绪的本质

一、什么是情绪

"情绪"对于每一个人来说都不陌生，我们常常发现自己有情绪，也常常会说他人带着情绪，那么，究竟什么是情绪呢？下面，让我们一起从心理学的角度来解读情绪。

达尔文是最早对情绪感兴趣的自然科学家，他提出了"情绪的产生增加了生存的概率"。通常我们认为外界的人和事引发了我们的情绪，但是事实上情绪是客观事物与主体需要之间的关系的态度体验及相应反应。如果客观事物能够满足主体的需要就会产生满意、愉快等积极体验，反之，则会产生痛苦、忧愁、恐惧等负性的情绪。

（一）情绪的成分

生理唤醒、主观体验和外部表现是构成情绪的三个要素。

1. 生理唤醒：会变化

情绪的生理唤醒是指情绪产生时人们身体的各系统器官会发生相应的生理变化（如心跳）和物理反应。例如，在恐惧和愤怒时，我们会产生心跳加快、呼吸短促、血压升高、肾上腺素分泌增加、胃腺的分泌减少、交感神经系统的活动亢进等一系列生理反应。

2. 主观体验：很主观

主观体验是人对情绪状态的自我感受，它不是对客观事物本身的反映，而是带有主观色彩的反映。情绪是我们内心世界的晴雨表。个体可以体验到由刺激诱发的情绪状态，而这种体验的内容是内在的、主观的。当外部刺激与我们内心的需要相吻合时，我们就会产生积极的情绪体验；反之，就会感到悲伤、沮丧或愤怒等消极的情绪体验。作为人们的主观体验，情绪具有不可控制的特点，因此，情绪往往"不由自主"地影响着人们的心理生活。

3. 外部表现：很丰富

外部表现即表情，具体指面部表情、言语表情和体态表情。如有的人遇到伤心、悲痛的事就捶胸顿足、呼天抢地，遇到高兴的事就手舞足蹈。

（二）情绪的作用

1. 情绪是心灵显示器

情绪可以通过身体姿势、面部表情、语言语调等方式表现出来，这为人们相互了解、相互沟通和相互学习提供了便利和可能。如果你是一个快乐的人，那么你就会时常表现出积极愉悦的情绪状态。你愉悦的心态能够迅速地传递给你周围的人。首先，会优先传递给你的亲人、朋友，这样，你将以自己的良好情绪感染和影响你周围的亲人及朋友，你将会与亲人和朋友共享你的情绪并带给他们快乐。如果你是一个悲观的人，你就可能经常悲悲切切，哀哀怨怨，你的不良情绪同样会使你周围的亲人和朋友所感受和体验到，并深深地受到这种情绪的影响。

2. 情绪是生活动力

情绪是人们追求美好生活的动机之源，是人们动机系统的重要心理因素。适宜的情绪活动还能够提高人们的免疫力，增强人们对疾病的抵抗能力，保持身体的健康水平。积极的情绪能够激发人的活力，提高人们的工作效率，能够使人的情绪维持在最佳的活动状态，推动人们实现工作目标。

3. 情绪是催化剂

心理学研究表明，在人群中具有乐观、风趣、积极的情绪性格特点的人往往更具有吸引力，人们在与他们交往和沟通的过程中能够获得更多的积极情绪。没有人喜欢与那些整天郁郁寡欢、苦闷忧愁的人打交道，因为消极情绪有很强的"传染性"，当你受到消极情绪感染时，你也会变得闷闷不乐。情绪能够在人际间传递信息、沟通思想、增进友谊、联络情感。情绪是人际关系的一种润滑剂，它能创造良好的人际交往氛围，改变人们交往时的心理状态，进而能够化解人际矛盾，促进人际之间的良好交流。

（三）情绪的种类

1. 心境

心境是指比较微弱、持久地影响人整个精神活动的情绪状态。心境具有弥散性的特点。

2. 激情

激情是一种强烈的、短暂的、有爆发性的情绪状态，如狂喜、愤怒、绝望等。

3. 应激

应激是在出乎意料的紧迫情况下所引起的高度紧张的情绪状态，在人们遇到突如其来的紧急事故时，就会出现应激状态。

二、大学生的情绪特点

（一）情绪的丰富性与复杂性

高职生正处于多梦的年龄阶段，几乎人类所具有的各种情绪，都可以在高职生身上体现出来。从情绪的强度看，有悲哀、遗憾、失望、难过、悲伤、哀痛、绝望之分；从自我意识的发展来看，高职生表现出较多的自我体验，自我尊重的需求强烈，易产生自卑、自负等情绪体验；从社交方面来看，高职生的交际范围日益扩大，与同学、朋友及师长之间的交往更细腻、更复杂，有的高职生还开始体验一种更突出的情感——恋爱，而恋爱活动往往又伴随着深刻的情绪体验，这种特殊的体验对高职生有十分重要的影响；在情绪体验的内容上，高职生的情绪呈现出相当丰富多彩的特征，以惧怕的情绪来说，高职生所怕的事物，主要与社会的、文化的、想象的、抽象复杂的事物和情势有关，诸如怕考试、怕陌生人、怕惩罚、怕寂寞等。

（二）情绪的波动性和两极性

大学时期是人生面临多种选择的时期，学习、交友、恋爱等人生大事基本在这一阶段完成。尽管高职生的认识水平有了一定的提高，对自己的情绪已有了一定的控制能力，情绪亦趋于稳定，但同成年人相比，高职生相对敏感，情绪带有明显的波动性。有时候，一句善意的话语，一个感人的故事，一支动听的歌曲，一首情理交融的诗歌，都可以使高职生的情绪发生骤然变化。特别是在社会转型的过程中，社会的变迁、体制的变革、新旧价值观的更替、种种复杂的社会现象更容易使高职生产生困惑和迷茫，产生情绪的困扰与波动。

（三）情绪的外显与内隐并存

高职生对外部刺激反应迅速、敏感，喜怒哀乐表现得充分而具体，由情绪引起的内心变化与外部表现是一致的，具有外显性的特点。如取得了好的成绩、获得了好的评价，高兴之情会溢于言表。但高职生的外部表现与内心体验又并不完全一致，在某些状态下甚至会表现相反。他们有时会有意识地掩饰自己内心的真实感受，如对于一些事物的看法、内心存在的秘密，是说还是不说，是多说还是少说，都要以时间、地点、条件为转移，尤其是在对异性的态度上，明明喜欢某个人，但却有意无意地表现出不关心和冷漠。

第二节 晾晒心情
——高职生常见的情绪困扰

情绪困扰是指一个人对客观刺激进行反映之后所产生的过度体验。无论人们对客观刺激抱有什么态度，自身都会直接体验到，体验是情绪的基本特征。对于同一个刺激，不同的人可能会产生不同的体验，即使是同一个人对待同一个刺激，在不同的时间、场合也可能产生不同的体验。客观刺激满足了我们的需要，我们就会产生积极正向的情绪体验；客观刺激没有满足我们的需要，我们则会产生消极负向的情绪体验。一般而言，消极的情绪体验都属于不良情绪的范畴，但如果消极体验是一时性的、短暂的，其对当事人的身心及工作不会造成大的损害；若消极的体验长期存在，其危害性则是不容忽视的。消极的体验属于不良情绪的范畴，而积极的体验则未必都属于良好的情绪范畴，当一个人的积极正向的情绪超出一定限度时，如狂喜、过分激动等，这种积极情绪也会变成不良情绪，导致身心受损。

因此，情绪困扰主要包括两种情绪体验形式：一种是持久性的消极情绪体验，它是指在引起悲、忧、恐、惊、怒、躁等消极情绪的因素消失之后，主体仍数日、数周、甚至数月沉浸在消极状态中，不能自拔；另一种是过度性的情绪体验，它是指心理体验过分强烈，超出了一定限度，如狂喜、过分激动等。持久性的消极情绪体验和过度性的情绪体验都有严重的危害性，危害的程度因人而异。有的人有较强的耐受力，不良情绪只会影响其人际关系和工作效率，不会对其身体健康造成很大损伤；而有的人经受长期的不良情绪之后，不仅人际关系和工作效率受到严重的影响，而且心理上的痛苦还会转变成身体上的疾病，严重影响身体健康。据研究发现，常见的心血管疾病、消化性溃疡、糖尿病、哮喘、甲亢等都与长期的情绪紧张有关。我国中医也讲："怒伤肝，思伤脾、恐伤肾"。甚至有医学专家分析，许多病人不是因病而死，而是因情绪低落或暴怒而死。因此，我们应该对情绪困扰及其危害性有足够的认识，学会预防和调控不良情绪。

一、抑郁情绪及其调适

抑郁是一种过度忧愁伤感、持续时间较长、低落消沉的情绪体验。处于抑郁状态中的高职生看到的一切仿佛都笼罩着一层暗淡的灰色，对什么事都提不起兴趣，常常感到精力不足、注意力难集中、思维迟钝，同时伴有痛苦、羞愧、自怨自艾、悲伤忧郁的情绪体验，自我评价偏低，对前途悲观失望。

（一）抑郁情绪的病因

抑郁情绪是高职生群体中一种比较普遍的不良情绪表现。导致抑郁情绪的原因是多方面的。首先是认识上的偏差造成的。由于高职生心理和社会性发展的不成熟，因而在遇到挫折时，往往难以接受，认为是不该发生偏又落到自己头上的事，常听高职生爱说的一句话就是："哎呀！我怎么这么倒霉啊！"高职生在对社会、他人和自我评价时，容易片面化、极端化，如把生活看成非黑即白、非好即坏，且多看其消极、黑暗面，因而极易陷入悲观、沮丧、情绪低落的抑郁状态中。其次是环境条件造成的，如在生活中遭受重大的不幸事件和灾难，容易导致抑郁情绪，亲人亡故、罹患重病、家境贫困、负担过重，以及长期努力却得不到相应的回报都会使人感到抑郁忧伤。此外，性格内向、敏感多疑、依赖性强、易悲观的高职生较其他同学更易陷入抑郁情绪。

（二）抑郁情绪症状表现

抑郁情绪的基本症状是自觉情绪低落、压抑、郁闷、沮丧。其具体表现有如下六个方面：

1. 对生活的兴趣明显减退，甚至丧失了业余爱好，不愿参加娱乐消遣。
2. 感到身心疲惫、精力不足、思维迟钝、反应迟钝，对学习、生活缺少信心。

3. 自我评价降低，夸大自己的缺点，自卑、内疚，常回忆不愉快的往事或遇事总往坏处想，但仍有自知力，愿意主动寻求治疗。

4. 具有社会性退缩倾向，不愿与他人过多交往，在社交时缺乏自信。

5. 伴有头痛、背痛、肢体不适等多种躯体症状和睡眠障碍。

6. 觉得生活无意义，对个人前途悲观、失望，严重者甚至以为活着还不如死去，有自杀的倾向。

（三）抑郁情绪调适

1. 自我宣泄

所谓自我宣泄就是不依赖他人，单靠自己完成疏泄过程。常用的疏泄方法有下面三种：

（1）眼泪缓解法：美国精神病学家曾对 331 名 18～75 岁的人进行调查，结果表明女性平均每月哭 5.3 次，男性平均每月哭 1.4 次，他们都感到哭过以后心情明显好了，哭泣这种自我宣泄方式有助于恢复心理平衡。

（2）转移注意法：当情绪不佳时，做自己感兴趣的事可以转移注意力，从而起到平抑情绪的作用。

（3）活动发泄法：较为剧烈的劳动或体育运动能在一定程度上起到发泄愤怒情绪的作用，如跑步、打球、蹦迪等运动都是较好的宣泄方式。

外国有关学者认为，摔打东西，若使用适当，也可以消减不良情绪。如今，在一些国家，专门生产和出售"出气产品"。例如，价格比较低廉的瓷器，这种产品专供人们"出气"。还有人发明了单纯的宣泄方法，如凯里斯的喊叫疗法，大叫三声："啊—啊—啊"，甚至可以鬼哭狼嚎。在人们用喊叫的方式来发泄情绪时，不仅找别人听不见的地方喊叫，还要注意别太拼命地喊叫，以免损伤自己的声带。

2. 他助疏泄——倾诉

每个人都应该建立自己的社会支持系统。所谓社会支持系统就是能对自己的许多方面，尤其是精神方面给予支持和帮助的人际关系网络，这个网络主要由亲人、朋友以及其他能够提供帮助的人员组成。罗杰斯认为，人不仅可以交流内心的思想，而且可以交流内心各种各样的情绪，包括内心的冲动、模糊的示爱，甚至难以启齿的秘密，这些都可以交流和沟通。通过沟通，可以缓解压力，释放负能量。因此，在现实生活中，那些朋友多的人相对而言比较健康，其原因就在于他有更多的宣泄渠道。

在所有的宣泄方式中，最佳的宣泄方法就是倾诉。找一个值得信赖的人，将心中的想法与苦闷全盘托出，即可使抑郁得以缓解。

二、焦虑情绪及其调适

焦虑是一种紧张、害怕、担忧、焦急混合交织的情绪体验，当人们面临威胁或预料到某种不良的后果时，便会产生这种体验。焦虑是人处于应激状态时的正常反应，适度的焦虑可以唤起人的警觉、集中注意力、激发斗志，是有利的。只有不适度的焦虑才会影响高职生的学习和生活，对身心健康造成不利的影响。

焦虑情绪突出表现在焦虑症（焦虑性神经症）中。焦虑性神经症，是一种常见的神经症，青春期是焦虑症的易发期。焦虑症患者以焦虑情绪反应为主要症状，同时伴有明显的植物性神经系统功能障碍和运动性紧张。本症可分为急性焦虑、慢性焦虑和疑病焦虑三种形式。

（一）焦虑情绪的病因

1. 人格因素。患者性格多有些自卑，易于紧张、恐惧，对困难估计过分，患得患失，惶惶不安，依赖性强，对自身躯体和内脏情况过分关注。

2. 内心冲突。精神分析学派认为焦虑的来源是精神内在冲突，包括本能冲动与现实原则、本能冲动和道德准则之间的冲突。因防御行为而使原始冲动得不到满足或发泄，本能冲动继续积累到某一程度时，自我的控制能力失效。

3. 遗传。据统计，焦虑症患者的家族中发病率为14％，而一般居民为5％，单卵双生子的焦虑同病率为41％，而双卵双生子的同病率仅为6％，故认为焦虑可能与遗传因素有关。

4. 生化因素。在焦虑发作时常有肾上腺素和去甲肾上腺素分泌的增加，但可能是伴发而非诱因。有研究发现，在运动后焦虑症患者的乳酸分泌较正常者多，而同时灌注乳酸也可激发焦虑。

（二）焦虑情绪的症状表现

急性焦虑又称"惊恐发作"，其典型表现是突然处于一种暂时性的、莫名其妙的惊恐状态，同时伴有面色苍白、心跳加快、呼吸急促等生理上的变化，患者感到头晕、恶心、胸痛、四肢发麻，甚至会有"大祸临头""死亡即将来临"的感觉。急性焦虑的突然发作通常很难预料，持续时间从数分钟、数小时到数日不等。

慢性焦虑是一种缓慢发展、持续存在的焦虑症状。主要表现包括：时常担忧、不安、害怕，虽明知是主观上的焦虑，但仍无法控制；易激动，易神经过敏，注意力不集中，记忆力和思维能力下降；具有口干、恶心、心悸、尿频、多汗等自主神经功能亢进现象；另外还有不宁、易乏、失眠或梦魇等运动症状和睡眠障碍。

疑病焦虑是指长期担心自己会生病，总觉得个人身体不好，并为预料到自己将来会得病而感到焦虑。疑病焦虑同体弱多病、过分自我关注、家庭缺少爱抚、母亲疑病倾向的潜在影响等因素有关。

（三）焦虑情绪的调适

高职生一般容易患慢性焦虑，一般以心理治疗为主，结合药物治疗。下面介绍五种自我疗法。

1. 树立自信。自信是治疗焦虑的必要前提。焦虑症患者应自己树立信心，相信自己有处理突发事件和完成各种任务的能力，坚信通过治疗可以完全消除焦虑疾患。通过暗示，患者每多一点自信，焦虑程度就会降低一些，同时又反过来使自己变得更自信，这种良性循环将帮助患者摆脱焦虑症的纠缠。

2. 深度松弛疗法。如果患者能够学会自我深度松弛，就会出现焦虑症中所见的反应，这时其身体是放松的，而不是为某些意识所控制的。自我深度松弛对焦虑症有显著疗效。例如，患者在深度松弛的情况下去想象紧张情景，首先会出现最弱的情景，重复进行，患者慢慢便会在想象出的任何紧张情景或整个事件过程中，都不再体会到焦虑。

3. 找出导致焦虑的"症结"。有些焦虑是由于患者将经历过的情绪体验和欲望压抑到潜意识中去的结果。因为这些被压抑的情绪体验并没有在头脑中消失，仍潜伏在无意识中导致病症。患者成天忧心忡忡，痛苦焦虑，不知其所以然。此时患者应分析产生焦虑的原因，或通过心理医生的协助，把深藏于潜意识中的"病根"挖掘出来，必要时可进行发泄。这样，症状一般可减轻或消失。

4. 转移注意。焦虑症患者在发病时脑中总是胡思乱想，坐立不安，痛苦不堪，此时患者可采用自我刺激、转移注意力的方法。如胡思乱想时找一本有趣、引人入胜的书读，或找朋友聊天等，以忘却其苦。

5. 催眠疗法。大多数患者有睡眠障碍，难以入睡或梦中惊醒。此时可进行自我催眠，如闭上眼睛，进行催眠："我躺在床上，非常舒服……现在心情很平静……我很困了……我该睡了，我能愉快地睡着……明天醒来，我心中会很舒畅。"也可听着轻音乐，慢慢入睡。

三、嫉妒情绪及其调适

在生活中，常常有这样一种现象，一些人看到自己身边的人在某些方面超过自己，便情不自禁地产生一种难受的感觉，并随之出现一些消极行为，这便是嫉妒，俗称"红眼病"。嫉妒是一种比较复杂的心理，嫉妒具有积极的意义，但是在更多时候表现为一种消极、不健康的情绪或情感。

（一）嫉妒的特点

1. 嫉妒的普遍性

嫉妒情绪在高职生中是普遍存在的，不管是男生还是女生，也不管是低年级同学还是高年级同学，每个同学心中或多或少都有嫉妒心理。只不过有的人嫉妒心理强，有的人嫉妒心理弱而已。在正常的可控制范围内，是可以理解的，但超出其可控制的范围，就会产生负面作用。

2. 嫉妒的距离性

嫉妒的距离性既可以是时间和空间距离，也可以是心理距离。生活在不同时期或不同时代的人之间较少产生嫉妒。在科技发达的今天，对嫉妒的空间距离的影响越来越小，但是，在相对狭小的圈子里生活的人，往往更容易产生嫉妒。嫉妒的心理距离是因为嫉妒者与被嫉妒者之间在某些方面具有可比性因素，如李斯嫉妒韩非，在地位、名望、才能等方面的可比性，拉近了嫉妒者与被嫉妒者之间的心理距离。

3. 嫉妒的攻击性

嫉妒者的攻击目的在于把被攻击者击倒，把自己的形象抬高，或者如果自己得不到，别人也一样得不到。这样他往往看不到他人的优点、可取之处，总讽刺他人的弱点，更有甚者颠倒是非，弄虚作假。嫉妒表现为诸如憎恨、不满、不服气、不愉快等各种情绪情感体验，由此既可能表现在内心，也可能表现出嫉妒行为，一旦表现出嫉妒行为，对社会或他人就可能带来巨大的危害。

4．嫉妒的隐蔽性

嫉妒者一般不愿被他人认为自己是个好妒之人，它往往是在暗中进行的，具有隐蔽性的特点。嫉妒者对其所在意之事之人往往是笑里藏刀，口是心非，明明深恶痛绝，想争名夺利，却表现得毫不在意。因为表现出自己的嫉妒心理，就会被他人鄙视。多数嫉妒者都希望不仅能维持自己美好的一面，而且能保持自己心理上的平衡。所以，要想保持完美只能在暗中进行，要么独自承受，要么背着被嫉妒者做一些抬高自己、贬低他人的行为。

5．嫉妒的指向性

这种指向的对象既可以是某一单位的个体人，也可以是人和某一现象，还可以是某一集体或群体；既可以是隐形的差距，也可以是现实客观的差距。如有的同学能言善辩、能书会画自然引起其他人的嫉妒；还有的同学因相貌出众而容易被外表平平的人嫉妒等。这种指向性如果长期存在将会导致心理失衡，导致不良行为的发生。

（二）嫉妒情绪的病因

1．共同需要和个体差异是嫉妒产生的前提条件。高职生都年龄相仿，条件相近，在某些共同需要的问题上，由于个体存在着差异，因而容易产生嫉妒。高职生在"优秀高职生"、奖学金评定等各种活动中，由于存在竞争，其间必然有人得，有人失。如果不存在共同需要，不存在个体差异，或者即使有共同需要，而每个人想要得到就能得到，那也不存在嫉妒。

2．平均主义是嫉妒产生的思想根源。嫉妒的产生，在某种程度上是因为人们在思想上认为，大家都是平等的，所以不管是在精神上还是物质上都应该是平均的。即你有什么，我也应该有什么，但是如果现实不能达到这种平均的理想状态时，而硬要追求这种平均，那就会产生嫉妒。

3．心胸狭窄等不良性格是嫉妒产生的内部原因。由于种种原因所形成的斤斤计较、毫不谦让、目光短浅、爱慕虚荣等为人处世的性格是嫉妒产生的内部原因。嫉妒者往往自大、自私，不愿看到他人的成功，在他们看来，别人的成功就是自己的失败，视之为眼中钉，欲除之而后快。

4．家长和教师错误的教育观念及教育方法是嫉妒产生的外部诱因。如果父母自身有嫉妒他人的表现，或当子女不如他人时，故意在子女面前夸奖他人，使子女受到不良影响。教师片面的或错误的教育观点及做法也会使学生滋生嫉妒心理，如过于关心优秀学生而冷落普通学生及差等生，使学生感到自尊受到伤害而滋生嫉妒。

（三）嫉妒情绪的表现

1．情绪体验上的表现：嫉妒者会产生焦虑、恐惧、悲哀、猜疑、羞耻、消沉、憎恶、敌意、怨恨、报复等不愉快的情绪体验。

2. 行为上的表现：由于承认嫉妒的隐蔽性，轻微的嫉妒仅仅表现为内心的不满，不付诸行动。但是大多数的嫉妒都伴随着发泄的行为。主要有三种形式：一是言语上的冷嘲热讽；二是行为上的冷淡，疏远被嫉妒者；三是具体的行为或者攻击性的行为。

（四）嫉妒情绪调适

1. 辩证地看待嫉妒心理，促进自己的发展

嫉妒之心人人难免，所以要让高职生看清嫉妒心理严重的危害性，没有处理好会阻碍自身的发展。从另一方面看，嫉妒有时也能成为动力。当我们羡慕、嫉妒别人的时候，不是去诋毁他人，而是把精力放在充实自己，力争超越对方以求得心理平衡，这样就使嫉妒成为我们前进的动力，促进自身的发展。

2. 正确地认识与评价自己和他人，发挥自身的优势

每个人都有自己的优势和劣势，正确地分析自己的优势和劣势，分析他人成功的关键所在，发现他人的优点，以向他人学习的方法来减少与他人的差距。同时也要知道优点是多方面的，不能因为在某方面确实不如他人就自暴自弃，要善于悦纳自己。不要总以自己的短处去比他人的长处，这样易滋生嫉妒心理。要在自己能力所及的范围内做好自己能做的每一件事，逐步树立自我成功的意识，从而不断地提高自信。

3. 学会合理比较

多纵向比较，少横向比较。即多和自己比较，少与别人比较。当与人横向比较时，不能总是把注意力放在少数优秀人身上，也不能总是拿自己的劣势和别人的优势比较，否则的话，只会看到自己的无能和劣势。多与自己的纵向比较，看到自己在原有基础上的进步，获得成功的体验。

4. 学会欣赏他人

欣赏他人，首先应学会尊重他人。尊重他人是尊重自己的前提。认可并尊重他人，接受他人的思想行为等，才能真心地赞美他人。同时得到欣赏的他人也会更尊重、更喜欢你，欣赏他人也是对自己的欣赏，只有这样才可以彻底地解决嫉妒心理。

四、自卑情绪及其调适

有的说自卑是在与他人进行比较的时候低估自己而产生的情绪体验；有的说自卑是个人主观体验到的消极的自我评价；有的说自卑是一种自我贬低的情感；有的说自卑是某些生理缺陷或心理缺陷和其他原因（如智力、记忆力、判断力、气质、性格、技能等欠佳）而产生的轻视自己、认为自己在某个方面或几个方面不如他人的心理。纵观这些解释，我们发现自卑是一类消极的情绪体验，带有较低的自我评价。

（一）自卑情绪的病因

1. 内在因素

（1）生理因素

随着自我意识的增强，高职生对自身生理素质特别在乎，如性别、相貌、身材、体重、肤色等，都可能导致自卑感的产生，其中尤以女生为甚。而有生理缺陷的则更易产生自轻自贱的情绪，由此陷入孤独、沉默、自我封闭、神经过敏的境地，从而产生自卑心理。

（2）心理因素

自卑者具有比较不正确的心理倾向，习惯拿别人的长处与自己的短处比，越比越觉得不如别人，从而形成"我很难成功"的消极自我暗示的思维定势。这种思维定势抑制了自身能力的正常发挥，最后陷入自卑的泥塘不能自拔。

（3）自我评价过高

高职生正处于身心发展期，缺乏社会经验，自我评价能力一般偏高。他们在自我评价时，往往过高估计自己，狂妄自大。当遇到困难、挫折时，哪怕是小挫折、小困难，他们的自信心也会受到严重打击，情绪从高峰跌入低谷，于是便自我怀疑、否定自我，产生自卑心理。

2. 外在因素

（1）家庭条件的制约

来自家庭经济条件较好的高职生，不仅生活条件优越，花钱大手大脚，而且见多识广；而来自偏远地区和经济困难家庭的学生，不仅生活条件差、处处省吃俭用，显得寒酸小气，而且见识少。这类学生常常拿自己的家庭条件与那些家境好的同学相比较，发现各方面差距大，容易产生自卑心理。

（2）"优势"光环的丧失

大多数学生是中学时代的学习尖子，但在强手如林的大学里，自己原来的"优势"消失了。看到同学们品学兼优、能说会道、能歌善舞，棋琴书画样样精通等。因此，怀疑自己的智力和能力，认为自己没有发展前途，便产生自卑心理。

（3）生活挫折的影响

由于家庭或自身的突发性变化，诸如家庭不和、父母离异、亲人病故、失去朋友、身体病残、恋爱失败以及在人际交往中受挫等原因，造成学生精神恍惚、情绪低落，表现出一些特殊的情绪体验，如不安、忧伤、失望、压抑、孤独等。长期被这种情绪笼罩的高职生，不仅会使自己心理活动失去平衡，而且会对其生理产生不良的影响，损害身心健康。

（4）就业前途的暗淡

大多数学生在填报高考志愿时，带有较大的盲目性，有的为了考上大学而报了冷门专业，与自己的理想有一定的差距，便产生厌学情绪，甚至逃学，结果，专业知识掌握不牢固，到毕业时没有学到扎实的本领，就业信心不足。一些在校高职生为将来的就业前途发愁，久而久之，便产生自卑心理。

（二）自卑情绪的表现

1. 言语和行为迟钝

常常表现出说话犹豫，办事前思后想，缩手缩脚，缺乏应有的胆量和气魄。在公众场合拘谨，不善于自我表现。

2. 对批评敏感

具有自卑心理的高职生通常感到自己落后、不如人，对别人的话语十分敏感，自认为别人关于他的谈论都带有批评性质，自认为自己的言行举止都在被别人注意，甚至神经过敏，猜疑别人，认为所有的批评都和自己有关。

3. 对奉承反应过度

具有自卑心理的高职生因为非常希望自己在学习、活动等方面能有较好的表现和能得到别人的奉承和赞扬，为能够继续得到他人的奉承或赞扬，他们容易受到那些奉承他们的人的摆布，甚至愿意为此去做任何事情。

4. 逃避集体

由于对自我缺乏信心，对别人的评价过于敏感，因此具有自卑心理的高职生往往很少参加、甚至不参加集体活动，以逃避他人对自己的言行进行的评价或批评。他们多游离于班集体之外，独往独来，而这样做的后果往往使他们更加孤独和不合群。

5. 多有防御行为

具有自卑心理的高职生虽然自惭形秽、自己对自己不满意，但自己内心并不接受自己的不行，而是潜意识地将自己的不满或自责投射到别人身上去。把"我对自己的不满""我瞧不起自己"转变为"别人对我的不满""别人瞧不起我"，并因此会产生怨恨的情绪。为了维护自尊，缓和或消除这种情绪上的不安和痛苦，他们往往在日常生活和学习中表现出过强的自尊和较强的戒备心理，对别人不宽容，甚至有较强的敌对态度。

6. 轻视他人

具有自卑心理的高职生并不会因此变得谦虚一些，相反常有轻视、贬低别人的倾向。轻视他人无非想表示他不屑于像别人那样去行事。贬低别人是肯定自己和抬高自己的另一种形式而已。

（三）自卑情绪调适

1. 正确认识自我，客观评价自我

所谓"尺有所短，寸有所长"，个体在不同的环境中生活和成长，由于先天和后天方面的差别，在能力、素质方面有一定的差别是毫不奇怪的。有些高职生往往把自卑问题看得过于严重，终日沉浸在自己不如人的消极情绪中，甚至回避与其他同学交往，将自己封闭起来。正确的态度应该是面对现实，面对自己的长处和短处，从自己的外表、爱好、特长入手，善于发现自己的长处，肯定成绩和优点。不要把别人看得过高，也不要把自己看得过低，客观地了解自己，评价自我，针对自己不如别人的方面进行自我调整和改变。

2. 运用积极的自我暗示，自我鼓励

发明大王爱迪生曾说："假如心中一直想要做某一件事，那么，最后一定能随心所欲地去做这件事。"自我暗示或鼓励，往往能产生意想不到的效果。如果高职生总是有"我不如别人""我不行，我是个差劲的家伙"这些消极的想法，将会对他的行动产生不良的影响。相反，如果随时对自己进行"这难不到我，我一定能做得到""别人行，我也行"之类的积极暗示，则会信心倍增。

3. 合理升华，正确地补偿自己

为了克服自卑心理，我们可以进行两方面的补偿：一是以勤补拙；二是扬长避短。例如，苏格拉底其貌不扬，于是在思想上痛下功夫，最后在哲学领域大放异彩。在日常生活中，我们应注意自我调节，"失之东隅，收之桑榆"，扬长避短，克服自卑。这种方法尤其对那些因长相外貌或身体残疾等不可改变的现实条件而产生自卑感的高职生有较好的效果。他们可以将注意力转移到自己感兴趣、也最能体现自己才能的活动中，强化自己的优势以增强自信，用成就使倾斜的心理天平恢复平衡。

4. 学会积极地归因

自卑者是消极归因者。失败和自卑如影随形，互为因果。失败引起自卑，自卑导致失败。失败时，他们更多地归结为主观的甚至是不可改变的原因。比如部分学生成绩不佳，他们不是从学习态度、刻苦程度、学习方法等客观因素上找原因，而是仅仅归结为天赋不高这些主观因素。久而久之就会产生习得性无助感，怀疑自己的能力，对目标丧失信心和勇气。因此，自卑者要学会积极归因。

5. 寻求心理咨询

自卑心理形成的原因比较复杂，要改变并不是一件容易的事，有时候需要具体问题具体分析，对症下药才能从根本上解决问题。因此，如果你的自卑心理很严重，靠简单的自我调适不能克服的话，建议你找心理咨询师寻求帮助，心理咨询师会采用适当的方式，为你提供专业、系统、有效的帮助，排解心理痛苦，促进成长。

五、愤怒情绪及其调适

（一）愤怒情绪的含义

愤怒是人的一种本能，我们每个人都体验过愤怒的感觉。它作为人类的基本情绪之一，心理学上是这样解释的：愤怒是愿望或利益一再受到限制、阻碍或侵犯，内心紧张和痛苦状态逐渐积累而导致的带有反抗和敌意体验的情绪。

有研究表明，出生3个月的婴儿就已经能产生愤怒的行为反应了，比如你不让他乱动，没有及时给他喂奶等，他可能就会气得大哭，表示自己的不满。

（二）引起愤怒的根源

1. 第一种是你觉得自己被攻击了，这种愤怒一般在你与别人发生矛盾或产生争执的

时候出现。它本质上促使你进行反抗从而保护自己。

需要注意的是，这里有一个很重要的前提条件就是"你觉得"。举个例子，比如说你无缘无故被别人踩了一脚，你会生气；但是当你发现对方是一个盲人，他不是故意的，这时谅解和同情的情绪就会占据上风。所以对于同一个行为，你看待的方式不同，所产生的情绪也会不同。

2. 第二种是你被不公平地对待了，没有获得你觉得自己应该获得的东西，也会感觉到愤怒。

例如，在重男轻女的家庭长大的女孩子可能经常体会到这种愤怒：明明我也是你们亲生的，为什么只对哥哥或弟弟好？这种愤怒里面夹杂着委屈和期待，并且可能持续产生影响，让你对"不公平"这件事变得非常敏感，而它也会成为打开你愤怒情绪的开关。

有时候不公平待遇没有发生在我们身上也会产生相同的愤怒。比如某些人在某些事上受到不公平待遇或歧视，看到这些新闻我们都会义愤填膺，这其实都是投射的作用。

3. 第三种愤怒是对自己的愤怒，但是表现出来却是指向他人的。

例如，有个人犯了错别人指出来，他会愤怒，其实让他最懊恼的是自己犯的错，但他不想承认，所以把矛头指向了点明他犯错的人身上。当我们冤枉或误会别人的时候也会这样，即便知道真相，也会用"你怎么不早点跟我说"这样的话来指责对方。

如果某个人对你太好，给予你太多，但是你却没办法回报他，那你产生的内疚和无能感也可能让你带着愤怒来抗拒他的给予。例如，有的父母为了孩子真的是牺牲一切，但是孩子的反应却是不知感恩，还会责怪父母："如果不是你们这么无能，我至于这么辛苦吗？"或者父母跟孩子说要好好学习、努力工作，孩子就觉得烦，会跟父母发脾气，然后继续像咸鱼一样的生活。

他们其实知道自己的不足，但是不想去面对，也不想承认，所以会表现出这样的一种愤怒。

（三）转化你的愤怒

不管怎样，愤怒只是一种反应。当某个事情发生的时候，我们会对它进行解释和归因。而这些解释和归因的结果又会进一步成为我们对此的反应。哪些发生在你身外的事情最容易让你陷入愤怒的反应当中？你在这之后又做了什么？你是如何让自己摆脱愤怒感的？

当人们拥有高自尊水平时，他们很少会对别人的行为做出自动化的反应，因此也较少体验到愤怒的情感。如果可以接受愤怒是我们每个人都拥有的自然感受，那么在面对愤怒的感觉时，我们就会多出许多选择。要找到这些选择，我们需要仔细审视自己的期望和知觉，并寻找可以表里一致地处理这两者的方式。

根据萨提亚的应对姿态理论，具有讨好姿态的人们常常会隐藏或压抑他们的愤怒。通过一些治疗性的帮助，当讨好型的个体不再通过取悦他人的方式来处理他（她）的自尊时，个体也就开始释放自己多年禁锢的感受，特别是愤怒的感觉。

曾经接纳这个个体的人通常会感到失落和沮丧，因为过去那个不断取悦和讨好自己的朋友开始表达出他（她）的愤怒。幸运的是，在完成转化过程之前，这段愤怒的时期并不会持续很久。

　　讨好者常常会觉得他们很难释放自己的愤怒。由于如此多的愤怒情绪被储存起来，它感觉更像是一种暴怒。一旦闸门打开，我们可能会变得完全失去控制。这种可能性无疑是一种威胁。因此，我们需要提醒讨好者，在承认自己的愤怒的同时，我们对自己的行为仍然拥有选择权。

　　责备者的问题恰恰相反。他们会不问青红皂白地表达自己的愤怒。我们当中一些人仍然记得 20 世纪 60 年代那场"谈心运动"（encountermovement），那时候，人们不仅仅被鼓励去表达自己的感受，同时也据此做出行为反应。对于那些喜欢指责他人的人，我们最好帮助他们承认自己的感受，并接纳它们。

　　然后，在高自尊的状态下，他们可以决定对自己和自己的感受采取哪些行动。换言之，我们可以帮助人们了解他们自己是如何感受的，并且在不跳入某类反应性行为怪圈的前提下，对这些感受进行处理。当某个人感受到某些东西的时候并不意味着他或她必须遵照这种感受来采取行动。

　　下面这张图向我们展示了处理愤怒感受的步骤。第二个水平的改变过程包括对这些感受的转化。同样，它也意味对其他必要的体验层次进行处理。根据个人和环境的特点，你可以从这些水平当中的任何一个开始，然后不断前进，直到所有的领域都得到覆盖、清理和改变。

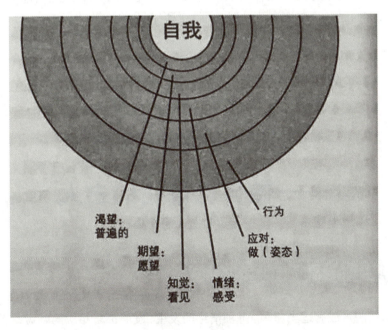

愤怒的转化

行为——感到愤怒时，你会采取那些措施？

↑↓

应对——你在试图向其他人表达什么？你可以怎样使用愤怒进行更好的应对？

↑↓

感受——你会有怎样的感觉（愤怒）？还有没有其他与愤怒相关的感受（伤害、恐惧）？

↑↓

对于感受的感受——你对自己愤怒的感觉有何感受？

↑↓

知觉——如果现在让你描述一下自己愤怒的感觉，你有什么想法？除了变得愤怒之外，还有没有其他可能的选择？

↑↓

期望——你是否意识到自己可能期望从愤怒中得到的结果？

↑↓

渴望——在期望的背后，你拥有怎样的渴望和追求？你可以怎样以一种不同的方式来承认并表达这些渴望？

↑↓

自我——你的自尊水平如何？

（a）在愤怒之前？

（b）在愤怒的过程中？

（c）在愤怒之后？

总的来说，应对愤怒的对策有以下方法：解决愤怒的原因、避免引起你愤怒的事情、不要压抑自己的愤怒、合理地表达愤怒、不要害怕自己的愤怒。

第三节　培养情商
——做自己情绪的主人

一、高职生情绪健康的标准

（一）情绪的形成有适当原因。每种情绪的发生、发展都与相应的刺激有关。该喜则喜，该怒则怒。这种一致性还表现在反应的程度与刺激的强度上，强刺激引起强的情绪反应。情绪反应与刺激不一致的，过强或过弱的情绪反应，都是不健康的表现。

（二）情绪的作用有时间性。健康的情绪在产生时比较强烈，但随着时间的推移会逐渐弱化。若反复出现某种情绪或发生情绪"固着"，则是不健康的。在一般情况下，引起情绪的因素消失之后，其情绪反应也应逐渐消失。例如，孩子偶尔不慎摔碎了一个碗，当母亲的可能当时不高兴，事情过后，也就不生气了。如果过了几天还生气，甚至长期生气，这就是情绪不健康的表现。

（三）情绪稳定。健康的情绪还要有一定的稳定性。情绪是否稳定，表现为一个人情绪起伏和波动的程度。有人易激动，有人较稳定，情绪波动得较慢，也容易控制。如果情绪反应波动太大，变幻莫测，比如无明显原因的忽喜忽悲，则是情绪不健康的表现。

（四）主导心境愉快。这是情绪健康的另一个重要标志。愉快表示人的身心活动的和谐与满意。愉快表示一个人的身心处于积极的健康状态。如果一个人经常情绪低落，总是愁眉苦脸，心情苦闷，则可能是心理不健康的表现。一个人在生活的道路上难免发生挫折或不幸，例如，亲友的病故，情绪悲哀，这当然是正常的情绪反应。

（五）情绪的表达适时、适度。善于控制与调节自己的情绪，既能克制又能合理宣泄自己的情绪，情绪的表达既符合社会的要求又符合自身的需要，在不同的时间和场合有恰如其分的情绪表达，情绪反应与环境相适应。情绪反应的强度与引起这种情绪的情境相符合。

二、培养积极情绪的途径

（一）认识自己的情绪

1. 认识自己的情绪周期

有的同学常常感到莫名其妙：为什么每个周或者每个月都会毫无来由地有一个时间段心情不好，干什么都提不起劲来？自己想想似乎也没有什么事情发生。其实情绪就像一年有春夏秋冬的四季变化一样，人的情绪也有周期性的变化。

所谓"情绪周期"，是指一个人的情绪高潮和低潮的交替过程所经历的时间。它反映出人体内部的周期性张弛规律，亦称"情绪生物节律"。人如果处于情绪周期的高潮，就表现出强烈的生命活力，对人和蔼可亲，感情丰富，做事认真，容易接受别人的规劝，具有心旷神怡之感；若处于情绪周期的低潮，则容易急躁和发脾气，易产生反抗情绪，喜怒无常，常感到孤独与寂寞。

（1）情绪周期的一般规律

科学研究表明，人的情绪周期与生俱来。从出生的那一天开始，一般28天为一个周期，周而复始。每个周期的前一半时间为"高潮期"，后一半时间为"低潮期"。在高潮期与低潮期之间，即由高潮期向低潮期或由低潮期向高潮期过渡的时间，称为"临界期"，一般是2至3天。临界期的特点是情绪不稳定，机体各方面的协调性能差，易发生事故。

（2）女性情绪周期的表现

女人行经前的一个星期左右以及行经期间，身体通常会感到不舒适，或出现种种毛病。例如，腹胀、便秘、肌肉关节痛、食欲增加、容易疲倦、长粉刺暗疮、胸部胀痛、头痛、体重增加等；有些人还会显得沮丧、神经质及容易发脾气等。建议女生在日历上记下你的情绪周期，一旦出现忧郁、焦躁、想发脾气的时候，立即看看是否情绪周期出现了。

（3）男性情绪周期的表现

说到女人的情绪周期，可能所有人都会很认同，可是男人也有情绪周期吗？答案是肯定的。男人周期性的情绪低潮其实是一种正常的现象，是一种生物节律变化，也是男性机体激素水平变化的结果，是有规律可循的。

2. 情绪产生的根源

情绪是如何产生的呢？历来就有三种不同的观点。

第一种观点认为情绪是先天的，即人类的本能。早在 1872 年，达尔文在他的著作《动物和人类的情绪表达》中就提出，人类的情绪是天生的，而且像骨骼系统一样是有系统、有规律的。后来一些人类学家研究了生活在与世隔绝的原始部落里的人，结果发现他们的情绪反应与外部世界是相同的。于是，他们提出了情绪是一种本能而非后天习得的行为，在不同的种族之间，情绪有惊人的一致性。

第二种观点则认为，情绪是后天学习的结果。心理学家发现人类除了有快乐、悲伤、愤怒、恐惧、厌恶和惊奇等基本情绪外，还有很多衍生的情绪，并且衍生的情绪有很大差别。另外，一些与社会交互相关的情绪，比如尊敬、内疚等，这在婴儿时期是没有的，但是成年之后，人们会表达的情绪越来越多。于是研究者提出情绪是后天学习的结果，并且存在着差异。

第三种观点则是整合了前两种观点。他们认为情绪既是人类的本能，也是后天学习的结果。也就是说，情绪的本能论和情绪的学习论从不同的角度对情绪进行了解释，但是二者并不矛盾。虽然个体的差异导致了情绪的不同，但是在这些不同中也存在着某些相同的情绪。

（二）表达自己的情绪

是否懂得恰当表达你的情绪，通俗点说，就是能给你的情绪找到合适的出口。在表达自己情绪的时候一定要注意以下三个方面：

1. 情绪是正常存在的

我们知道情绪的存在是正常的，无分对错。对这一点，应该首先灌输好基本认识，很多人觉得人不应该有情绪，一旦发现自己有情绪便尽一切所能将情绪压制下去。而实际上，情绪的存在是再正常不过的事情，我们每个人都有情绪，产生某种情绪常常与个人的主观体验和感受有关，是人各种感觉、思想和行为的综合心理和生理状态，是对外界刺激所产生的心理反应以及附带的生理反应。

你所要做的并不是控制自己不产生情绪，不管是积极的情绪还是负面的情绪，你应该做的是坦然地接受情绪的存在，并且注意体察你的情绪以提醒自己。

2. 不要压抑而是体察你的情绪

多数人面对情绪问题会以否定、委屈、压抑、逃避、防卫、指责、怒骂等方式来处理，这并不能切实解决问题，或者还可能传递出无效信息，让对方感到莫名其妙、不明所以。

当我们发现自己正存在某种情绪的时候，首先可以试图分析一下自己的情绪，问自己三个问题——"我现在的情绪是什么？""为什么我会这样？""我有什么感觉？"这其实是在体察自己的情绪，也是随之而来要管理情绪的第一步。当我们体察自己的情绪时，我们要试图搞明白我们究竟是因为受伤而生气还是因为生气而显得悲伤？

举个例子说明，你与朋友约会，而这位朋友有一个不好的习惯就是迟到，几乎每次都会迟到，你很不高兴，甚至非常生气。这时你的言语就带了情绪的影子，你可能会出言讽刺、冷言冷语。好了，你传递的这种负面的态度立刻起了作用，不知道你注意过没有，负面的、消极的态度总是非常快地感染对方，让对方也在一瞬间变成一只自我防御的刺猬，忙着站到你的对立面去为自己辩驳，而不是设身处地换位思考、冷静检讨一下自己是否有过失。

3. 表达情绪的关键是自己承担责任

这就提出了我们的主题——如何恰当地表达你的情绪，我们之所以说"表达情绪"而不是"发泄情绪"，就是不希望给情绪的抒发扣上负面的帽子，"发泄情绪"则带有任性的意味，而"表达情绪"的主要目的是希望别人了解我们正处在某种不愉快的情绪中，期待别人的支持与体谅。

而如何有技巧地表达你的情绪呢？这是一个社会命题，比方说，工作中上司突然安排了一件并不归属你职责范围的事务给你，这时候你心里很可能不乐意，倘若你选择表达你的情绪，就要注意技巧，你应该怎么办呢？

要点有二，一是当你处于极端情绪状态的时候，为了避免说出日后可能会后悔的话，请暂停情绪的表达；二是要选对讨论感受的时机，尽量选择那些彼此都能够专注、相互没有压力和疲倦的状态下表达。

此外表达情绪还有一个关键中的关键，就是自己先承担责任。所谓表达，必然涉及说者和听者，表达是为了让表达者本身达到一个"身心合一"的情绪状态，而不是表达出自己的情绪后让别人受伤害，在日常生活当中因为不恰当地表达情绪而导致两败俱伤的例子比比皆是，所以我们才会强调表达情绪的几个关键。

（三）调控自己的情绪

1. 注意力转移法

注意力转移就是把注意力从引起不良情绪的事情转移到其他事情上，这样就可以使人从消极情绪中解脱出来，从而激发积极、愉快的情绪反应。转移注意力可以通过改变注意的焦点来达到目的。通常高职生可以采用如下的方法：一是转移环境。例如，因学生在某一环境中，如在宿舍中由于寝室矛盾而产生郁闷心情时，最好暂时换个环境，可以去图书馆或者校园中转转，这样可以缓解由于寝室困扰而带来的负性情绪；二是事件转移。当学生考试失利，情绪低落时，则可以找朋友聊聊天、听听音乐、打打球、观赏一下自然景物等。用愉快的活动占据自己的时间，用时间的推移来逐步淡化心里的烦恼，用积极的情绪来抵消消极的情绪。

2. 合理宣泄法

（1）哭——适当地哭一场

提到哭泣，很多人会联想到那是女生的事情。而男生们向来被冠以"男儿有泪不轻弹"的坚强形象，似乎哭就是件很丢人的事。但是，哭泣对所有人都很重要，它不仅能宣泄情绪，还是人体自我保护的方式。美国南佛罗里达大学研究发现：落泪让近90%的哭泣者的情绪得到了明显改善，哭泣能比抗抑郁药起到更好的自我安慰和提升情绪的作用。另外，人们在哭泣时有毒物质也会从身体中释放出来，美国明尼苏达州圣保罗拉姆齐医学中心的生物化学家发现：与其他外分泌过程（包括呼气、出汗和排尿等）一样，由于压力所生成的眼泪有助于去除人体应激激素和毒素，同时让人的精神得到放松。

（2）诉——向对的人倾诉

高职生由于其自身发展的特点，很多情绪只能靠自我消化。但是总是需要一个倾吐秘密、宣泄情绪的倾诉对象。

一项浙江工业大学关于高职生"假如你遇到心理方面的困惑，你首先向谁求助"的调查显示，79%的人选择向知心朋友和同学求助，只有9%的人选择向家人求助，7%的人选择向老师求助，5%的人选择向专业心理咨询人员求助。然而，大家在日常生活中还会有这样的感受，找错或者找不到合适的倾诉对象。有的同学习惯找同一个人倾诉，将对方当成自己的"情绪垃圾桶"，让双方都很累。还有的同学选择的倾诉对象没耐心或者经验不足，结果让吐露心声变成了互相抱怨。其实，倾诉的对象可以是同学、朋友或者家人，也可以是QQ好友、微信好友或者一个陌生人，也可以是一个网站、一家电台、一个日记本，或是其他可供倾诉的地方。大家可以根据自己要倾诉的内容，选择合适的倾诉对象。

（3）听——在音乐中释放

无论哪种文化，音乐都被认为是"心灵的鸡汤"。音乐能表达情感，音乐的旋律、节奏和音色通过大脑感应可唤起听者相应的情绪体验，激发内心积极的情感得以释放、消极的情感得到宣泄。音乐还能吸引和转移人的注意力，改变或抑制现有的负性情绪，从而获得良好的心理状态。

那选择什么样的音乐好呢？听自己喜欢的音乐就好。但是最好选择旋律简单优美的音乐，或者没有歌词的那些心灵音乐。因为复杂的音乐会让你大脑中的兴奋激素多巴胺大量分泌，完全分散你的注意力。

有专家建议，心情抑郁的人宜听旋律流畅优美、节奏明快、曲调欢乐的乐曲，如《流水》《黄莺吟》《百鸟朝凤》《步步高》《喜洋洋》等；患有青春焦虑症的年轻人宜听旋律清丽高雅、节奏缓慢、曲调悠然、风格典雅的乐曲，如《平湖秋月》《雨打芭蕉》《姑苏行》等；易怒的人宜听旋律优美、恬静悦耳、节奏婉转的乐曲，如《春江花月夜》《平沙落雁》《塞上曲》等；有失眠现象的应多听节奏少变、旋律缓慢、清幽典雅的乐曲，如《幽兰》《梅花三弄》《二泉映月》等。

（4）动——痛痛快快的有氧运动

国外的众多研究均已表明，有规律的运动有助于心理健康，主要表现为能够减少消极反应（如焦虑和抑郁等）和增加积极反应（如自我效能、精力充沛和身心健康等）。特别是采取中等强度的有氧体育运动方式最有益于心理健康。

"有氧健身运动"是由得克萨斯州有氧健身专家库帕博士首创的，有氧健身运动是指人体在氧气充分供应的情况下进行的体育锻炼。它的特点是强度低、有节奏、持续时间较长。要求每次锻炼的时间不少于 1 小时，每周坚持 3 到 5 次。常见的有氧运动项目有步行、慢跑、滑冰、游泳、骑自行车、打太极拳、跳健身舞等。有氧代谢运动可以调节与放松情绪，改善心理状态，大量研究表明，有氧运动后都会感到心情放松，得到心理上的满足。

周亚琴和曾芊通过研究高校女高职生练习有氧健身操后，体质和情绪状态变化的情况，结果发现有氧健身操练习可以减少女高职生的体脂，增大肺活量，增强心肺功能，提高其柔韧素质，降低焦虑水平，改善她们的心境状态。矫洪申对在校高职生进行了心理状况调查，并对其中 44 例有抑郁情绪的高职生进行了运动干预，并对效果进行了评价，结果发现有氧运动能够明显改善高职生的抑郁状况。刘春梅通过实验研究分析不同强度的有氧运动对普通高校女高职生状态焦虑的影响，以及心率、血压随着状态焦虑的变化情况，结果发现有氧运动对降低女高职生状态焦虑水平具有积极的作用，但不同的运动强度对是否经常参加体育锻炼产生不同的影响。因此，高职生选择一种适合自己的有氧运动，对于情绪调节也是很有帮助的。

3. 理智控制法

通常，人们会认为，人的情绪及行为反应（C）是由诱发性事件（A）直接引起的；即 A 引起了 C。ABC 理论则指出，诱发性事件（A）只是引起情绪及行为反应的间接原因，而人们对诱发性事件所持的信念、看法、解释，即 B，才是引起人的情绪及反应的最直接的原因。即人的情绪不是由某一诱发性事件本身所引起的，而是由经历这一事件的个体对这一事件的解释和评价引起的。总之，A 不是 C 产生的直接原因，C 的性质关键取决于 B 的中介作用。这就是 ABC 理论的基本观点。

在情绪 ABC 理论中，决定情绪和行为的是一个人对某一事件的想法。而人的主观想法不是固定不变的，当想法改变时，情绪自然就会改变。由于想法是自己的，因此，情绪就可以由自己来控制和改变，这也是认知行为调节法的关键所在。

不合理信念的三个特征如下：

（1）绝对化的要求

绝对化要求是指人们以自己的意愿为出发点，对某一事物怀有认为其必定会发生或不会发生的信念，它通常与"必须""应该"这类字眼连在一起。如"我必须获得成功""别人必须很好地对待我""生活应该是很容易的"等。

怀有这样信念的人极易陷入情绪困扰中，因为客观事物的发生、发展都有其规律，是不以人的意志为转移的。就某个具体的人来说，他不可能在每一件事情上都获得成功；而对于某个个体来说，他周围的人和事物的表现和发展也不可能以他的意志为转移。

（2）过分概括化

这是一种以偏概全、以一概十的不合理思维方式的表现。一方面，表现为对自身的不合理评价。自己做错了一件事就认为自己一无是处，以某一件或几件事来评价自己的整体价值，其结果往往导致自责自罪、自卑自弃，从而产生焦虑和抑郁等情绪。

另一方面，表现为对他人的不合理评价。别人稍有一点对不住就认为他坏透了，完全否定他人，一味责备他人，从而产生敌意和愤怒等情绪。按照艾利斯的观点，以一件事的成败来评价整个人的价值，是不理智的。他强调"评价一个人的行为，而不是去评价一个人。"因为在这个世界上，没有一个人可以达到完美无缺的境地，所以艾利斯指出，每一个人都应该接受自己和他人是有可能犯错误的人类的一员。

（3）糟糕至极

这是一种认为如果一件不好的事发生了，将是非常可怕、非常糟糕的，甚至是一场灾难的想法。这将导致个体陷入极端不良的情绪体验中，如陷入耻辱、自责自罪、焦虑、悲观、抑郁的恶性循环之中而难以自拔。

糟糕就是不好、坏事了的意思。一个人讲什么事情都糟糕透了、糟糕极了的时候，对他来说往往意味着碰到的是最坏的事情，是一种灭顶之灾。艾利斯指出这是一种不合理的信念，因为对于任何一件事情来说，都有可能发生比之更好的情形，没有任何一件事情可以被定义为百分之百的糟糕。一个人沿着这条思路想下去，认为遇到了百分之百的糟糕的事或比百分之百还糟的事情时，他就是把自己引向了极端的、负面的不良情绪状态之中。

（四）培养积极的情绪

积极的情绪是幸福感的重要方面，它本身就具有促进个人身心健康的功能。那么，在日常的生活和学习中，高职生如何培养积极的情绪就是一个具有实践意义的事情。要培养积极的情绪，我们提倡"多一点"。

1. 多一点感恩之心

感恩是一种生活态度。抱怨是一种情绪发泄，有不满情绪过于压抑不行，但发泄过度，没完没了地抱怨同样不好，只会让人觉得愤怒、失落和痛苦，非但解决不了任何实际问题，还不能达到令人心情愉快的目的，反而会让人陷入负性情绪里。心存一点感恩之心，能促使个人从现状中获得更大的满足感。人们不再认为生活中那些幸事是理所当然得来的。另外，能够以乐观和欣赏的态度看待生命中的事件和生活状况，也是当人们面对问题事件时一种积极的应对策略。感恩能够抑制妒忌、贪婪、愤怒、痛苦情绪的产生，使人以更加豁达的心胸去面对生活。因此，感谢父母，是他们给了我们生命，养育我们成人。感谢老师，是他们教我们识得这个世界上还有一种叫作文字的符号，让我们懂得做人的道理。感谢朋友，是他们给了我们关怀和爱护，想想那些无助的时候，是他们陪着我们走过。感谢那些和我们过不去的人，是他们的批评、攻击甚至冷嘲热讽，让我们懂得自身还有许多地方需要改进。

2. 多一点快乐记录

记录生活中的快乐事件，是一种有效的培养积极情绪的方式。记录快乐可以促进个体对积极信息的感受性增强，认可新的经历和体验，并且把这种短暂的情绪体验融入对生活的态度和看法中，发现生活的意义，对未来充满希望和乐观。愉快、满意、兴趣、爱、希望等所有的积极情绪均具有拓展、塑造功能，形成积极的信息偏好，消除一些不必要的担忧，会使个体的认知、思维灵活性增强，这种积极情绪引发的向上循环会提高个体的主观幸福感。王振宏对 105 名高职生进行了积极情绪的干预研究，要求参与实验的高职生在五周的时间里每天晚上用半个小时到四十五分钟的时间记录当天所体验到的积极情绪以及相关的生活事件，记录过程要用心去感受。干预前后的问卷测试结果显示，经过五周的干预，被试者的幸福感和积极应对的水平都有显著的提高。王艳梅以 82 名高职生为被试者，设置了控制组，考察了记录愉快事件、感激训练对积极情绪和主观幸福感的影响。四周后发现，记录愉快事件显著提高了被试者的积极情绪和主观幸福感，降低了消极情绪；感激训练显著增加了积极情绪体验，但并没有改变主观幸福感。这些结果说明，愉快事件记录和感激训练均能增强积极情绪，但是记录愉快事件的干预效果要比感激训练好。

 ## 【心灵瑜伽】

（一）当别人有情绪的时候

由于过去我们对情绪存在很多错误的观念，所以在处理别人情绪时效果很差。人们在处理别人的情绪时，传统的方法不外乎四招。

（1）"交换"——就是对有情绪的人提供一些他追求的价值，让这个人抛开情绪。例如，"不要哭啦，妈妈带你去买冰淇淋吃，好吗？"或者"不要不开心啦，今天我请你吃日本料理吧"。这份交换，因为没有针对引发情绪的事情做过什么，所以只有短暂的转移效果，过后情绪又会回来。其实，这也是一种"逃避"。

（2）"惩罚"——用这一招的人认为，负面情绪是不好的东西，是不应该有的。谁有负面情绪就是他的错，应该受到惩罚，所以对有情绪的人说话，里面充满了惩罚的文字，例如，"你老是哭！再哭就揍你！"或者"跟你说话就要受你的气，我们还是不谈好了。"成年人之间的回避、不沟通，就是最常用的惩罚对方的武器之一。身边的人不能沟通，使陷入情绪的人更受到隔离和孤独，更难跳出来了。

（3）"冷漠"——有些人认为，情绪问题是个人的事，其他人难以帮助，当他自己心情不好时，总是独自一个人，所以碰到有情绪的人求助的时候，也是叫他们"自己搞定"。例如，"这些事，别人帮不了的，还是自己冷静去想想吧"。这样的话，使有情绪的人就像坠入了情绪的黑洞一样，必须自己熬过这个困难阶段，感到十分孤单和无助。

（4）"说教"——这一招是传统父母在无计可施时最常用的一招，就是对有情绪的人说大量的"道理"：应该怎样、什么不对……但这样的说教对事情的解决或者情绪的舒缓几乎没有帮助。他们坚持自己是"苦口婆心""循循善诱"，嘴巴里说的都是无法反驳的东西，但是根本没有提供任何有效可行的办法。有情绪的人在面对这些喋喋不休的人时，情绪只会变得更差："你这样真是烦死人了！"

有一套技巧很有效，不但能舒缓情绪，而且能帮助有情绪的人在事情中有所学习，使事情更易解决，或者下次遇到同样的事情时，自己会处理得更好。这套技巧包括以下四个步骤。

（1）"接受"——就是你注意到对方有情绪，同时你接受这个有那份情绪的他或她。这可以用类似以下的话表示出来："我看到你有些不开心，愿意跟我谈谈吗？"或者"你的样子糟透啦！坐下来告诉我什么事吧。"假如你假装没有看到他或她的情绪，或者否定他或她的情绪（例如，"你不要再闹情绪了！"或者"什么事又让你发脾气啦？"等），就等于你不能接受有情绪的他或她。

（2）"分享"——在这一步骤，最重要的是先分享情绪感受，然后分享事情本身。他或她总是先说谁人不合理、什么事不如意等，你必须把他或她的注意力迁移去他或她的情绪感受或者身体的感觉上。例如，"那你现在感觉怎样？""这事让你受委屈了。上次我受到委屈的时候，我的胃部痛，你的胃感觉怎样了？""他这样对你，你感到十分愤怒和悲伤吗？"（当对方回答说"我很愤怒"时，你可继续问："愤怒的背后是什么情绪？失望或无力感？"）你要不断地把对方的注意力引向他或她的身体感觉或者情绪感受上去，待对方说出大约 6 个这样的词语时，你会发觉对方已经开始平静下来，或者声调降低，身体的动作也减少了。这时，你可以问对方引起他或她情绪的事情了。当你明白了是怎么一回事时，你可以进入第三步。

（3）"设范"——在这一步骤，你先找出事情中你可以接受的地方，对之加以语言上的肯定。无论什么事，你都可以找到能够肯定的地方，例如，"你觉得他这样说很不合理，难怪你这么生气啦。"或者"你已经准备好这么多食物，天忽然下雨，你当然失望了。"一般情况下，你可以很容易地找到对方看事情的角度并做出肯定，或者干脆肯定对方的情绪（"事情不如意，当然会生气啦！"）肯定的行为会使对方说"是呀！""对呀！""就是嘛！"等话，这就是说，在心理上对方已经认为你站在他这一边了。

接下来，你向对方指出事情中他需要改变的地方。你不可以直接说出对方的不对或者应该怎样做，因为这样你是把自己重新放在与对方对立的位置，使刚才建立出来的心理默契受到破坏，你应该从对方的利益出发，指出对方需要注意的部分。例如，"可你每天都要跟他一起做事，他每天这样不讲理你便每天生气，你会做得很辛苦呀！"或者"你准备食物是为了自己与朋友们开开心心地过一天，你无法控制老天下不下雨，但是你可以控制'怎样做才能够开心'这件事呀！"有了前面的肯定，你现在这样说，对方当然更容易接受改变了。

（4）"策划"——就是对未来的行动做些计划，目的是让自己会有更好的表现。你用一句话做这个部分的概念基础："凡事都有三个解决办法嘛！"你可以说："想想你怎样做他对你的态度会有不同？"或者"有些什么其他的选择，使你能够在雨天中也可与朋友有快乐的一天？"引导对方看到其他选择的可能性，对方的负面情绪便不会再出现，同时也会有更积极的表现，重新把事情的控制权掌握在手里。

（二）哭泣的健康隐秘

哭泣，是人类情绪的表达方式之一，是人类心理最直接的情感流露。而哭泣经常被人当作一件不好的事情。其实，从心理学的角度看，适当的哭泣对身心是非常有好处的。

1. 哭泣不是示弱

眼泪可以发送自我保护的信号，它会模糊人们的视线，防止自己对别人做出攻击性行为；同时，又能显示自己的脆弱，让对方降低戒心和敌意，不会随便做出伤害行为；进一步讲，对方看到一张流着泪的脸，也会产生怜悯之情，进而不自觉地给予支持。

2. 哭泣减压到底好不好

哭泣历来被看作减压的方式。"好哭族"就是通过哭泣来减压的。研究显示，哭泣能够缓解人们紧张、焦虑的情绪，于是很多职业女性面对压力时，会通过大哭一场来释放压力，也会有人在边看悲情电影边哭泣后，睡得特别香，以往的失眠症也消失了。

3. 小心！男人不哭比自杀更可怕

男人不哭身体很受伤，悲伤有损健康，反之，悲伤时哭泣，却是有利于健康的。心理专家研究发现，人在悲伤时掉出的眼泪中，蛋白质含量很高。这种蛋白质是由于精神压抑而产生的有害物质，压抑物质积聚于体内，对人体健康不利。强忍着眼泪就等于"自杀"。

男人哭泣可以减轻心理压力。科研机构通过对眼泪进行化学分析发现，泪水中含有两种重要的化学物质，即脑啡肽复合物及催乳素。其仅存在于受情绪影响而流出的眼泪中，因而他们认为，眼泪可以把体内积蓄的导致忧郁的化学物质清除掉，从而减轻心理压力。

强忍着眼泪就等于"自杀"。专家认为，女子的寿命普遍比男子长的原因，除了职业、生理等方面的优势之外，善于啼哭，也是一个重要因素。

人们都说女人爱哭泣，其实这是一种很好的发泄方式，尤其是现在的生活节奏紧张的时代更显得尤为重要，适当地发泄一下是很重要的，哭泣是身体排毒的重要方式。

（三）一个寻找快乐的人

很久以前，有一个人终年到头都在找寻快乐，因为他常常闷闷不乐，所以，他下定决心，一定要找到快乐。他到处问别人："请问，到哪里才能找到快乐？"但每一个人都摇头，他愈找不到，他就愈不快乐。于是，他下定决心不找到快乐决不罢休。因此，他收拾了行李远离家乡，到无人的深山、海边、山地，四处寻觅，然而依旧找不到。最后，他终于准备要放弃了。他告诉自己："算了，我为什么一定要找到呢？只要我好好做事、生活，没有快乐也不会怎样，若能找到最好，不能找到也不是世界末日啊！我还是回去过我的日子吧！"他对自己说了这一番话后，便兴高采烈地回家了。在路上，他哼着歌，吹着口哨，这个时候，他惊讶地发现自己已经找到快乐了。

思考与讨论：快乐是怎样降临到这个人的身上的？你可以决定自己的情绪，在悲伤、沮丧时，换个想法，快乐就掌握在自己的手中。谈谈自己获得快乐的方法，这样更能激发我们进行思考，寻找到适合自己的调节心情的方法。

（四）防止情绪传染

最近的研究发现，恶劣情绪和细菌、病毒一样具有传染性，而且传染起来很快。美国洛杉矶大学医学院的心理学家加利·斯梅尔经长期研究发现，本来心情舒畅、开朗的人，若与一个成天愁眉苦脸、抑郁难解的人相处，不久也会变得情绪沮丧起来。一个人的敏感性和同情心越强，越容易感染上坏情绪，这种传染过程是在不知不觉中完成的。在社会交往中，个人情绪对其他人的情绪有着非常大的传染作用，如果你喜欢或同情某个人，你就特别容易受那个人的情绪影响。

不良情绪的产生有其内源性和外源性，要阻止不良情绪蔓延，关键在于正己。即加强个人的修养，提高心理素质，以增强对不良情绪的免疫力。首先要做到心胸开阔，不以物喜，不以己悲，笑对人生，荣辱不惊。自己无不良情绪，也就不会造成对别人的感染。当然，对别人的不幸和悲伤，一定的同情心是需要的，但更需要的是劝慰和帮助他解脱，而不是需要你陷入感情的旋涡。如果一旦传染上恶劣情绪怎么办？

美国密西根大学心理学教授南迪拉森提出了七种行之有效的解脱办法：

一是设法消除产生恶劣情绪的因素；

二是对事态加以重新估计，不要只看到坏的一面，也要看到好的一面；

三是提醒自己不要忘记在其他方面取得的成就；

四是不妨自我犒劳一番，如去餐馆美餐一顿或去逛商店；

五是考虑一下今后如何避免发生类似的问题；

六是想一想还有处境更差的人；

七是把自己目前的处境同过去比较一下，尽量找出胜过以前的地方。

总之，要看到生活中光明的一面，不要让自己被烦恼困扰。

 【心理测试】

（一）情商测验（EQ）

下面有一个小测验，可以帮助你了解自己的 EQ 有多高。

1. 与你的恋人或爱人发生争吵后，你能在他人面前掩饰住你的沮丧。　（是；否）

2. 当工作进行得不顺利时，你认为这是对未来的一个警告。　（是；否）

3. 在你最好的朋友开口说话之前，你能分辨出他（她）处于何种情绪状态。

（是；否）

4. 当你担忧某件事时，你在夜里难以入睡。　（是；否）

5. 你认为大多数人必须更加努力而不要轻易放弃。　（是；否）

6. 与你最好的朋友告诉你一些好消息相比，你更易受一部浪漫影片的感染。

（是；否）

7. 当你的情况不妙时，你认为到了自己应该改变的时候了。　　　　（是；否）

8. 你经常想知道别人是怎样看待你的。　　　　　　　　　　　　（是；否）

9. 你为自己几乎能使每个人高兴起来而感到自豪。　　　　　　　（是；否）

10. 你讨厌讨价还价，尽管你知道它能使你少花 20 元钱。　　　　（是；否）

11. 你十分相信直率地说话，而且认为这样能使一切事情变得更容易。（是；否）

12. 尽管你知道自己是正确的，你也会转换这一话题，而不愿来一场争论。（是；否）

13. 你在工作中做出一个决定后，会担心它是否正确。　　　　　　（是；否）

14. 你不会担心环境的改变。　　　　　　　　　　　　　　　　　（是；否）

15. 你似乎是这样一个人：对周末干什么，你总能够提出很多有趣的设想。（是；否）

16. 假如你有一根魔棒的话，你将挥动它来改变你的外貌和个性。　（是；否）

17. 不管你工作多么尽心尽力，你的老板似乎总是在催促着你。　（是；否）

18. 你认为你的恋人或爱人对你寄予希望。　　　　　　　　　　　（是；否）

19. 你认为一点小小的压力不会伤害任何人。　　　　　　　　　　（是；否）

20. 你会把任何事情都告诉你最好的朋友，即使是个人隐私。　　（是；否）

选"是"得 1 分，选"否"不得分。将得的分累加起来。

得分≥16 者：你对自己的能力很自信，因此，当处于强烈的情感边缘时，你不会被击垮，即使你在愤怒时，你也能进行有效的自我控制，在控制你的情感方面，你是出类拔萃的，与他人相处得也很融洽，但是你太依赖社交技巧而忽视成功所需要的其他重要因素，如艰苦奋斗的作风和好主意。

得分 7 ~ 15 者：你意识到自己和他人的情感，但有时忽视它们，不明白这对你的幸福是多么重要，你对提升自己和买一幢更漂亮的房子等诸如此类事情的关心支配着你的生活。然而，无论实现多少物质目标，你仍然感到不满足，试着去分析和理解你的情感，并且按照它去行动，你会更幸福。人们可能压制你，使你暂时消沉，但你总能从挫折中吸取教训，重新创造你的优势。

得分≤6 者：你必须多一点对别人的关心，少注重自己。你喜欢打破常规，并且不会担心通过疏远别人来取得自己想得到的东西。你可能在短期内就能取得了一定的成果，但人们不久就开始抱怨你。控制住你易冲动的天性，不是以粗鲁的方式，而是试着去通过迎合他人来得到所要的一切。如果得分不高，不要沮丧。你要学会控制你的消极情绪，充分利用你的积极情绪。

（二）情绪稳定性测验

1. 看到自己最近一次拍摄的照片，你有何想法？　　　　　　　（　　　）

　　A. 觉得不称心　　　　　B. 觉得很好　　　　　C. 觉得可以

2. 你是否想到若干年后会有什么使自己极为不安的事？　　　　（　　　）

　　A. 经常想到　　　　　B. 从来没想过　　　　　C. 偶尔想到

3. 你是否被朋友、同事、同学起过绰号、挖苦过? （   ）
   　A. 是常有的事　　　　　　B. 从来没有　　　　　　C. 偶尔有过
4. 你上床以后，是否经常再起来一次，看看门窗是否关好、炉子是否封好等。
   （   ）
   　A. 经常如此　　　　　　　B. 从不如此　　　　　　C. 偶尔如此
5. 你对与你关系最密切的人是否满意? （   ）
   　A. 不满意　　　　　　　　B. 非常满意　　　　　　C. 基本满意
6. 你在半夜的时候，是否经常觉得有什么值得害怕的事? （   ）
   　A. 经常　　　　　　　　　B. 从来没有　　　　　　C. 极少有这种情况
7. 你是否曾经因梦见什么可怕的事而惊醒? （   ）
   　A. 经常　　　　　　　　　B. 没有　　　　　　　　C. 极少
8. 你是否曾经有多次做同一个梦的情况? （   ）
   　A. 有　　　　　　　　　　B. 没有　　　　　　　　C. 记不清
9. 有没有一种食物使你吃后呕吐? （   ）
   　A. 有　　　　　　　　　　B. 没有　　　　　　　　C. 记不清
10. 除去看见的世界外，你心里有没有另外一个世界? （   ）
   　A. 有　　　　　　　　　　B. 没有　　　　　　　　C. 记不清
11. 你心里是否时常觉得你不是现在的父母所生? （   ）
   　A. 时常　　　　　　　　　B. 没有　　　　　　　　C. 偶尔有
12. 你是否曾经觉得有一个人爱你或尊重你? （   ）
   　A. 是　　　　　　　　　　B. 否　　　　　　　　　C. 说不清
13. 你是否常常觉得你的家庭对你不好，但是你又确信他们的确对你好? （   ）
   　A. 是　　　　　　　　　　B. 否　　　　　　　　　C. 偶尔
14. 你是否觉得没有人十分了解你? （   ）
   　A. 是　　　　　　　　　　B. 否　　　　　　　　　C. 说不清楚
15. 你在早晨起来的时候经常会有什么感觉? （   ）
   　A. 秋雨霏霏或枯叶遍地　　　　　　　　B. 秋高气爽或艳阳天
   　C. 不清楚
16. 你在高处的时候，是否觉得站不稳? （   ）
   　A. 是　　　　　　　　　　B. 否　　　　　　　　　C. 有时是这样
17. 你平时是否觉得自己很强健? （   ）
   　A. 否　　　　　　　　　　B. 是　　　　　　　　　C. 不清楚
18. 你是否一回家就立刻把房门关上? （   ）
   　A. 是　　　　　　　　　　B. 否　　　　　　　　　C. 不清楚
19. 你坐在小房间里把门关上后，是否觉得心里不安? （   ）
   　A. 是　　　　　　　　　　B. 否　　　　　　　　　C. 偶尔是
20. 当一件事需要你做决定时，你是否觉得很难? （   ）
   　A. 是　　　　　　　　　　B. 否　　　　　　　　　C. 偶尔是

21. 你是否常常用抛硬币、玩纸牌、抽签之类的游戏测吉凶？　　　　　　（　　　）

　　A. 是　　　　　　　　B. 否　　　　　　　　C. 偶尔

22. 你是否常常因为碰到东西而跌倒？　　　　　　　　　　　　　　　　（　　　）

　　A. 是　　　　　　　　B. 否　　　　　　　　C. 偶尔

23. 你是否需用一个多小时才能入睡，或醒得比你希望的早一个小时？　（　　　）

　　A. 经常这样　　　　　B. 从不这样　　　　　C. 偶尔这样

24. 你是否曾看到、听到或感觉到别人觉察不到的东西？　　　　　　　（　　　）

　　A. 经常这样　　　　　B. 从不这样　　　　　C. 偶尔这样

25. 你是否觉得自己有超越常人的能力？　　　　　　　　　　　　　　（　　　）

　　A. 是　　　　　　　　B. 否　　　　　　　　C. 不清楚

26. 你是否曾经觉得因有人跟着你走而心里不安？　　　　　　　　　　（　　　）

　　A. 是　　　　　　　　B. 否　　　　　　　　C. 不清楚

27. 你是否觉得有人在注意你的言行？　　　　　　　　　　　　　　　（　　　）

　　A. 是　　　　　　　　B. 否　　　　　　　　C. 不清楚

28. 当你一个人走夜路时，是否觉得前面潜藏着危险？　　　　　　　　（　　　）

　　A. 是　　　　　　　　B. 否　　　　　　　　C. 偶尔

29. 你对别人自杀有什么想法？　　　　　　　　　　　　　　　　　　（　　　）

　　A. 可以理解　　　　　B. 不可思议　　　　　C. 不清楚

以上各题的答案，选A得2分，选B得0分，选C得1分。请将你的得分统计一下，算出总分。得分越少，说明你的情绪越佳，反之越差。

总分0～20分，表明你情绪稳定，自信心强，具有较强的美感、道德感和理智感。你有一定的社会活动能力，能理解周围人们的心情，顾全大局。你一定是个性情爽朗、受人欢迎的人。

总分21～40分，说明你情绪基本稳定，但较为深沉，对事情的考虑过于冷静，处事淡漠消极，不善于发挥自己的个性。你的自信心受到压抑，办事热情忽高忽低，瞻前顾后，踌躇不前。

总分在41分以上，说明你的情绪极不稳定，日常烦恼太多，使自己的心情处于紧张和矛盾中。

如果你的得分在50分以上，则是一种危险信号，你务必请心理医生进一步诊断。

【活动训练】 ▪▪▪

（一）体验情绪的力量

目的：通过下面的练习，体会一下积极情绪和消极情绪对一个人的影响。

步骤：

1. 请你认真思考，写下自己的 10 个优点，写完之后，用心地默念 3 遍，然后闭上眼睛，在心中再认真地默念 8 遍。

2. 睁开眼睛，伸出双手请坐在身边的同学压一压，细心体会用力的大小及内心的感受。

3. 再认真思考，写下自己的 10 个缺点，写完之后，用心地默念 3 遍，然后闭上眼睛，在心中再认真地默念 3 遍。

4. 睁开眼睛，伸出双手再请刚才的那个同学压一压，看看有什么感觉，细心体会一下两次压手的用力程度是否一样。

体验结果：默念优点后伸出的手比默念缺点后的难压下去。这是因为人的情绪对人的生理、心理及精神都会产生影响，积极的情绪给人带来力量，消极的情绪能削弱人的力量。

（二）找准情绪周期

1. 活动准备

情绪周期表一张

2. 活动流程

每天在自己的情绪周期表上记录自己的情绪值，坚持至少两个月。不久你就会发现一个模式。这就是你的情绪周期。再过几个月，你就会惊奇而准确地知道，什么时候你的情绪高潮将至，什么时候你需小心低潮的到来。知道了这一点后，你就可以预测自己的情绪变化，并相应地调整自己的行为了。

	1	2	3	4	5	6	7	8	9	10	11	12	…
兴高采烈（+3）													
愉悦快乐（+2）													
感觉不错（+1）													
平平常常（0）													

（续表）

感觉欠佳 （-1）										
伤心难过 （-2）										
焦虑沮丧 （-3）										

（三）梳理情绪

1. 活动准备

（1）准备情绪梳理卡片、放松音乐。

（2）室内较适宜。

2. 活动流程

（1）冥想状态：伴随舒缓的音乐，选择舒适的姿势，放松肌肉，回想近一时期生活中发生的事件，并注意自己情绪上的变化。

（2）每人填写一张卡片，并完成下列句子。

最近让我感觉高兴的事情是：＿＿＿＿＿＿。当时我的心情是：＿＿＿＿＿＿，现在想起这件事，我的心情是：＿＿＿＿＿＿。

最近让我感觉不高兴的事情是：＿＿＿＿＿＿。当时我的心情是：＿＿＿＿＿＿，现在想起这件事，我的心情是：＿＿＿＿＿＿。

每当心情好的时候，我会觉得：＿＿＿＿＿＿。

每当心情糟的时候，我会觉得：＿＿＿＿＿＿。

我的心情总是：＿＿＿＿＿＿。

3. 小组内交流、分享，感受不同的情绪对生活、行为、健康的影响，认识到积极情绪的重要性。

（四）彩绘心情

你现在的心情如何呢？请你准备一张白纸与一些彩色笔，以一些不同的颜色、线条或图案，将你的心情用一幅画表现出来。不管你的画图技巧如何，请为你自己画一张图吧（不管是抽象、乱涂鸦或具体的图案均可），不需要事先构图，更不需要仔细思考，让手中的彩色笔跟着心中的感觉走，让自己很随意地画出心中的感受吧。

当你完成你的画之后，请你再用心看看你画出的图画是什么样子？你用了哪些颜色？那些颜色让你感觉如何？整幅画又让你感觉如何？找个同学一起分享你的这幅画，谈谈你的心情、感受、想法或者印象吧。

（五）快乐其实很简单

活动目标：帮助成员掌握调节情绪的方法和技巧，构建愉悦心情，发现生活中的快乐元素。

活动内容：

1. 镜子活动

活动步骤：

（1）学生两人一组，学生甲做出各种愉快的表情，学生乙作为镜子模仿甲的各种表情。时间为 2 分钟左右。

（2）双方互换角色。

（3）围绕刚才的活动讨论分析。

①看到"镜子"的表情，你有什么感受？②情绪可传染吗？③努力做各种表情，你的情绪有变化吗？

2. 快乐清单

活动步骤：每个成员都要列出至少 10 件使自己感觉快乐的事情，越多越好。成员之间互相分享快乐。

3. 快乐密码

活动步骤：成员分别向大家介绍自己保持快乐心情的方法，成员讨论，鉴别各种方法的可行性，领导者总结成员的讨论结果，向大家推荐保持快乐的策略和技巧。

4. 领导者鼓励同学们写一份符合自己实际情况的"快乐宣言"，每天早上大声读出。

（六）负性情绪也可管理

活动目标：

1. 帮助成员了解负性情绪对人行为、身心的影响。

2. 帮助成员学会宣泄、表达负性情绪的方法，掌握控制负性情绪的有效策略。

活动内容：

1. 情景表演

（1）时间约为 10 分钟

（2）操作：由两位同学分角色扮演进教学楼时不小心相撞，但互不相让，话不投机，发生争吵，导致双方情绪越来越激动，进而产生负性情绪，乃至于发生肢体冲突的情景。

2. 我也有负性情绪

（1）时间约为 60 分钟

（2）操作：请学生回忆最近发生的印象深刻的负性情绪事件，试着把自己的情绪引发出来，按要求用笔写在纸上（要求：描写自己当时负性情绪的表情和动作；描述自己负性情绪时的生理感觉，如心跳加速、呼吸急促、脸热、眼睛圆睁、头皮发紧、流泪等；表达自己负性情绪时的内心感受，如"我被愚弄了！""他（她）太过分！""这简直是厚颜无耻的做法！"等；写下自己负性情绪时的行为反应，如骂人、摔东西、打人、痛哭、咬紧牙关、硬忍、强迫冷静等；写下自己做出负性情绪反应后自己和对方的感受），最后分享讨论。

3. 制负法宝

（1）时间约为 20 分钟

（2）操作：成员逐一发言，提出自己控制负性情绪等不良情绪的策略，领导者带领成员对各种方法的可行性进行鉴别，归纳、整理控制负性情绪的有效策略。

4. 结束

引导成员分享本次团体活动的收获和体会。领导者总结，向成员提出控制和管理负性情绪的意见和建议。

【作业反思】

（1）通过本章的学习，描绘出你的情绪曲线，并总结出适合自己的情绪调节方法。

（2）结合所学，分析高职生常见的情绪问题。你有过类似的困扰吗？你是怎么解决的？

第五章

沟通你我他
——高职生人际交往

 【心理案例】

（一）小金的困扰

小金入学一年了，写了一段生活感言：高考那年，我因为志愿没填好，没有进入理想的学校，感到老天对我不公平，有种"壮志未酬"的感觉。因此，从进入大学开始，我就自恃高人一等，对周围的一切事物都看不顺眼，总觉得自己应该得到更好的。对于周围的同学，总觉得自己和他们格格不入，心想以他们的学习成绩，我和他们交往有什么意义呢？对同学组织的各类活动，我也一概不屑参加，觉得那是"低级趣味"的。我要用我的才智证明我是最好的！

渐渐地，我和同学们之间的关系越来越远，成为校园里的"独行侠"。我总是一个人穿梭于教室、食堂、寝室，每天的时间全用在了学习上。期末，我的学习成绩名列前茅，拿到一等奖学金。虽然来这里两年了，但班上很多同学我还是不认得。

曾经以为一个人已经习惯了，我已经不怕面对孤独。但是拿着奖学金走在校园中，看着其他同学三个一群、五个一伙，说说笑笑，我不禁感觉到异样的悲凉。是的，我用我的努力在学业上取得了很好的成绩，可是为什么我没有感受到那种成功的喜悦呢？

（二）小琪的困扰

小琪最近根本不想待在寝室，只要一回到寝室，就觉得胸口发闷。小琪感觉寝室同学有意在跟自己作对，要排挤他。大一的时候，寝室同学关系还好。从大二开始，寝室中三个同学不在乎学习，整天逃课，只顾玩，找女朋友什么的。最讨厌的就是那个睡他对面床铺的男生，老是和他针锋相对。前两周，那个男生买了一台笔记本电脑，从那以后就经常上网聊天或看电影到很晚，还开着台灯，影响到他睡觉。有一次，小琪跟他说关掉台灯，早点睡觉，他根本没有丝毫反应。如果他早上早起，小琪还在睡觉，他洗脸、上厕所什么的就会故意弄出很大的声响，不让小琪安心睡觉，小琪认为他肯定是在报复自己。

小琪很想搞好跟室友的关系，但觉得跟他们简直无法相处，想调换寝室或搬出去住，又担心找不到合适的住处。为此，小琪最近感到紧张、焦虑、犹豫，甚至失眠。

（三）我究竟有什么问题

小蓝是某大学的学生干部，学习成绩优秀，但人际关系比较紧张。他不仅与寝室同学相处不好，而且与班上的许多同学也无法友好交往。在同学们心目中，他是一个清高傲慢的人，实在不好接近。虽然他很优秀，但其他方面则不敢恭维。小蓝为此也很头疼，只要是他主持的活动项目，同学们似乎都有意不参加，好像故意和他作对，而他本人长期坚持的做人准则就是我行我素，万事不求人。他几乎不接受别人的帮助，也认为自己没有帮助别人的义务。他学习成绩好，可每当班上同学向他求教时，他要么说不知道，要么就在给别人讲完之后，将别人奚落一顿，有时还要加上一句"拜托你上课时认真听讲，下次不要再来问我这么简单的问题。"时间一长，同学们都不愿意和他交往，人际关系越来越差。小蓝对自己的人际关系状况十分不满意，有时感到孤独、没有归属感，有时这种孤独感令他感到窒息。他很焦虑，甚至恐惧，但不知从何入手来改变现状。因此，他自己也纳闷：我究竟有什么问题呢？

案例分析：

小金、小琪和小蓝在人际关系中遇到的问题是高职生人际困扰的缩影。大学是人际关系走向社会化的一个重要转折时期。进入大学后，你们就要处理师生、同学、室友之间的关系，等等。面对如此多的人际关系，一些同学因为处理不当，整日郁郁寡欢，心情沮丧；也有一些学生因为人际关系紧张，精神压力很大，导致不同程度的心理疾病；而更多的同学则由于不知如何处理复杂的人际关系，经常为苦闷、烦恼的情绪所困扰。可见，如何处理好人际关系，对几年高职生活和未来事业的成就是至关重要的。因此，让我们一起开启人际之旅的学习吧！

 【心理课堂】

社会交往剥夺实验：长期与社会隔离，即所谓"关系剥夺"或"社会交往剥夺"会使人丧失很多能力。美国心理学家沙赫特曾做过一个"人际剥夺"的实验：他以每小时15美元的高薪招募应聘者到他创设的一个小房间里去居住，房内有一桌、一椅、一床、一凳，此外别无他物。三餐由人送至门底下的小洞口，住在里面的人伸手就可拿到食物。个人住进这个房间后即与外界完全隔绝，没有报纸、电话，不准写信，听不到外界的声音，当然更找不到人聊天。每天只供应饮食等必需的用品。先后有 5 个人应聘参加了这个实验。居住的时间越长，得到的报酬越多。实验的结果是：1 个人在小房间里待了 2 小时，3 个人待了 2 天，只有一个人待了 8 天。这个待了 8 天的人出来以后说："如果再让我在里面待 1 分钟，我就要疯了。"

也有心理学家曾做过一个"交往剥夺"的实验，结果发现受试者在百米深的洞穴中，单独生活了 156 天以后，精神面临崩溃状态，神情呆滞、冷漠无情、举止失常。实验证明，没有一个人愿意与其他人隔绝，人们都害怕孤独，可见交往对人是十分重要的。

第一节 初识人际——了解人际交往

一、什么是人际交往

交往贯穿于我们每个人的生活之中，与我们息息相关。那么，什么是交往？在《现代汉语大词典》中，"交往"指的是"互相往来"。"交往"一词的含义比较丰富，它不仅仅是"互相往来"的意思，不同的学科领域对它的解释也不同。

从语言学的角度来看，交往是人们依据一定的规则，运用语言符号或非语言符号进行的交流活动。在社会学领域，交往指的是人与人之间进行的信息传递与交流，由此产生社会关系。在心理学上，交往是人们相互之间进行的心理上的沟通，通过这种沟通达到一定的认知。在哲学领域，交往是"在一定的社会历史条件下，作为社会实践和认识主体的个人或群体之间借助于语言和非语言的媒介而实现的相互接触、相互沟通、相互认知、相互影响、相互作用、相互了解的最基本方式和过程，是主体之间已然实现的社会认知、社会互动。"

总的来说，人际交往也称人际沟通，是指交往主体基于双方共同需求的情况下，通过语言或非语言的媒介进行信息传递、情感交流的互动过程。在日常生活中，并非每一种人际沟通行为都可以称为人际交往。人际交往必须满足以下的基本条件：

（一）双方具有交往的愿望并掌握一定的交往技能；

（二）具备适当的传播渠道或网络；

（三）双方对交往信息理解一致，并做出必要的反馈。

二、人际交往的一般过程

社会心理学家阿特曼等人提出社会渗透理论用来解释人际关系的发展。他们认为，人际关系的建立一般要经过定向阶段、情感探索阶段、情感交流阶段和稳定交往阶段。

（一）定向阶段

定向阶段包括对交往对象的注意、选择及初步沟通等方面的心理活动。进入一个社交场合时，人们往往会选择性地注意某些人，而对另外一些人视而不见，或者只是礼貌性地打个招呼。对于注意到的对象，人们会进行初步的沟通，谈谈无关紧要的话题。这些活动，就是定向阶段的任务。真正的交往和关系就是由此开始的。在初步沟通的过程中，谈话只会涉及自己最表面的方面，如自己来自哪个城市、年龄多大等问题。

（二）情感探索阶段

进入情感探索阶段，交往双方会有试探性的感情交换，可能有进一步的自我暴露或自我揭露，例如生活中的体验和感受等。在这一阶段，交往模式仍与定向阶段相类似，具有很大的正式交往特征，彼此还都注意自己表现的规范性。谈论的话题仍会避免触及个人私密性的领域，自我表露也不涉及自己深层的方面。

（三）情感交流阶段

在这一阶段，交往的双方已有了基本的信任和感情。交往的广度和深度继续发展，能真诚地为对方着想，既善于赞美对方的优点，又敢于批评对方的过错。通过双方真实的评价性的反馈信息，彼此感情会逐步加深，会谈论一些相对私人性的问题，例如相互诉说学习、生活中的烦恼、讨论家庭情况等。这时，双方的关系已经超越了正式规范的限制，比较放松、自由。但是，许多人际关系并没有在这个阶段的基础上进一步发展，而是仅仅在这个阶段的同一水平上简单重复，有时甚至出现关系"裂痕"。

（四）稳定交往阶段

在这一阶段，交往双方心理上的相容性会进一步增加，自我表露也更为广泛和深刻。此时，人们已经可以允许对方进入自己高度私密性的个人领域，分享自己的生活空间和财产。但在实际生活中，很少有人达到这一情感层次的友谊关系，也就是人们常说的"人生难得一知己，千古知音最难觅"。

三、高职生人际交往的特点

（一）迫切性与开放性

迫切性是指高职生在人际交往的需求方面具有急切性的特征。处于青春期的高职生，年龄基本处在十八九至二十二三岁，他们思想活跃、精力充沛、兴趣广泛、好奇心强、活泼好动，进入大学后人际交往的需要极为强烈。开放性主要表现在与异性的交往上。由于社会的发展和来自多方面相关因素的影响，正处于青春期的高职生随着生理的成熟以及性意识的产生，对于爱情特别关心和敏感。加之高职生们对校园里广泛的异性交往大多数持认同态度，与以往的高职生相比，当代高职生异性之间的交往呈现出明显的开放性特点。

（二）多元性与独立性

随着互联网技术的不断发展，智能手机、笔记本电脑进入千家万户，高职生的交往方式也因此呈现多元化的发展趋势。在微信、QQ、Facebook、Instagram等热门社交软件的影响下而形成的网络社交，在高职生交往中的比例逐渐加大，并成为高职生人际交往的主要方式之一。独立性是针对高职生个人的交往方式而言的。当代高职生基本都是90后、00后，且多数是独生子女。他们追求个性、追求与众不同，有自己的想法和抱负，有自我实现的人生价值追求。现代交往方式促进了高职生交往的自主性和创造性，彰显了当代高职生人际交往的独立性与个性。

（三）平等性与不平衡性

当代高职生自我意识强，独立自尊的要求高。他们期待交往的双方彼此尊重，相互容纳。即使是师生，他们也期待自己对师长的尊重能得到师长平等的回报。实践证明，平等交往的需求使得那些谦和、真诚、善解人意、通情达理、乐观向上的人成为高职生乐意交往的对象。不平衡性主要体现在当代高职生贫富的差别上。有调查显示：经济上的拮据使得贫困高职生在人际交往中较多的表现为被动、性格内向等，甚至个别学生还会由此产生自卑、孤僻等不良心理。

（四）理想性和实惠性

高职生经济的压力相对较小，人际交往的动机较为单纯。他们在交往中真诚、坦率，比较注重精神方面。因此，对人际交往抱有较高的期望值，并将其理想化，但由于社会上各种因素，尤其是实用主义思潮流行的影响，使理想化有淡化的趋势，而实惠性有上升的势头。目前，已经基本形成了两者并存的局面。

（五）不稳定性

当代高职生是同龄人中比较有知识的群体，思维、认知能力比较强，自我意识不断增强，在关注自我的同时，对社会和人生问题也比较关心，善于思考人生的意义。在交往中往往注重思想上的交流，感情色彩浓厚。但是，高职生的心理发育还没有成熟，高职生的自我意识的增长与认知能力发展不太协调，情绪经常处于不稳定状态，自己的意愿得到满足时可能欢呼雀跃；一旦失败，又可能垂头丧气，情绪一落千丈，陷入焦虑、悲观的情绪状态。因此，这种情绪波动导致高职生人际交往经常处于不稳定状态。

第二节　直面人际
——人际交往中常见的问题及影响因素

一、高职生人际交往中常见的问题

（一）自我中心与自我封闭

有些高职生在与别人交往时，一方面表现为"我"字优先，多顾及自己的需要和利益，强调自己的感受，而较少考虑到别人的情绪：自己高兴时就高谈阔论，手舞足蹈；不高兴时，就郁郁寡欢，谁都不利；或是乱发脾气，不尊重他人，漠视他人的处境和感受。另一方面则表现为不愿意让别人了解自己，总喜欢把自己的真实思想、情感和需要隐藏起来，始终保持一种孤傲处世的态度。只注重自己的内心体验，在心理上人为地建立屏障，把自己封闭起来，不与他人坦诚交流。

（二）注重功利或江湖义气

由于受社会的影响，有些高职生在人际交往过程中具有过多的社会功利性。他们希望通过彼此的交往，能够使自己在某些方面得到提高和进步，或是有一定的收获，而不愿与那些对自己没有"价值"的人交往。同时，有的高职生则昧于江湖义气，与他人称兄道弟，对他人提出的超过自己能力范围的要求，不假思索地答应。

（三）缺乏人际交往的沟通技能

在日常人际交往中，部分学生存在交往困难，表现为与他人在一起时找不到话题，并且与人交流起来也比较生硬；在异性面前则会有面红、紧张、心跳加速及不知所措的表现。他们常常渴望与人交往，但又不知道该如何交往，不会主动与人接触，不会增加交往的频率、广度和深度；不能深入地了解对方，也不能让对方深入地了解自己，无法提高自己的人际吸引能力。

（四）多疑与嫉妒

有些高职生在与人交往时，往往会缺乏必要的信任，总担心自己会上当受骗，因而处处提防别人。有的同学说："他不信任我，总是怀疑我的真诚。"其实，这句话往往包含如下的潜台词：因为他不信任我，所以我也不信任他。因为自己不信任别人，才会固执地认为别人不信任自己。同时，高职生在交往过程中也常常存在嫉妒心。一方面很想与别人交朋友，另一方面又因为对方在某些方面表现得比自己优秀而心怀嫉妒。例如，对他人的成绩和进步不予承认甚至贬低，而对自己取得的成绩、获得的荣誉沾沾自喜，但又焦虑不安，担心被人赶上或超越。

二、人际交往的影响因素

（一）交往频率

对人际交往吸引力的研究发现，我们见到某个人的次数越多，就越觉得此人招人喜爱、令人愉快，这就是人际交往中的"曝光效应"（the exposure effect or the mere exposure effect），它是指我们对某一对象的喜欢程度，会随着与某一对象的交往次数而发生改变。

心理学家扎荣茨曾经做过一个有趣的实验。他让一群人观看某校的毕业纪念册，并且肯定受试者不认识毕业纪念册里出现的任何一个人。看完毕业纪念册之后再请他们看一些人的相片，有些照片出现了二十几次，有的出现十几次，而有的则只出现了一两次。之后，请看照片的人评价他们对照片的喜爱程度。结果发现，在毕业纪念册里出现次数愈高的人，被喜欢的程度也就愈高。他们更喜欢那些看过二十几次的熟悉照片，而不是只看过几次的新鲜照片。也就是说，看的次数增加了喜欢的程度。

通过以上实验我们可以知道，只要一个人、事、物不断在自己的眼前出现，自己就愈有机会喜欢上这个人（或事、物）。因此，我们在日常生活中可以巧妙地利用这种人类普遍存在的心理特点。例如，如果你是一个自我封闭的人，或是一个面对他人就逃避和退缩的人，由于不易让人亲近而不太让人喜欢，那么从现在开始就要增加自己与别人见面或碰面的机会。比如和同学一同上课，或者经常参加一些活动等。如果你想要追一个女孩子，那么在你给女孩子留下了不差的第一印象后，经常在她身边出现，或者乘机靠近她，那么她会觉得你越来越帅。

但是，必须提及单纯曝光效果的限制。"曝光效应"其实没有那么"单纯"，至少以下三点需要特别注意：

（1）一开始就让人感到厌恶的事物，无法产生曝光作用；

（2）如果两个人彼此之间已经有了一些冲突，或是性格上本来就不合，愈常见面反而愈扩大彼此的冲突；

（3）交往频率与喜欢程度的关系呈倒 U 型曲线，过低与过高的交往频率都不会使彼此喜欢的程度提高，而中等的交往频率时，彼此喜欢的程度较高。

（二）空间距离

空间距离会影响人际吸引力。一般来说，人们在生活空间上的距离越小，双方越容易相互吸引。这一规律被称为"时空接近原则"。生活中常见的"远亲不如近邻""近水楼台先得月"就是具体的表现。

美国心理学家费斯廷格在 1950 年做了一个简单有趣的实验。这位心理学家对麻省理工学院 17 幢已婚学生的住宅楼进行了调查，并且调查的对象完全是随机的。后来发现，在这个居住区中，居住距离越近的人，交往的次数也越多，关系越密切。此后，其他的心理学家也做过类似的研究，结论与此相似。不难看出，距离的接近程度与交往的频率有直接的关系，较小的空间距离有利于建立密切的人际关系。但我们在现实生活中，也经常会看到这样的现象，由于距离的接近，同寝室的同学人际关系反而比较紧张。由此可见，距离因素只是建立良好的人际关系可利用的因素，但不是主要的影响因素。

另外，人际交往也应注意保持一定的空间距离。任何一个人都需要有一个自己能够把握的自我空间，它就像一个无形的"气泡"一样为自己"割据"了一定的"领域"。当这个自我空间被人触犯时，他就会感到不舒服、不安全，甚至恼怒。美国人类学家爱德华·霍尔博士划分的亲密距离、个人距离、社交距离和公众距离四种距离，各种距离都与对方的关系相称。

（三）相似与互补

人们往往喜欢那些和自己相似的人。"同是天涯沦落人，相逢何必曾相识""物以类聚，人以群分"以及"志同道合"，这些为人们所熟悉的说法，都体现了人际关系中相似因素的作用。心理学研究发现，在人们交往的过程中，如果双方在年龄、兴趣、爱好、经验、信念、价值观及人格特征上具有某种一致性或相似性时，就容易产生相互吸引的因素，从而有利于建立良好的人际关系。一般来说，交往双方的相似性越多，特别是双方感知到的相似性越多，越容易产生亲近感，共同交谈的话题也越多，并容易产生共鸣，从而更容易建立融洽的人际关系。

互补可视为相似性的特殊形式。当双方在某些方面看起来互补时，彼此的喜欢也会增加。所谓互补性，是指需要社会角色人格某些特征的互补。交往双方彼此能满足对方的某些需求，容易带来人际吸引，进而形成良好的人际关系。例如，独立性较强的人，和依赖性较强的人能够友好地相处，脾气急躁的胆汁质者与性情温和的黏液质者成为了好朋友。一般而言，互补因素的作用多发生在交情较深的朋友、恋人、夫妻之间。心理学家克切霍夫等人研究了从朋友到夫妻关系的过程中不同的人际吸引因素所起的作用，发现在初交时，距离因素、外貌因素及社会资源（如经济地位、职业、学历等）都是构成人际吸引的重要因素；结交后两人的态度、信仰、价值观、人生观、世界观等方面的相似显得更为重要；在友谊和婚姻阶段，双方在人格特质上的互补，在需求上的互补，具有举足轻重的作用。

（四）个性因素

1. 个性品质

美国心理学家安德森所做的一项调查发现，受喜爱程度最高的6项个性品质包括真诚、诚实、理解、忠诚、真实、可信。其中，真诚排第一位。而排在序列后面的、受喜欢程度低的几项品质包括说谎、装假、邪恶、冷酷、不老实。可见，真诚受人欢迎，虚伪令人讨厌。因此，建立良好的人际关系，真诚是必不可少的。

积极的品质	中间品质	消极的品质
真诚	固执	古怪
诚实	刻板	不友好
理解	大胆	敌意
忠诚	谨慎	饶舌
真实	易激动	自私
可信	文静	粗鲁
智慧	冲动	自负
可信赖	好斗	贪婪
有思想	腼腆	不真诚
体贴	易动情	不善良
热情	羞怯	不可信
善良	天真	恶毒
友好	不明朗	虚假
快乐	好动	令人讨厌
不自私	空想	不老实
幽默	追求物欲	冷酷
负责	反叛	邪恶
开朗	孤独	装假
信任	依赖别人	说谎

2. 外貌

"爱美之心，人皆有之。"外表和容貌对初次交往的人来说，是个重要的吸引因素。在与异性交往时表现尤为显著。一般情况下，身材好，长得漂亮，长得帅的人，更有魅力，令人羡慕，他人更爱与之接近。相反，则容易受到冷遇。

实验一：沃尔斯特等人让男女高职生各 332 名相互组对进行了两个半小时的舞会，舞会结束时，询问学生是否希望再次同对方进行约会。结果表明，外表越吸引人，就越为人喜爱。

实验二：戴恩等研究者给高职生看三个高职生的照片，一个外貌漂亮，一个相貌平平，一个相貌丑陋。然后要求被试者估计他们三人未来是否幸福。结果发现，外貌具有吸引力的人得到了更多的肯定回答。还有的研究表明，几个月大的婴儿就对漂亮阿姨的照片的关注时间比不漂亮阿姨的时间长。

因此，有很多的学生苦恼自己长得不够帅或不够漂亮。但是，也不能过分夸大外表和容貌的作用。在交往之初，容貌的作用较大，但随着相互认识的加深，容貌的作用则不断降低。

3. 才能

研究表明，在其他条件都相同的情况下，有才能的人容易受到人们的喜爱。社会心理学家阿伦森设计了这样的实验：在一个竞争激烈的演讲会上，有四位选手，其中两位才能出众，几乎不相上下；另两位才能平庸。才能出众的选手中，有一位不小心打翻了桌上的咖啡，而才能平庸的选手中也有一位打翻了咖啡。实验结果表明：才能出众而犯了小错误的人被视为最有吸引力；才能出众而未犯错误的人吸引力居第二位；才能平庸而犯同样错误的人最缺乏吸引力。这项研究说明能力非凡可以使一个人富有吸引力，犯错误使他同普通人更接近，使其吸引力又增加一层。

心理学上对这种现象有两种解释：一种解释是一个能力非凡的人给人的感觉总是不安全、不真实的，人们对这样的形象不是真正地接纳和喜欢，而是有距离地敬而远之或敬而仰之。另一种解释是从人的自我价值保护角度来说的。通常人们喜欢有才能的人，才能与被喜欢的程度成正比例关系。但是，什么事情都有一个限度，如果一个人能力过强、过于突出，强到足以使对方感到自己的卑微无能或价值受损，事情就会向反方向发展。

第三节　改善人际
——培养人际交往的能力

一、把握人际交往的原则

（一）平等尊重原则

平等就意味着相互尊重，寻求尊重是人们的一种需要。同学间交往的目的主要是共同完成大学的学习任务，这就规定了彼此应在人格上平等和学习上互助。同学之间不要因为家庭、经历、容貌、特长、经济条件、社会背景、荣誉等方面的不同而"另眼看待"。每个人在人格上是平等的，只有相互尊重，平等相处，才能有好的人际关系。

尊重别人，首先是尊重别人的意见。能直言规过者，可谓诤友。能当面提意见是相互理解和信任的表现，只有真正的朋友，才会放言无忌。所以，在交往中要善于听取对方的意见，互相取长补短，只有这样才能使交道越打越厚。其次，要尊重别人的生活习惯。一个人的生活习惯是受家庭教育和周围环境的影响而潜移默化的结果。生活习惯对于每一个人来说都很难改变。一个人的生活习惯对社会和他人没有直接的利害关系，它只是由各自不同的性情决定的。一般来讲，什么样的性情，就会养成什么样的生活习惯。所以，尊重别人的生活习惯就等于尊重别人的人格。古往今来，没有一个人能够同曾经侮辱过自己人格的人"打得火热"。

（二）互惠性原则

事实上，人与人之间的交往需求是多层次的，可以粗略地分为两个基本层次：

1、以情感定向的人际交往，比如亲情、友情、爱情；

2、以功利定向的人际交往，也就是为实现某种功利目的而交往。

人际交往的最基本动机，就在于希望从交往对象那里获取精神上的或物质上的满足。然而，受中国传统文化观念的影响，人们在交往中更愿意谈人情，而忌讳谈功利。心理学家认为，互惠互利是人际交往的基本原则。按照人际交往的互惠性原则，良好交际应采取的策略是既要感情，又要功利。不管是感情还是功利，人际交往是为了满足双方各自的需求。人际交往的延续或不断加深的一个必要条件是交往双方的需求和需求的满足必须保持平衡。否则，人际交往就会中断。所以，在交往中要时时想到互惠这条基本原则，积极付出，这样就能满足交往对象的需要。有句话说得好，"将欲取之，必先与之"，只有这样，才能交到对我们有帮助的朋友。

（三）适度性原则

人际交往中的适度主要是指交往过程中的自我暴露适度和人际距离的适度。

自我暴露（自我开放）：指在沟通和交往的时候把自己私人性的方面显示给他人。有研究者发现良好的人际关系是在自我暴露逐渐增加的过程中发展起来的。随着信任和接纳程度的提高，交往的双方会越来越多地暴露自己。因此，自我暴露的广度和深度是人际关系深度的一个敏感探测器。人们对于陌生人、熟人和亲密朋友，在自我暴露的广度和深度上有所不同。

人际距离上的适度指的是在人际交往中要合理运用亲密距离、个人距离、社交距离和公众距离。

1. 亲密距离是人际交往中的最小间隔或几乎无间隔，即我们常说的"亲密无间"。其范围约在 0 ~ 44 厘米之间，身体上的接触可能表现为挽臂执手，或促膝谈心，甚至彼此间可能肌肤相触，耳鬓厮磨，以至相互能感受到对方的体温、气味和气息。

2. 个人距离是人际间隔上稍有分寸感的距离，较少的直接身体接触。个人距离的近范围在 46 ～ 76 厘米之间，正好能相互亲切握手，友好交谈。这是与熟人交往的空间，陌生人进入这个距离会构成对别人的侵犯。个人距离的远范围约为 76 ～ 122 厘米。

3. 社交距离是已超出了亲密或熟人的人际关系，而体现出的一种社交性或礼节上的较正式关系。其近范围约为 1.2 ～ 3.7 米，一般在工作环境和社交聚会上，人们都保持这种程度的距离。

4. 公众距离一般指公共场合中演讲者与台下听众，教室里老师与学生，舞台上演员与观众的距离，其范围为约 3.7 ～ 7.6 米，这是约束感最弱的距离。

这四类距离在交往中往往会发生动态变化，即交往双方之间的距离会发生缩短或拉开，这种变化本身也是一种"语言"，而且是社交中最应注意的"语言"。

（四）信用原则

信用原则即讲信誉的原则。孔子说："民无信不立，与朋友交，言而有信。"在人际交往中，与守信用的人交往有一种安全感，与言而无信的人交往内心充满焦虑和怀疑。一个人不守信用，就不会有真正的朋友。人际交往中的信用原则，包括以下四个方面：

1. 不轻诺。俗话说"一诺千金"，自己没有把握办成的事，就不要答应，有的同学在竞选班干部时，提出要办多少件实事，脱离实际乱许诺，担任班干部后办不成，结果失信于人，损害了自己的名誉。

2. 守信。与人约定或口头答应的事，要说到做到，"言必信，行必果。"万一办不到，也要向对方说明办不到的真正原因。

3. 信任。常言道"用人不疑，疑人不用。"跟对方交朋友，就要全面了解对方，信任对方。有些同学喜欢"嚼舌根"，刚开始时别人会认为你与他（她）关系特别好，但是时间长了，不仅没有人愿意与你交心，还可能失去别人对你的信任。

4. 诚实。待人要诚实，胸襟要坦荡，虚情假意换来的不是友谊。以诚待人，是信用原则的重要内容。

二、矫正人际交往中的认知偏差

高职生群体对人际交往本身存在一些认知上的偏差，常见的有三种：对人际交往本身的认知偏差、对他人评价方面的认知偏差和对自我评价方面的认知偏差。

（一）对人际交往本身的认知偏差

1. 对人际关系好的标准存在着认知的偏差

很多同学都希望自己能与老师和同学们建立良好的人际关系，但人际关系好的标准究竟是什么呢？对这个问题很多同学并不明确。如有的同学认为人际关系好的标准就是与周围人没有任何隔膜；也有的同学认为人际关系好的标准就是被周围所有的人喜欢；还有的同学认为，如果我不喜欢所有的人，我的人际关系就不好。这些认知都是有偏差的，因为他们所追求的目标是根本无法实现的。因此，只要周围的人际关系出现一点波折，他们就对自己整个人际关系的状况产生怀疑，这样一来就使他们经常生活在不满和忧虑的情绪状态之中。

2. 对人际交往最基本的行为习惯存在认知上的缺乏

由于家庭教育、学校教育对学生人际交往的常识和行为习惯的养成缺乏适量的要求、必要的监督指导，使得一些学生对人际交往方面的常识知之甚少。如人与人直接交往的第一媒介是什么呢？是语言还是手势？都不对，是眼睛！但不少学生对人际交往中的"目光接触"存在偏见，平时走路时都是低着头，不敢看人；见到老师立即将目光转向他处，与人谈话也总是低着头，不敢与人对视；课堂上发言不是看着听众，而是看着天花板或目视桌面、地面。因为他们认为，"对视显得对人不礼貌""对视感觉不自在""对视会使对方不好意思"。他们全然不知对视——"目光交流"是人与人之间交往的第一要义。

3. 对建立良好人际关系的方式方法和途径存在认知上的误区

对于如何才能建立良好的人际关系，也有不少学生存在认知上的误区。如有的学生认为"有求必应才能搞好人际关系"；还有的学生认为"拒绝别人就等于伤害别人"。有这种想法的学生不敢说"不"，习惯于屈从于人，习惯于有求必应。如果偶然一次没有答应别人的请求，就担心对方"会不会生气""会不会以后不理自己"等。

又如发现别人的长处，对他人的优点给予实事求是的肯定和赞扬，本来是人与人之间思想和感情的正常交流，也是适当地向他人敞开心扉，促进人际之间的理解，获得人际之间的友谊、支持和帮助的必要方式和途径。但是有的学生却认为，"称赞他人就是阿谀奉承，表扬他人就等于虚伪和献媚"。持这种想法的学生，不仅自己不去称赞他人，也对他人的称赞感到反感。无论是他人称赞自己还是他人称赞他人，都认为是"假招子"，是"虚情假意"，是"没话找话说"。这样的认知，就为自己堵住了一条与别人进行正常而友好交流的渠道。

（二）对他人评价方面的认知偏差

常见的对他人认知方面的认知偏差有以下五种：

1. 首因效应

首因效应也叫"第一印象"效应。第一印象，是在短时间内以片面的资料为依据形成的印象，心理学研究发现，与一个人初次会面，45 秒钟内就能产生第一印象。这一最初的印象对他人的社会知觉产生较强的影响，并且在对方的头脑中形成并占据着主导地位。

心理学家指出，首因效应对人的印象的形成起着决定性的作用。初次见面，我们会根据对方的表情、体态、仪表、服装、谈吐、礼节等，形成对方给自己的第一印象。一般来说，第一印象一旦形成，要改变它就不那么容易，即使后来的印象与最初的印象有差距，很多时候我们会自然地服从于最初的印象。

首因效应提醒高职生在与人初次接触时力争给他人留下好的第一印象，这样能缩短人际交往的距离，得到信任，为以后的良好沟通奠定基础。为此可以从以下两个方面努力：

（1）要适度注重仪表。不管怎样，至少看起来干净、整洁。整洁容易留下严谨、自爱、有修养的第一印象，尽管这种印象并不总是准确的。

（2）要注意言谈举止。让自己显得落落大方，倘若还能做到言辞幽默，侃侃而谈、举止优雅，可谓是锦上添花，一定会在对方心里得个高分。

2. 近因效应

近因效应即最近或最后印象的强烈影响。即对一个事物或跟一个人接触的时间延长以后，该事物或人的新信息就会对认识和看法产生新的影响，甚至可以改变原来的第一印象。研究发现，近因效应一般不如首因效应明显和普遍。在印象形成的过程中，当不断有足够引人注意的新信息，或者原来的印象已经淡忘时，新近获得的信息的作用就会较大，就会发生近因效应。

在现实生活中，近因效应的心理现象相当普遍。近因效应产生的影响极其微妙，轻者闹一番别扭，彼此不愉快，重者可能酿成悲剧，断送友谊。比如小安与小白是室友，从开学时起，两个人就是好朋友，对方彼此非常了解。可是最近一段时间，小安因家中闹矛盾，心情十分不快，有时小白与小安说话，小安动不动就发火，而且一个偶然的因素小安听到其他寝室的人说小白曾经说过自己的坏话。小安认为小白过去一直在欺骗自己，于是与她断绝了友谊。其实，这就是近因效应在起负作用。朋友之间的负性近因效应大多产生于交往中遇到与愿望相违背、愿望不遂，或感到自己受委屈、善意被误解时，这时当事人的情绪多为激情状态。

一般来说，两个人初次见面，首因效应所起的作用更大，而两个熟悉的人交往，近因效应的作用就更大。

3. 晕轮效应

晕轮效应又称"光环效应"，最早是由美国著名的心理学家爱德华·桑代克提出的，指在交往中受到某个人的特征影响，而对该人的各项特征都以过高或者过低的评价的一种心理现象。"光环效应"通俗化为"情人眼中出西施""一白遮百丑"。也就是说，由于晕轮效应的作用，一个人的优点或缺点一旦变为光圈被夸大，其缺点或优点也就退隐到光圈背后视而不见了，严重者甚至可以达到"爱屋及乌"的程度。只要认为某个人不错，就会把一切好的品质都赋予他，简直就是一好百好。鲁迅先生所说的"红肿之处，艳若桃花；溃烂之处，美如乳酪"，可以用来贴切地形容这种行为。

晕轮效应在本质上是一种以偏概全的主观心理臆测，其错误在于：

（1）它容易抓住事物的个别特征，习惯以个别推及一般，就像盲人摸象一样，以点代面；

（2）它把并无内在联系的一些个性或外貌特征联系在一起，断言有这种特征必然会有另一种特征；

（3）它说好就全都肯定，说坏就全部否定，这是一种受主观偏见支配的绝对化倾向。

4. 刻板效应

你是否有以下的判断呢？北方人是豪爽的，南方人是精明的；农民是质朴的，商人是精细的；女人是温柔的，男人是刚毅的等。这就是刻板效应。刻板效应，又称刻板印象、社会定型、定性效应，是指人们用刻印在自己头脑中的关于某人、某一类人的固定印象，以此作为判断和评价他人依据的心理现象。

刻板效应实际就是一种心理定势，具有的特点：对个体、群体过于简单化的分类；在同一社会、同一群体中，刻板印象有惊人的一致性，多是偏见，甚至完全错误。

5. 投射效应

投射效应是指以己度人，认为他人具有与自己相同的特性，把自己的感情、意志、特性投射到他人身上，并强加于人的一种现象。通俗地说，就是"以己推人""以己之心，度人之腹"。比如心地善良的人总不相信有人会加害于他；而敏感多疑的人，则往往会认为别人不怀好意；一个经常算计别人的人就会觉得别人也在算计他。

心理学家罗斯为了研究投射效应，曾做过一个著名的实验。他在 80 名参加实验的高职生中征求意见，问他们是否愿意背着一块大牌子在校园里走动。结果，48 名高职生同意背牌子在校园内走动，并且认为大部分学生都会乐意背；而拒绝背牌子的学生则普遍认为，只有少数学生愿意背。可见，这些学生将自己的态度投射到其他学生身上了。

投射心理其实是自己对他人的一种定位，一种揣测。由于人与人之间观念上都存在着差异，因此，如果某人的投射心理过强，有时也会带来麻烦。"以小人之心度君子之腹"就是一种典型的事例。比如，喜欢嫉妒的人常常将别人的行为动机归纳为嫉妒，如果别人对他稍不恭敬，他便觉得别人在嫉妒自己。

（三）对自我评价方面的认知失调

自我评价方面的认知失调主要有两种情况：一种是过高地评价自己；另一种是过低地评价自己。

对自己过高的评价容易产生自傲的心理。有自傲心理的同学，大多数人都有一种自视高人一等的优越感。他们认为自己什么都比别人强，并在生活中不自觉地扮演领导者或救世主的角色。他们经常以居高临下的心态和口吻与周围的伙伴交流，并且有极强的权力欲和自尊心。他们对于别人对自己尊严的冒犯非常敏感，但又不注意尊重和理解他人。因此，他们经常会在无意之中伤害别人，造成人际之间的冲突和摩擦。

对自己过低的评价容易导致自卑的心理。有自卑心理的学生，大多都有一种自视低人一等的劣势感，总是觉得己不如人，自己看不起自己。他们与人交往时往往会自惭形秽，退缩不前，不敢主动地与人交流，而且害怕丢丑，害怕失败，缺少高职生应有的自信。有自卑心理的学生往往会在无意之中自我封闭，缩小生活交往的圈子，影响人际关系。

三、优化人际交往的艺术

（一）学会倾听的艺术

古希腊先哲苏格拉底说过："上天赐人以两耳两目，但只有一口，欲使其多闻多见而少言。"寥寥数语，形象而深刻地说明了"听"的重要性。繁体字"聽"有"耳"、有"目"、有"心"，显示了听需要做到"用耳朵听、用眼睛看、用心聆听"。倾听是一种情感活动，也是一种能力，更是一种艺术。不同的方式、方法和质量，将产生巨大的效果差异。

在实际生活中不能做到有效倾听主要是有以下原因。

一味地想说服对方听命行事；对方的想法与你不一致；有心事或心不在焉；对对方的谈话内容不感兴趣；讨厌或排斥与你谈话的人；想要打断某人的谈话，急于发表自己的意见；对对方表达的内容已有预设的成见；认为已经知道对方要表达什么。

真正的倾听不仅要听事实，也要听情感。听事实意味着需要能听清楚对方说什么。听情感要听对方的感受及弦外之音。要达到以上的要求，需要在以下三点注意：

1、用心专注，不打扰。与说话人交流目光，让你的眼神和表情表示出你用心、认真的态度。一定要注视对方，但不要自始至终盯着对方。适当地发出"哦""嗯"等应答声，表示自己在注意倾听，以激起对方继续讲话的兴趣。即便你感到不耐烦，也不要急于插话，否定或打断对方的话。你可以等到对方的话告一段落时，再表明自己的看法。

2、理解并积极反馈。在听的过程中要理解对方想表达的意思，把对方的思想、观点同自己的思想、观点对照比较，理解对方的用心并换位思考。在倾听的过程中要给对方一些反馈。赞同的时候，要点头表示赞同。有时还可以适时提问或插话，要求对方把某些要点谈详细一些，或要求补充说明。这样不仅说明你听得很仔细，同时你还可获取更多的信息。

3、克服个人偏见。在沟通的过程中，造成沟通效率低下的最大原因就在于倾听者本身。如果倾听者本身有偏见，会对沟通过程造成比较大的影响，所以在倾听过程中要做到只针对信息而不是传递信息的人，诚实面对、承认自己的偏见，并能够容忍对方的偏见。

（二）学会赞美的艺术

俗话说："良言一句三冬暖，恶语半句六月寒"。美国的赖斯·吉布林在谈到人际交往时曾说："每一个人都是人际关系的百万富翁。然而可悲的是我们中太多的人'窝藏'了这种财富，或者只是吝啬地少量地施舍出来。甚至更糟的是，根本意识不到我们拥有这种财富。"那么，这种财富究竟是什么呢？就是"惠而不费"的赞美的语言。在社交中，这种"惠而不费"往往会收到意想不到的效果，它可以起到一种人际关系润滑剂的作用。

在人际交往中，好话、赞美别人的话说得太多以致太过分，往往会给人一种虚伪、不真诚的感觉。两千多年前的孔子早就说过："巧言令色，鲜矣仁。"就是说，花言巧语，装出和颜悦色的样子，这种人是很少有仁德的。像寓言故事中所讲的那样，狐狸吹捧乌鸦为的是它嘴里叼着的那块肉，而不是真的觉得乌鸦唱歌好听。

那么，在人际交往中，赞美的话怎样说才恰到好处，才能收到令人满意的效果呢？

1、必须是真诚的。阿谀奉承、溜须拍马，只是别有用心者之所为，正人君子是不以此为能事的。

2、赞美允许适当夸大，但不应无中生有。

3、赞美应比较具体，就事论事，不要不着边际。如别人劈头对你说："你真够棒的！"你便会感到莫名其妙：我到底哪里棒啊？而如果别人就你身上穿的一套新西服而称赞你："嘿，你穿这身西服真精神！"你听后会感到很舒服。

4、赞美应实事求是。如果故意把别人的短处或缺陷拿来赞扬一番，人家一定会听出你是在捉弄讽刺他。

5、赞美应掌握一定的分寸。过犹不及，一味说好话，难免会有奉承之嫌。

（三）学会微笑的艺术

你会笑吗？有人也许会觉得这是一个无聊的问题，但是，在现实的人际交往中，确实有很多的高职生不会运用"微笑"这个简单的沟通艺术，一直苦恼于"冰山冷美人"或者"冰山帅哥"的称号，周围的同学反馈这类人常常是面无表情，冷若冰霜。

苏格拉底说过，"在世界上，除了阳光、空气、水和微笑，我们还需要什么？"美国加利福尼亚大学心理学教授詹姆斯·麦克尔教授表达了他对微笑的看法：微笑永远有魅力。当你在微笑时，你的精神状态最为轻松，全身的肌肉处于松弛状态，因而，你的心理状态也就相对稳定。当你那充满笑意的眼光与别人的目光相遇时，你的笑意会通过这道"无形的眼桥"传递给他，他会被你的快乐情绪所感染。自然而然地，你们之间的气氛会变得和谐。你们相处得融洽，交流起来也就容易多了。反过来如果你老是皱着眉头，挂着一副苦瓜脸，那么没有人会欢迎你的。

微笑是人生的名片。谁不希望跟一个乐观向上的人交朋友呢？微笑能给予自己一个信心，也能给予别人一个信心，从而更好地激发潜能。微笑是朋友间的语言，一个自然流露的微笑，胜过千言万语，无论是初次谋面也好，相识已久也罢，微笑都能拉近你和他（她）之间的距离，令彼此之间备感温暖。一个人的情绪受环境的影响，这是很正常的，但你苦着脸，一副苦大仇深的样子，对处境并不会有任何的改变。相反，如果微笑着去生活，那会增加亲和力，别人更乐于跟你交往，得到的机会也会更多。只有心里有阳光的人，才能感受到现实的阳光。微笑是一种修养，且是一种很深厚的修养。微笑的实质是亲切，是鼓励，是温馨。真正懂得微笑的人，总是容易获得比别人更多的机会，总是容易取得成功。

（四）学会换位思考的艺术

有一则故事，一头猪、一只绵羊和一头奶牛，被牧人关在同一个畜栏里。有一天，牧人将猪从畜栏里捉了出去，只听见猪大声嗥叫，强烈地反抗。绵羊和奶牛讨厌它的嗥叫，于是抱怨道："我们经常被牧人捉去，都没像你这样大呼小叫的。"猪听了回应道："捉你们和捉我完全是两回事，他捉你们，只是分你们的毛和乳汁，但是捉住我，却是要我的命啊！"

这个故事告诉我们，由于猪、绵羊和奶牛的立场不同，所处的环境不同，因此很难了解对方的感受。

在人际关系中也是如此。换位思考的实质就是设身处地为他人着想，即想人所想理解至上。通过换位思考可以让我们突破固有的思考习惯，学会变通解决常规性思维下难以解决的事情；通过换位思考可以让我们了解别人的心理需求，感受到他人的情绪并将沟通进行到底；通过换位思考可以让我们揣摩到对方的心理达到说服对方的目的；通过换位思考可以让我们欣赏到他人的优点，并给予对方真诚的鼓励。真正做到换位思考需要用心，有尊重之心、协作之心、赞赏之心和分享之心。

（五）批评与接受批评的艺术

在与人交往中难免会用到批评的武器，也不可避免会接受批评，掌握一点批评和接受批评的艺术，未尝不是一件好事！

1. 用赞美和欣赏做开始

批评也要按步骤进行，不要一上来就开始你的"牢骚"，先创造一个尽可能和谐的气氛。做错事的一方，一般都会本能的有种害怕被批评的情绪。如果很快地进入正题，被批评者很可能会产生不自主的抵触情绪。即使他表面上接受，却未必表明你已经达到了目的。所以，先让他放松下来，然后再开始你的"慷慨陈词"。记得有句话说的很好——Kiss and Kick（吻后再踢），这样才能达到比较好的效果。如果对方确实需要批评，首先要肯定他所做的事情中的好的部分，从赞扬其优点开始。锐气磨掉优点，只能让人固步自封，不敢承担责任，不敢挑战自我和主动突破。

2. 对事不对人

批评时，一定要针对行为本身，不要针对人。批评人只会引起对方的抵触，对方也不明白为什么会被批评，不知道要改进什么。批评行为却能使对方明白为什么会被批评，需要改进什么。谁都会做错事，做错了事，并不代表他这个人的全部。错的只是行为本身，而不是某个人。一定要记住：永远不要批评人。这有助于使对方认识到你不是在攻击他这个人，而是在批评他所做的某件事情。批评指向对方的活动就无损于他的整个自我形象，不会伤对方的自尊，使批评建立在友好的气氛中，使对方感到无拘无束，欣然接受批评。比如"小李，这个任务，我们约定了上个月底完成，但现在已是月初了，你预计什么时候可以完成？"而不是"小李，你这人怎么这么懒，说好了上月底交报告，到现在都还没给我。你到底什么时候能够完成呀？"显然，两种说法都表达了同样的意思，但是作为接受者，他的感受会有很大的不同。对于第二种情况，对方可能产生抵触的心理，或者其他消极的反应，而第一种说法可能就促使他尽快地完成任务。既然通过委婉的方式可以达到同样的目的，何乐而不为呢？

3. 批评必须是善意的

做任何事情都需要原则和目的，批评也不例外。批评之前要明确批评的目的是什么，希望通过批评对将来造成什么样的影响。被批评者在接受批评后，可能会产生两种截然不同的感受：一种是很快意识到对方是为了自己好，是善意的批评；另一种是觉得对方是在找人发泄心中的不快，是恶意的批评。在这两种不同的感受之下，人们对批评所接受的程度会完全不同。因此，当你拿起"批评"这个武器时，一定要记着批评的原则和目的，不要把自己的利益放在第一位，要让对方感到批评是有益的劝导，这样就会很容易接受。记住，批评的目的唯有一个：帮助别人进步而不是发泄感情。

【心灵瑜伽】

（一）寻找快乐

一位十六岁的少年去拜访一位年长的智者。少年问："我如何才能变成一个自己快乐，也能够给别人带来快乐的人呢？"智者笑着对他说："孩子，在你这个年龄有这样的愿望，已经是很难得了。很多比你年长得多的人，从他们问的问题本身就可以看出，不管给他们多少解释，都不可能让他们明白真正重要的道理，就只好让他们那样好了。"少年满怀虔诚地听着，脸上没有流露出丝毫得意之色。

智者接着说："我送给你四句话。第一句话，把自己当成别人。你能说说这句话的含义吗？"少年回答说："是不是说，在我感到痛苦忧伤的时候，就把自己当成别人，这样痛苦就自然减轻了；当我欣喜若狂之时，把自己当成别人，那些狂喜也会变得平和中正一些？"智者微微点头，接着说："第二句话，把别人当成自己。"少年沉思了一会儿，说："这样就可以真正同情别人的不幸，理解别人的需求，并且在别人需要的时候给予恰当的帮助？"智者两眼发光，继续说道："第三句话，把别人当成别人。"少年说："这句话的意思是不是说，要充分地尊重每个人的独立性，在任何情形下都不可侵犯他人的核心领地？"智者哈哈大笑："很好，很好。孺子可教也！"

"第四句话，把自己当成自己。这句话理解起来太难了，留着你以后慢慢品味吧。"智者说。少年说："这句话的含义，我一时体会不出来。但这四句话之间就有许多自相矛盾之处，我用什么才能把它们统一起来呢？"智者说："很简单，用一生的时间和经历。"少年沉默了很久，然后叩首告别。

后来少年变成了壮年人，又变成了老人。再后来在他离开这个世界很久以后，人们都还时时提到他的名字。人们都说他是一位智者，因为他是一个快乐的人，而且给每一个觅到过他的人带来过快乐。

把自己当成别人，就是需要我们站在公平、公正的角度来审视自身。把别人当成自己，就是要求我们学会换位思考，可以站在别人的立场上思考问题。把别人当成别人，强调的是一种尊重。把自己当成自己，强调的是一种"自我"。

（二）人际交往的绊脚石

心胸狭隘——让你郁郁寡欢

因工作上的一点不顺心，待遇上的一点不如意，就耿耿于怀；因小贩的缺斤少两，售货员的蛮横粗暴，便如鲠在喉；因和同事性格不和，历史上有些误会，便于心中积下块垒……心胸像针眼那么大，听不进一句逆耳之言，看不惯与自己所见相悖的事物，郁郁寡欢，怨天尤人，不仅损伤身体，而且会伤害他人，甚至会招来不应有的灾祸。

瞎乱猜疑——自寻无端烦恼

有些人疑神疑鬼，对别人缺乏应有的信任。遇到别人三五成群地交谈，就怀疑在议论自己，说自己坏话；斧头丢了，不去仔细寻找，就怀疑邻居家的孩子偷走了；遇到爱人与异性交往，就醋意大发……这样的结局，是会导致关系紧张、家庭失和的。多疑可以说是友谊之树的蛀虫。具有多疑心理的人，常常带着以邻为壑的心理，把无中生有的事强加于人，也因此常把无端的祸患带给自己。

妒火中烧——毁掉了自己前程

嫉妒心过强的人，不管是地位、职务、收入，还是容貌、穿着，都担心别人超过自己，心里容不下别人比自己强，眼里看不惯别人比自己好，耳朵听不得别人一点好消息。嫉妒心过强的人，对别人有着憎恨的情感，容易与别人发生摩擦，丧失友情。

《三国演义》中描写的青年军事家周瑜，颇有大将之才，却没有大家风范，总想高人一筹，对才能超过自己的诸葛亮，始终耿耿于怀，并屡次设计陷害，然而事与愿违，害人不成反害了自己，最终金疮并裂，含恨而亡。这是妒心过盛害了他。

目中无人——随时会跌倒

走路时不朝前看的人，随时会被前方的石块绊倒。"目中无人"者就是在人生路上不朝前看的人，他也会被自己放置的"石头"所绊倒。某县的蔡某与外地来的牛某同在一家建筑公司做工，蔡某高傲自大，眼里瞧不起矮小的牛某。一次，他朝牛某绷着脸说："你小子算个啥，有机会我收拾你，让你回不了家。"蔡某目空一切惯了，全然没放在心上，然而牛某在这天晚上却翻来覆去睡不着，他的脑中不断闪出工友要伤害自己的想法。最后，牛某索性翻身起床，趁蔡某睡熟之机，拿出施工用的手锤猛砸他的头部，蔡某虽经抢救脱险，却落得个终生残疾。

轻信他人——让你懊悔不已

古人说，"害人之心不可有，防人之心不可无。"一个人既应诚实守信，又不能忽视防范。如果人们稍有不慎，轻易地相信别人的花言巧语，或者过于依赖某个不可靠的人，就有可能使你跌跟头。

 【心理测试】

（一）高职生人际关系的自我测量

指导语：这是一份人际关系行为困扰的诊断量表，共28个问题，每个问题做"是"（打"√"）或"否"（打"×"）两种回答。请你根据自己的实际情况如实回答，答案没有对错之分。

1. 关于自己的烦恼有口难言。　　　　　　　　　　　　　　　　（　　　）
2. 和生人见面感觉不自然。　　　　　　　　　　　　　　　　　（　　　）
3. 过分地羡慕和妒忌别人。　　　　　　　　　　　　　　　　　（　　　）
4. 与异性交往太少。　　　　　　　　　　　　　　　　　　　　（　　　）

5. 对连续不断的会谈感到困难。（　　）

6. 在社交场合，感到紧张。（　　）

7. 时常伤害别人。（　　）

8. 与异性来往感觉不自然。（　　）

9. 与一大群朋友在一起，常感到孤寂或失落。（　　）

10. 极易受窘。（　　）

11. 与别人不能和睦相处。（　　）

12. 不知道与异性相处如何适可而止。（　　）

13. 当不熟悉的人对自己倾诉他的生平遭遇以求同情时，自己常感到不自在。（　　）

14. 担心别人对自己有什么坏印象。（　　）

15. 总是尽力让别人赏识自己。（　　）

16. 暗自思慕异性。（　　）

17. 时常避免表达自己的感受。（　　）

18. 对自己的仪表（容貌）缺乏信心。（　　）

19. 讨厌某人或被某人讨厌。（　　）

20. 瞧不起异性。（　　）

21. 不能专注地倾听。（　　）

22. 自己的烦恼无人可倾诉。（　　）

23. 受别人排斥与漠视。（　　）

24. 被异性瞧不起。（　　）

25. 不能广泛地听取各种各样的意见、看法。（　　）

26. 自己常因受到伤害而暗自伤心。（　　）

27. 常被别人谈论、愚弄。（　　）

28. 与异性交往不知如何更好地相处。（　　）

【计分表】

1	2	3	4	5	6	7
8	9	10	11	12	13	14
15	16	17	18	19	20	21

（续表）

22	23	24	25	26	27	28
打"√"的给1分，打"×"的给0分						

【测查结果的解释】

如果你得到的总分是0～8分之间，那么说明你在与朋友相处上的困扰较少。你善于交谈，性格比较开朗，主动，关心别人，你对周围的朋友都比较好，愿意和他们在一起，他们也都喜欢你，你们相处得不错。而且，你能够从与朋友的相处中，得到乐趣。你的生活是比较充实而且丰富多彩的，你与异性朋友也相处得比较好。一句话，你不存在或较少存在交友方面的困扰，你善于与朋友相处，人缘很好，获得许多的好感与赞同。

如果你得到的总分是9～14分之间，那么，你与朋友相处存在一定程度的困扰。你的人缘很一般，换句话说，你和朋友的关系并不牢固，时好时坏，经常处在一种起伏波动之中。

如果你得到的总分是15～28分之间，那就表明你在同朋友相处上的行为困扰严重。如果你得到的总分超过20分，则表明你的人际关系困扰程度很严重，而且在心理上出现较为明显的障碍。你可能不善于交谈，也可能是一个性格孤僻的人，不开朗，或者有明显的自高自大、讨人嫌的行为。

以上是从总体上评述你的人际关系。下面将根据你在每一横栏上的小计分数，具体指出你与朋友相处的困扰行为及其可资参考的纠正方法。

记分表中Ⅰ横栏上的小计分数，表明你在交谈方面的行为困扰程度。

如果你的得分在6分以上，说明你不善于交谈，只有在极需要的情况下你才同别人交谈，你总难于表达自己的感受，无论是愉快还是烦恼；你不是个很好的倾诉者，往往无法专心听别人说话或只对单独的话题感兴趣。

如果得分在3～5分之间，说明你的交谈能力一般，你会诉说自己的感受，但不能讲得条理清晰；你努力使自己成为一个好的倾听者，但还是做得不够。如果你与对方不太熟悉，开始时你往往表现得拘谨与沉默，不太愿意跟对方交谈。但这种局面在你面前一般不会持续很久。经过一段时间的接触与锻炼，你可能主动与同学搭话，同时这一切来得自然而非造作，此时，表明你的健谈能力已经大为改观，在这方面的困扰也会逐渐消除。

如果你的得分在0～2分之间，说明你有较高的交谈能力和技巧，善于利用恰当的谈话方式来交流思想感情，因此，在与别人建立友情方面，你往往比别人获得更多的成功。这些优势不仅为你的学习与生活创造了良好的心境，而且常常有助于你成为伙伴中的领袖人物。

记分表中Ⅱ横栏上的小计分数，表示你在交际方面的困扰程度。

如果你的得分在 6 分以上，则表明你在社交活动与交友方面存在着较大的行为困扰。比如，在正常集体活动与社交场合，你比大多数伙伴更为拘谨；在有陌生人或老师存在的场合，你往往感到更加紧张并扰乱你的思绪；你往往过多地考虑自己的形象而使自己处于越被动、越来越孤独的境地。总之，交际与交友方面的严重困扰，使你陷入"感情危机"和孤独困窘的状态。

如果你的得分在 3 ~ 5 分之间，则往往表明你在被动地寻找被人喜欢的突破口。你不喜欢独自一个人待着，你需要和朋友在一起，但你又不太善于创造条件并积极主动地寻找知心朋友，而且你心有余悸，生怕有主动行为后的"冷"体验。

如果得分低于 3 分，则表明你对人较为真诚和热情。总之，你的人际关系较和谐，在这些问题上，你不存在较明显持久的行为困扰。

记分表中Ⅲ横栏的小计分数，表示你在待人接物方面的困扰程度。

如果得分在 6 分以上，则往往表明你缺乏待人接物的机智与技巧。在实际的人际关系中，你也许常有意无意地伤害别人，或者你过分地羡慕别人以致在内心妒忌别人。因此，其他一些同学可能回报你冷漠、排斥，甚至是愚弄。

如果得分在 3 ~ 5 分之间，则往往表明你是个多侧面的人，也许可以算是一个较圆滑的人。对待不同的人，你有不同的态度，而不同的人对你也有不同的评价。你讨厌某人或被某人所讨厌，但你却极喜欢另一个人或被另一个人所喜欢。你的朋友关系在某些方面是和谐的、良好的，在另一些方面却是紧张恶劣的。因此，你的情绪很不稳定，内心极不平衡，常常处于矛盾状态中。

如果得分在 0 ~ 2 分之间，表明你比较尊重别人，敢于承担责任，对环境的适应性强。你常常以你的真诚、宽容、责任心强等个性获得众多的好感与赞同。

记分表中Ⅳ横栏的小计分数，表示你跟异性朋友交往的困扰程度。

如果你的得分在 5 分以上，说明你在与异性交往的过程中存在较为严重的困扰。也许你过分地思慕异性或对异性持有偏见。这两种态度都有它的片面之处。也许是你不知如何把握好与异性同学交往的分寸而陷入困扰之中。

如果得分是 3 ~ 4 分，表明你与异性同学交往的行为困扰程度一般，优势在于可能会觉得与异性同学交往是一件愉快的事，有时又会认为这种交往似乎是一种负担，你不懂得如何与异性交往最适宜。

如果你的得分是 0 ~ 2 分，表明你懂得如何正确处理异性朋友之间的关系。对异性同学持公正的态度，能大大方方、自自然然地与他（她）们交往，并且在与异性交往中，得到了许多从同性朋友那里不能得到的东西，增加了对异性的了解，也丰富了自己的个性。你可能是一个较受欢迎的人，无论是同性朋友还是异性朋友，多数人都较喜欢你和赞赏你。

（二）人际交往类型自测

指导语：对下列各题做出"是"或"否"的选择。

1. 我碰到熟人时会主动打招呼。 （是；否）

2. 我常主动写信给友人表示思念。 （是；否）

3. 我旅行时常与不相识的人闲谈。 （是；否）

4. 有朋友来访，我从内心里感到高兴。 （是；否）

5. 没有人引见，我很少主动与陌生人谈话。 （是；否）

6. 我喜欢在群体中发表自己的见解。 （是；否）

7. 我同情弱者。 （是；否）

8. 我喜欢给别人出主意。 （是；否）

9. 我做事总喜欢有人陪伴。 （是；否）

10. 我很容易被朋友说服。 （是；否）

11. 我总很注意自己的仪表。 （是；否）

12. 约会迟到，我会长时间感到不安。 （是；否）

13. 我很少与异性交往。 （是；否）

14. 我到朋友家做客从不感到不自在。 （是；否）

15. 与朋友一起乘公共汽车时，我不在乎谁买票。 （是；否）

16. 我给朋友写信时常诉说自己最近的烦恼。 （是；否）

17. 我常能交上新的知心朋友。 （是；否）

18. 我喜欢与有独到之处的人交往。 （是；否）

19. 我觉得随便暴露自己的内心世界是很危险的事情。 （是；否）

20. 我对发表意见很慎重。 （是；否）

【参考评分】

（1）是（2）是（3）是（4）是（5）否（6）是（7）是（8）是（9）是（10）是（11）是（12）是（13）是（14）否（15）否（16）是（17）是（18）是（19）否（20）否

各题答对记1分，答错不记分。

【测验结果解释】

将1～5题得分相加，其分数说明交往主动性水平。得分高表明交往偏于主动型，得分低则交往偏于被动型。

将6～10题得分相加，其分数说明交往支配性水平。得分高表明交往倾向领袖型，得分低则偏于依从型。

将11～15题得分相加，其分数说明交往规范性程度。得分高表明交往讲究严谨，得分低则交往较为随便。

将16～20题得分相加，其分数说明交往开放性程度。得分高表明交往偏于开放型，得分低则意味着交往倾向闭锁型。

如果得分不是偏向最高分和最低分两个极端，而是处于中等水平，则表明交往倾向不明显，属于中间综合型的交往者。

所谓"人际关系反应类型"，用句通俗的话说，就是人际关系行为模式与个体的个性相结合，形成其特有的人际关系倾向。心理学认为，人的气质无好坏之分，以气质为其底色的人际关系反应类型，当然也没有好坏之分，只是对有关工作效率有所影响。据研究，不同类型的人所适合的工作有所不同。再者，不同的人对人际关系的反应类型有不同的分类法，除上述分类法外，社会心理学家霍尼依据个体与他人的关系，将人际关系反应类型分为三类：一是谦让型。其特征是"朝向他人"，无论遇到何人，必先想到"他喜欢我吗"？二是进取型。其特征是"对抗他人"，这种类型的人想知道别人力量的大小，或别人对他有无用处。三是分离型。其特征是"疏离他人"。这种类型的人，常想到的是别人是否会干扰或影响自己。另一个社会心理学家邻兹，将人际关系的反应类型分为主动包容型、被动包容型、主动控制型、被动控制型、主动感情型和被动感情型六种类型。下面分析一下本例八种人际关系反应类型的主要特点和适宜的工作。

（1）主动型—被动型

主动型的人在社交上总是采取积极主动的方式。他们不会等待别人来首先接纳自己，而是主动结交，能做交往的始动者。在现实生活中，主动型的人对自己在人际关系方面比较有自信心，即使在交往中遇到一些误解和挫折，也能坦然对待。因此，主动型的人适应能力很强，容易与人相处，为人坦率，不斤斤计较。适合于需要顺利处理人与人之间复杂的情绪或行为问题的职业，如教师和推销员等。

被动型的人在社交上总是采取消极的、被动的退缩方式，总是等待别人来首先接纳他们。虽然他们处在一个人来人往的人群中，却不能摆脱心灵的孤寂。他们只能做交往的响应者，而不能做始动者。被动型的人特别害怕别人不会像自己期望的那样理解自己，从而会使自己处于窘迫的局面，伤害自己的自尊。他们对人较冷漠，喜欢独自工作。适合不太与人打交道的职业，如机械、电工等有明确要求并需要一定技能、技巧的工作。

（2）领袖型—依从型

领袖型的人比较好强固执，独立积极，自恃很高，非常自信，武断而有力量，攻击性强。有时表现出反传统倾向，不愿循规蹈矩，在集体活动中有时不遵守纪律，社会接触较广泛；有时饮酒过量，睡眠较少，不太注重宗教信仰，有强烈的支配和命令别人的欲望。所有的生活价值领域都服务于他的权利欲望，知识成为他的支配手段，艺术服务于他的权力冲动，凡是他的所作所为，总由自己决定。在职业上，倾向管理人员、工程师、飞行员、竞技体育运动员、作家、心理学家等。

依从型的人比较谦卑、温顺，惯于服从、随和。能自我抑制，想象力较差，喜欢稳定、有秩序的环境。他们独立性较差，不喜欢支配和控制别人。在职业上，他们愿意从事那些需要按照既定要求工作的，比较简单而又比较刻板的职业，如办公室事务员、仓库管理员、非技术操作工等。

（3）严谨型—随便型

严谨型的人有很强的责任心，为人忠诚、坚韧有毅力、细心周到、有始有终。道德感强，稳重，执著，孝敬父母，对异性也较严谨，常受到周围人的好评，社会责任感强，工作勤奋，睡眠较少，很少有犯罪行为。是非善恶很分明，乐于结交努力苦干的朋友。适合的职业有警察、业务主管、社团领袖等。

随便型的人不讲原则，不守规则，缺乏社会责任感，做事比较敷衍，缺乏奉公守法的精神。具有这种特质的人可能有违法行为。在职业上倾向艺术家、社会工作者、社会科学家、竞技运动员、作家、记者等。

（4）开放型—闭锁型

开放型的人比较信赖随和，易与人相处。安全感强，对人无猜忌，但也易轻信。不与他人竞争，容易合作，宽容，容易适应环境，善于体贴他人，有信用。善于和不同类型的人交朋友，不会为一点小事而破坏友谊，对他人持开放接纳的态度。职业上倾向会计、服务员、炊事员、机械师、空中小姐等。

闭锁型的人对人比较戒备，不易受到欺骗。在集体中与他人保持距离，缺乏合作精神，比较固执己见。嫉妒心也很强，与人相处常斤斤计较，不太顾及别人的利益。闭锁型的人有时会有自杀、违法等行为。一般来说，适合的职业有编辑、艺术家、农业人员、创造性科学研究人员等。

（三）交往焦虑量表（IAS）

指导语：请认真阅读下面的每个条目，并决定其陈述与你的相符程度。根据以下标准在相应条目后面的括号里标出分数（1～5）。其中，1代表"本条与我一点儿也不相符"，2代表"本条与我有一点儿相符"，3代表"本条与我中等程度相符"，4代表"本条与我非常相符"，5代表"本条与我极其相符"。

1. 即使在非正式的聚会上，我也常感到紧张。　　　　　　　　　　（　　　）
2. 与一群不认识的人在一起时，我通常感到不自在。　　　　　　（　　　）
3. 在与一位异性交谈时我通常感到轻松。（R）　　　　　　　　（　　　）
4. 在必须同老师或上司谈话时，我感到紧张。　　　　　　　　　（　　　）
5. 聚会常会使我感到焦虑及不自在。　　　　　　　　　　　　　（　　　）
6. 与大多数人相比，我在社交交往中可能较少羞怯。（R）　　　（　　　）
7. 在与我不太熟悉的同性谈话时，我常常感到紧张。　　　　　　（　　　）
8. 在求职面试时，我会紧张。　　　　　　　　　　　　　　　　（　　　）
9. 我希望自己在社交场合中信心更足一些。　　　　　　　　　　（　　　）
10. 在社交场合中，我很少感到焦虑。（R）　　　　　　　　　　（　　　）
11. 一般而言，我是一个害羞的人。　　　　　　　　　　　　　（　　　）
12. 在与一位迷人的异性交谈时，我经常感到紧张。　　　　　　（　　　）
13. 给不太熟的人打电话时，我通常觉得紧张。　　　　　　　　（　　　）
14. 我与权威人士谈话时会感到紧张。　　　　　　　　　　　　（　　　）
15. 即使处于一群和我相当不同的人群之中，我仍感到放松。（R）（　　　）

要求：将注有（R）标记的评分倒序（即5改为1，1改为5）后再计算总分。这个量表上得分高的人比那些得分低的人会更经常、更强烈地体验到社交焦虑。

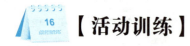

【活动训练】

（一）你好——我也好

活动目的：通过对不良人际交往心态的辨认，克服自身及他人不良的人际交往心态，建立良好的人际交往模式。

活动说明：

人数：4～6人为一组。

活动材料：不良人际交往心态案例（漫画和录像）。

活动过程：

1. 呈现三种不良的人际交往心态（漫画和录像），让每个学生与自己的交往心态做对照。分别举例如下：

（1）刘婷是校学生会干部，学习成绩优异。在辅导员和任课老师的眼里，她是一个典型的好学生。可她却因为人际关系问题而苦恼。在班级里，她几乎没有什么朋友。她说自己平时不太愿意主动和同学交往，问其原因，说是觉得没什么意思，在班里难以找到适合自己的交往对象，认为同学们不是素质差，就是太肤浅。但是，自己在班级中又感到很孤独。

（2）丁玲是一个比较内向的女孩，不敢主动与同学交往。她总觉得自己和同学们有很大的差距。自己来自贫困山区，相貌平平，既没有时髦的衣服，又没什么兴趣和特长。所以，在很多方面她都觉得不如别人，但又特别希望和同学们交往。

（3）张斌虽然现在只有20岁，但他觉得自己的心已经很老了。也许是因为经历的事，比同龄人多的缘故，总觉得对人际关系的事已经看得很透。他认为人间没有真情，人与人之间的交往都是戴着面具的，很虚伪，人活着也没有什么意思。因为，没有什么能让他开心，所以，他对什么都提不起精神来。

小组讨论1：评价这三种心态的特征及不足。教师用交互作用分析的理论对这三个人做进一步的具体分析。

小组活动："如果我是心理咨询师……"，就如何改进小刘、小丁、小张的交往状况提出良好的建议。

小组讨论2：什么样的人际交往心态才是健康积极的？然后，教师用交互作用分析理论中的人格发展理论做总结。

（二）人际交往中的自信训练

活动目的：在人际交往中，不自信的人主要表现在既不会拒绝别人、表达不满，也不会真诚接纳别人。这个训练就是要学会自如地以社会能接受的方式表达个人的权利和正、负情感，在人际交往中以自信反应取代以往的焦虑反应。

活动步骤：

1. 设定情境和指导语

下面列举了多种人际交往情境，这些情境还可以根据需要变换和添加。

（1）维护自身利益和坚持自己的观点：

情境	行为指导语
拒绝参加不情愿的社交活动 到商场挑选衣服 寝室熄灯后还有人说话 不同意别人的观点 ……………	"对不起，今天我不想外出。" "请把那件衣服递给我试一下。" "对不起，你们说话影响我休息了。" "我理解你的意思，但我的观点是……" ……………

（2）表达正性情绪：

情境	行为指导语
早上与熟人相遇 称赞别人的装束 感谢别人的帮助 表达对别人的友好 表达对别人观点的赞成 ……………	微笑着说："早上好！" "你穿这套衣服真好看！" "谢谢你帮我，我很感激。" "我喜欢你。" "你的想法挺有见地。" ……………

（3）恰当地表达负性情绪：

情境	行为指导语
当别人伤害自己时 对别人的不守信用感觉不快 向别人表达自己的不满 对别人的讽刺做出回应 向别人承认自己很生气 ……………	对别人温和地、直接地说"你这样伤害了我。" 坦诚地告诉对方："你不守信用让我不舒服。" "我不喜欢你这样对待我。" "请你直接告诉我你想要表达什么好吗？" "是，我是感觉有些生气。" ……………

2. 训练可以是单独进行的，也可以两个人之间相互练习

练习的内容就是想象情境，然后大声、自信地说出行为指导语。

训练表达维护自身利益和坚持自己的观点时，提醒自己：在人际交往中，我们有权拒绝别人，向别人说"不"。英国心理学家朱莉娅·贝里曼、戴维·哈格里夫等人曾提出过"破唱片技术"，其要点是当你需要拒绝某人的不合理要求时，你想向人说"不"，你可以"像播放破损的唱片时总在一个地方一遍遍地重复那样，你要做的事就是以坚定的态度一遍又一遍地重复你的意见。

训练表达正性情绪时，提醒自己：人际交往中缺乏自信的人，在需要表达问候、谢意、称赞时常常会感觉焦虑，因为他们怕被人认为要讨好别人。其实，他们不知道这都是人际交往中的基本规则。因此，友好、欣赏、关切等正性情绪的表达训练就变得十分重要了。

训练恰当地表达负性情绪时，提醒自己：人际交往不自信的人认为负性情绪表达会伤害别人，因而当自己对别人产生负性情绪时总是一方面自责，另一方面千方百计地克制自己，想方设法逃避。事实上，负性情绪的表达不等于伤害，负性情绪完全可以用别人能接受的方式表达。

（三）学会欣赏和赞美他人

活动目的：学会欣赏，表达赞美。

活动过程：我们周围的人，不可能具备一切能使我们的生活方便舒适的品质，因此，我们要学会理解和欣赏人们本来的样子。欣赏每一个人，是一种视角和胸怀，也是一种能力。

1. 发掘他人的优点

（1）把参加训练的成员分成小组，每个小组 5～6 人。

（2）让每个成员认真发掘自己所在小组其他成员的优点。

（3）由一名成员讲述自我感受到的优点。

（4）其他成员用真诚的言语把自己对该成员的美好印象描述出来。

（5）轮流主持，收集大家的优点。

2. 收获赞美心

（1）老师发给每个成员 4～5 张赞美心卡片。

（2）请成员在每张赞美心卡片上，写上小组内其他成员的姓名。

（3）在姓名下面写上对该成员的良好印象。

（4）按姓名把赞美心卡片交给每位成员。

3. 谈谈体会和感受

请参加训练的队员们谈活动后的感受。根据以下几点，检测一下你的赞美是否有效。

（1）对方知道你所赞扬的具体行为吗？

（2）对方知道他的行为对你的帮助吗？

（3）你知道对方对你赞扬的感受吗？

（4）对方是否感受到你是真诚的？

（5）对方是否受到鼓励，并重复类似的行为？

（6）对方是否知道你对他的行为的感受？

（四）寝室专训

活动一：分享寝室生活的点点滴滴

（1）记忆中宿舍有哪些温暖感人的事？

（2）记忆中有哪些不愉快的事？

操作程序

第一轮，小组（5～6 人）围成圈，小组每个成员轮流说一件或多件自己在以前的寝室中经历的感人的事情。这以前的寝室可以是初中、高中，也可以是现在的寝室。互相交流看法，发现真善美，讨论真善美。

第二轮，小组成员坐成一个圈，小组每个成员轮流说一件或多件自己在以前的寝室中经历的不愉快的事情。互相交流怎样尽量杜绝不开心的事的发生，可以表示理解支持，也可以发表其他的看法。

小组发表交流经验，总结受欢迎的室友平时都会做哪些事，建设和谐寝室，提几条建议。

活动二：福尔摩斯

目的：引发个人对室友的认识及对室友间关系的认识。

准备材料：纸和笔

操作程序：

下面有一些题，根据人数多少把题目分组。

题目如下：

（1）鞋码是多少号？

（2）高考成绩是多少？

（3）口头禅是什么？

（4）平时穿的衣服大都是什么颜色？

（5）最爱选择什么方式庆祝成功或放松精神？

（6）中午最爱去食堂哪家吃饭？

（7）晚上睡觉前的最后一件事。

（8）最喜欢的宠物是什么？

（9）最喜欢的名人是谁？

（10）最喜欢什么样的男生或女生？

（11）一天中什么时间最容易烦躁？

（12）晚上你习惯什么时间睡觉？

（13）最不能忍受朋友什么缺点？

（14）快乐时第一个想与之分享的对象是谁？

（15）难过时第一个想倾诉的对象是谁？

（16）上大学以来发生的最尴尬的事情。

（17）平常最常和谁通电话？

（18）用一句话形容你理想中的宿舍是什么样子？

（19）最讨厌室友之间什么样的情况发生？

（20）当你兴高采烈地回到寝室发现没人理睬你时，你会怎样想，怎样做？

（21）你刚想睡却被室友吵醒时，你会有什么样的情绪？

感悟：各小组发表讨论感言。

【作业反思】

（1）结合日常人际交往的实例，分析影响人际交往的因素。

（2）请结合所学知识，制定一份寝室人际交往"公约"。

第六章

恋爱与性

【心理案例】

小张，男，20岁，某大学学生。因他朴实的装束、憨厚和不善言谈的性格，加上不愿意参加活动而整日埋头读书，同学们给他取了个绰号——"书虫"。一次偶然的机会，他遇到一个女孩，女孩热情开朗、能说会道的性格，像花一般甜甜的笑脸给他留下了深刻的印象。整个上午，他的眼前一直浮现着她的笑脸。那一晚，他失眠了。

从那以后，他整个人都变了。他想向她表白，又缺少勇气，整日精神恍惚，学习热情一点也没有了。他经常在人群中寻找女孩的影子，想多看她一眼，和她说一句话。有一天，他看见她和一个男生在一起有说有笑的，心里很难受。他想把她忘掉，却总是失败，每次在路上遇到她，总不由自主地多看她几眼。他觉得自己很没用，认为唯一的办法就是离开她，离开学校，可是，他又忘不了父母的期盼与嘱托，便不知所措。

案例分析：

摆正爱情在人生中的位置，树立正确的恋爱观，是高职生健康成长的必然要求。本案例中的小张，应学会用理性来驾驭自己的情感，摆正学习与情感的位置。爱情是人幸福生活的一部分，但它不是生活的全部。

【心理课堂】

　　古人曰："食色，性也。"就是说，以饮食为基础的物质生活和以繁衍后代为目的的性生活是人类的两大基本生活需要，性和饥择食、渴择饮一样，是人生而有之的本能。高职生已进入了性生理成熟和性心理趋向成熟的阶段，生殖系统的发育完善会使个体明显地感觉到生理的需要。正确认识和对待人生的这个时期，对高职生生理和心理的健康成长是至关重要的。

第一节 高职生性心理的发展和性心理特点

一、高职生的性生理特征

　　人类的性可分为性生理、性心理。性征就是区别人体性别的特征。

（一）第一性征

　　男女生殖器官的差异称为第一性征，也叫主性征。女性的第一性征是卵巢、子宫和阴道。一般来说，女性性器官发育相对较早，月经规律来潮是女性性成熟的标志。男性的第一性征是睾丸、前列腺、阴茎和精囊。男性性成熟的标志是可正常排出精子。处于青年中期的男女高职生，这些性器官的发育已经成熟。

（二）第二性征

　　第二性征又叫副性征，是男女在外观和形体上的差异，它包括生理变化、声音变化、皮肤变化以及阴毛、鬓须、腋毛和体毛的变化。女性的第二性征有：胸部隆起，阴毛、腋毛的生长，声音变得细而柔韧，音调较高，皮肤细腻、有光泽，皮下脂肪聚集增多，体形均匀，肩窄臀宽。男性的第二性征有：阴毛、腋毛、胡须的生长，颈部喉结开始突出，说话声音变得粗而低沉，脂肪腺的分泌旺盛促使部分学生出现粉刺，皮肤变得粗糙、油腻。

（三）第三性征

　　男女两性在心理方面所表现的主要差异称为第三性征。
　　我国学者分别对 200 名男女青年调查后，得出男女确实存在心理差异结论。

男性特点：独立性强，不依赖他人，具有攻击性，更好斗；很少表露感情，支配欲强，不易激动；很有活力，喜好竞争，感情不易被伤害；爱冒险，不爱修饰外貌。

女性特点：文静，爱整洁；爱表达温柔的感情，爱了解他人的感情；注意自己的外貌，有极强的安全保护需要；喜欢艺术和文学，语言表达能力强。

二、高职生的性心理特点

（一）高职生性心理的发展阶段

促使高职生性意识较迅速发展的主因莫过于身体的急剧变化和第二性征的出现，继而引起对性及异性的关注。性心理发展大致经历如下阶段。

1. 异性疏远期

这一时期为性发育的开始阶段，一系列的生理变化，使少男、少女对两性的一系列差别特别敏感。男女界线分明，如低年级初中生的"课桌三八线"现象，对异性产生羞涩、不安与反感的心理，在异性交往中已感到某种"隔阂"。

2. 异性向往期

由于性生理的渐趋成熟，以及性意识的发展，青春期男女由开始的对异性疏远、抵触发展到对异性的好奇、好感并产生向往之情，愿意在一起学习、游戏和活动。

3. 异性接近期

青年男女开始关注异性对自己的态度，为博得异性的好感而表现自己，希望得到对方的积极回应，交往频率逐渐增加。这一时期的青年男女，性机能虽已经成熟，但正确的道德观和恋爱观一般尚未形成，如果人为地遏制或反对他们正常的异性交往，不仅容易造成逆反心理，甚至诱发他们追求异性的神秘感和狂热性，进而过早地产生恋爱意识，进入恋爱角色，卷进恋爱旋涡。

4. 两性恋爱期

两性恋爱期是指男女性意识发展成熟后出现的异性相爱行为。这一时期的异性交往具有以下四个特点。

（1）爱情具有浓烈的、理想的、超然于现实的浪漫色彩。

（2）男女青年按各自心目中的标准寻找自己特定的恋爱对象，喜欢与自己选择的异性单独在一起，出现不热衷参加集体活动的"离群"现象。

（3）感情趋向明朗化，即试图通过约会等方式一诉衷肠，交流内心感情。

（4）产生了占有欲，即对爱恋对象产生精神性、情绪性的占有欲，不希望自己爱恋的异性和其他与自己同性的同学、朋友接触，产生"嫉妒心理"。

从高职生性心理由对异性的抵触、困惑到向往、恋爱的动态变化和发展过程中可知，随着年龄的增长，心理上表现的对异性的渴望和求偶倾向也随之增长。

（二）高职生性心理的特点

1. 性焦虑

性焦虑包括对与自己性别相关的形体特征的焦虑，对自己的心理行为是否与性角色相吻合而忧虑，对自己性功能是否正常的焦虑。高职生应该树立健康的审美观，同时接受自身现实，不怨天尤人，注意扬长避短，如果对自身的性生理、性心理有疑惑，应及时寻求咨询和帮助，不可独自敏感多疑，无事生非。

2. 性别的差异性

性别不同，造成高职生的性心理也有所差异。在感情流露上，男性往往表现得较为外显和热烈，女性则往往表现得比较含蓄和深沉。在内心体验上，男性更多的是感到新奇和喜悦，而女性则茫然和不安，常常会惊慌、不知所措。在表达方式上，男性一般比较主动，会通过暗示或者直接表白自己的爱慕之情。女性则往往显得被动、羞涩和腼腆，最多是用言语或目光暗示对方，促使对方了解自己的内心所爱，使对方主动大胆地追求自己。

3. 本能性和朦胧性

高职生的性心理缺乏深刻的社会内容，他们对于性基本常识的了解，只是本能的感知。高职生往往怀着好奇心，甚至怀有罪恶心理来秘密探求性知识，对异性有着浓厚的兴趣、好感和爱慕。然而，这种生理变化带来的性意识的觉醒和萌动，还披着一层朦胧的面纱，在此基础上，在朦胧纷乱的心理变化中，性意识逐渐强烈和成熟起来。

4. 强烈性和掩饰性

高职生正处于心理断乳期，心理封锁是其显著特点。他们既寻求自我独立又感到孤独无依；既渴求在新的集体中得到帮助和安慰，又紧紧地封锁自己的心灵。需要友谊，渴望理解，寻求归属感和爱的同时又自我闭锁。他们虽然十分重视自己在异性心目中的形象、评价，但表面上却无动于衷、不屑一顾或故意回避。他们表面上好像讨厌那种亲昵的动作，但实际上却十分希望亲身体验。这种掩饰性，导致许多人不愿轻易敞开自己的心扉，这种心理上的矛盾，使高职生产生了种种心理冲突和苦恼。

（三）高职生性心理问题及调适

在我国传统文化中，性历来是一个讳莫如深的话题，人们谈性色变，但是随着改革开放的深入、人们的生活方式和思想观念的改变，性问题逐渐凸显。在这种情况下，我国部分心理学家开始对性心理进行研究，这是一种文明的进步。

1. 高职生性意识困扰

在大学期间，性意识活动常见的有性幻想、性压抑、性梦等。

（1）性幻想

性幻想通常表现为在某特定因素诱导下，在没有异性参与的情况下，通过"自编""自导""自演"在大脑中进行的自我满足的性欲活动。性幻想是性冲动的发泄形式之一，属于正常的心理、生理现象，但过分依赖到难以控制时，会对学习、生活产生负面影响。

（2）性压抑

性压抑就是对性有着强烈的渴望和要求，并希望得到满足。高职生正处于求学阶段，学校的纪律和环境决定了这种要求难以得到正常满足，因此，很多高职生产生性压抑感，并为此痛苦和烦恼。

（3）性梦

性梦通常是指进入青春期以后在梦中出现与性内容有关的梦境，一般认为与性激素达到一定水平和睡眠中性器官受到内外刺激及潜意识的性本能活动有关。性梦可能伴有男性遗精、女性性兴奋等，均属于正常反应。

（4）自慰

自慰是用手或者其他器具刺激性器官，引起性冲动，获得性快感，得到性满足的一种行为。高职生中自慰行为的发生率较高，他们一方面难抵自慰快感的诱惑，另一方面则在自慰后产生恐惧与自责。研究表明，自慰本身是无害的，它是人类正常的生理行为，真正造成危害的是对自慰的错误认识。对于自慰行为，高职生应该有正确的认识。彻底戒除自慰是不现实的，对待自慰应顺其自然，适当克制，切不可以过度依赖自慰来排解坏心情，更不可过于沉湎于自慰行为。

（四）正确看待婚前性行为

婚前性行为是指没有配偶的男女双方在恋爱时期发生的性行为。婚前性行为不受法律保护，不存在夫妻间应有的义务和责任。

高职生婚前性行为的发生主要由于恋爱心理、好奇心理、迎合心理、顺从心理、占有心理等原因。性行为发生后，最初双方担心女方怀孕而焦虑不安。一旦发生怀孕，双方往往不知所措，一旦发生婚前性行为，最要紧是就是注意避孕。常用的避孕方法主要有两种：一是避孕套，即安全套，只要使用正确，避孕效率可达93%以上。同时，使用避孕套还可以有效预防性传播疾病，尤其是预防艾滋病。二是口服避孕药，按规定服用，避孕效率高达99%。但有些人在服用初期，会出现恶心、呕吐等不适感，对于未婚的高职生不建议口服避孕药。

（五）珍爱生活，远离艾滋病

艾滋病是获得性免疫缺陷综合征缩写"AIDS"的音译，是一种受人类免疫缺陷病毒（又称艾滋病毒，简称HIV）感染后，引发的一种综合征，是一种慢性而致命的传染性疾病。目前世界上没有治愈艾滋病的特效药，但服用抗病毒药，能延缓艾滋病繁殖速度，延长艾滋病患者寿命。

预防艾滋病可以从以下方面做起：

1. 树立防范意识

目前，艾滋病已成为全球关注的重要公共卫生和社会热点问题。目前虽无可治疗药物，却可以有效预防。树立防范意识，倡导健康的活方式、保持高尚的道德情操是预防艾滋病传播的有效途径。

1988 年，世界卫生组织将每年的 12 月 1 日定为"世界艾滋病日"，期望通过宣传让人们知道，预防艾滋病传播就是要求每个人要对自己的行为负责任，同时也唤起人们对艾滋病患者的同情和理解，共同对抗艾滋病，共同支持这个全球性的工作。

2. 有效预防艾滋病

（1）洁身自好，避免不洁、杂乱的性生活。

（2）正确使用避孕套，减少传染艾滋病、性病的风险。

（3）生病时去正规医院看病，避免使用未经消毒的医疗器械、非一次性针头、来历不明的血液。

（4）远离毒品。

（5）不共用可能会刺破皮肤的用具，如剃须刀、修眉刀等；尽量避免接触他人的体液、血液；不用未消毒的器具穿耳孔、纹身、美容。

（6）避免直接与艾滋病患者的血液、精液、乳汁和尿液接触，切断其传播途径。

（7）有艾滋病的妇女不能怀孕，如果怀孕应立即引流，否则会带给孩子艾滋病毒，因为体液会传播艾滋病毒。

第二节 高职生恋爱心理及常见问题

一、什么是爱情

在人类的精神生活中，从未有一个话题像爱情一样历久不衰，也从未有一个话题像爱情那样动人心弦，爱情对于每个人成长过程都起着非常重要的作用。那么什么是爱情呢？爱情是一对男女基于一定的客观条件和共同的人生理想，在各自内心中形成的对对方真挚的倾慕，并渴望对方成为自己终身伴侣的强烈的、稳定的、转移的感情，爱情是人类特有的精神心理活动，是包含了生理、心理和社会诸多因素的复杂现象。

古德认为，爱情是两个成年异性之间强烈的情感专注，其中至少包括性的欲望和温柔体贴的成分。斯腾伯格的爱情理论算是目前对爱情研究得最完整的理论，他发展出"爱的三角形"理论，认为爱情有三个基本元素：亲密、激情、承诺，各属于三个不同的维度。

1. 亲密

亲密是一种亲近的、联结的、心与心交流的感情经验，属于情感维度。该维度除了爱与欲之外，可能还夹杂着酸甜苦辣的爱情滋味。

2. 激情

激情是一种混着浪漫、外表吸引力和性驱力的动力，属于动机维度，是爱情行为背后的动机。爱情自古以来既是令人激动的回忆，又是热切的期待。

3. 承诺

承诺包括短期的决定去爱一个人和长期的承诺去维持爱的关系，属于认知维度。爱情中的认知作用对情感和动机维度而言，是一种控制因素。如果将动机与情感分别比喻为电流与火花，认知就是开关或调节器，可斟酌爱情之火的热度，予以适度调节。

这三个基本元素有不同的特性：承诺的稳定性高，激情的稳定性低；激情的短期效果强，而亲密和承诺则具有长期的效果。

二、健康的爱情价值观

爱情从来都是严肃高尚的感情，不是男女两性的简单结合，不是小孩子间的游戏。高职生只有具备正确的人生价值观才能确立明智的恋爱观，获得美满的爱情。认真严肃地看待爱情和婚姻大事，要对自己和所爱的人负责，也要对社会文化的健康发展负责。

爱情的价值观是人的价值观在爱情问题上的具体体现，涉及什么样的爱情有意义、什么样的婚恋生活幸福以及选择什么样的婚恋对象等问题。例如，在选择对象时，无论男女，不仅注意到由遗传决定的生物特点（如眼睛、头发、体形、气质等），而且考虑其社会评价（如社会地位、物质条件、教育程度、道德水准、志向等）。爱情价值观对爱情行为所具有的评价、指导和选择作用，使其在爱情心理结构中占有重要位置。作家柳青说："人生的道路虽然漫长，但紧要处只有几步，特别是在人年轻的时候。"高职生风华正茂，意气风发，正确对待恋爱和爱情问题是其成长道路上极为关键的一步。这一步走得怎样，将会影响其一生。

三、正确的爱情道德观

爱情道德观是个体在婚恋中所必须遵从的社会道德规范体系。爱情是一种社会现象，是与特定社会结构中人的道德意识、人的善恶观以及人对道德和不道德的认识联系在一起的。只有人把道德带进了两性关系中，一旦爱上一个人，就承担了尊重这种亲昵，并且把对方看作最大的幸福而珍惜的义务。当一个人体会到真正的爱情时，就会表现出自我牺牲的精神与巨大的道德力量。自觉遵守社会道德规范的爱情，人们认为是高尚的，得到社会的承认和赞许；反之会受到社会舆论、传统习俗及个体内心信念的谴责。因此，爱情道德观对个体婚恋行为起着重要的规范和制约作用。

爱情可以是佳酿，给人以幸福和欢乐；爱情也可以是苦水，给人带来无穷的苦涩。因此，高职生要谨慎驾驭爱情之舟，学习调适恋爱中的各种问题。

四、高职生恋爱心理的发展过程

恋爱是一个过程，它萌生于两心相悦之时，当两份感情激荡的心灵撞击在一起，产生了彼此相互吸引的状态。恋爱不但是男女双方互相倾慕和培植爱情的过程，而且是一个情感升级及体验欢愉的心理过程。这个过程大致可分为以下几个阶段。

（一）感受阶段

高职生进入了对具有吸引力和魅力的异性感兴趣的阶段。在这个阶段，他们或者一见倾心迅速地诱发出火热情感，或者由于羞怯、迟疑等原因而未曾吐露自己的心曲。异性的外表在这一阶段起到十分重要的作用，它能够激起感官快乐。一些学生可能凭着这短暂的感受就一下子跌入"情网"，导致盲目恋爱，因为这是一种原始的感受，所以在这个阶段极易见异思迁。

（二）注意阶段

当接触到某个异性而在心理上激起波澜时，或感到与某个异性彼此之间有莫大的吸引力时，往往有一种想接触和亲近对方的强烈的向往。这时，就会自觉地将注意力集中指向这位异性所从事的一切活动、兴趣爱好以及家庭背景等，进而考虑能否和他（她）接近、如何表露真情，并时而设计一些相会的情景。这阶段多表现为"单相思"和"白日梦"。

（三）求爱阶段

这是重要且困难的阶段。这一阶段求爱者的心理负担非常重，各种担忧不断涌现。这个阶段容易出现求爱挫折，产生心理障碍。因此，学习求爱的技巧，提高求爱的成功率，是男女学生度过这一阶段心理困扰的关键，而要提高求爱的成功率，关键在于把握三点：一是正确地判断对方对自己的印象和态度；二是选择合适的求爱方式；三是把握好求爱的时机。

（四）恋爱阶段

一方表白与另一方接受，双方的恋爱关系就确定了。求爱成功之后，爱情的扁舟就驶入了恋爱的海洋，两个异性之间就开始了共同的情感交流活动。在这个阶段，成熟起来的高职生能正确看待爱情和事业的关系，同时考虑到爱情的前途和未来。但也有少数心理不够成熟的高职生，不能驾驭自己的感情，恋爱的盲目性较大，影响了学习和发展，造成了不良后果。

（五）成功或分手

确立恋爱关系后，有的男女青年可能达到以日后结婚为标志的成功境界，有的则可能经历另一个过程即分手。分手原因有很多，有可能是各种外部条件造成的，也有可能是主观因素造成的，如父母反对、相互误解、第三者介入、个性不合等。恋爱时间越长或恋爱关系越深，分手时造成的打击就越大。只有当能愈合失恋伤痛的幸福时刻到来后，原来的伤痛才会随着时间的流逝而成为过去的回忆。

五、高职生恋爱中的心理健康问题

（一）单恋

单恋，也称单相思，是指一方对另一方的一厢情愿的倾慕、思念和热爱。有的单恋，对方并不知道，也无意或无法让对方知道。这种单恋多是幻想型的，带有偏执成分，如有的青年学生对影视明星的暗恋，他们对所恋对象抱着高不可攀的心理，把对方想得神圣非凡、完美无缺，可望不可即；因此，只能将思恋之情深藏于心，形成一种痛苦的自我折磨，造成心理失调。还有一种单恋，是恋慕对象知情而无法回应，甚至在予以拒绝以后，仍然痴情不改。这种单恋，不但对方知道，单恋者周围的人也有所觉察。因此，单恋者不但痛苦不能自拔，而且自尊心也容易受到伤害。

克服单恋的办法有很多。要避免恋爱错觉，不要过分相信自己的感觉、自以为是。首先，能准确地观察和分析对方的表情，用心明辨；要学会分析信息反复性背后的意义，某种信息的经常出现可能意义很深，而偶然一两次就不足为凭了；要学会用联系的观点去分析问题，把某种信息和其他因素结合起来考虑。其次，要克服怯懦和自卑心理，以适当的方式传递自己的感情和意向。如果对方有意，单恋就有可能转化为"双恋"，爱的快乐就取代了爱的痛苦。如果是"落花有意，流水无情"，则应该面对现实，果断地抛弃幻想，通过感情转换和升华来获取心理平衡。最后，通过重构认知来树立自信、恢复理智。单恋者的所思所想往往不受理性思维支配，而受制于不切实际的幻想。而这种幻想使单恋者以扭曲的认知方式看待现实，造成他们夸大、美化对方而贬低、丑化自己的认知倾向，从而不敢采取切实有效的主动行动来表达自己的感情。因此，要想克服单恋带来的心理困扰，就必须重构认知，这样才能树立自信、恢复理智。

（二）多角恋

所谓多角恋，是指同时与两个或两个以上对象建立并保持恋爱关系，通常把被多方追求的对象称为"主角"，而将追求同一对象的人称为"副角"。多角恋一般分为两类：一类是隐蔽式的多角恋，即多角恋中的主角同时与几个副角相恋，而几个副角之间并不知道，主角有意隐瞒真相，在几个副角之间巧妙周旋，这种多角恋带有很强的欺骗性；另一类是公开式的多角恋，就是主角同时与几个副角保持恋爱关系，而几个副角之间彼此知晓，展开竞争、角逐、争宠。

多角恋在高职生中也是存在的。调查表明，在高职生群体中，多角恋容易发生在下列高职生身上：一是外表形象好的高职生；二是才华出众的高职生；三是家庭条件优越的高职生。当然，这并不是说上述高职生都会发生多角恋，恰恰相反，这些高职生很多都品德兼优，他们对待爱情的态度也很严肃，不仅不会搞多角恋，不少人甚至在大学期间连恋爱都不轻易谈。不过，就上述高职生自身具备的条件来看，是容易产生多角恋的，事实上，也确有极少数人利用自身的"优越"条件来玩多角恋游戏。

多角恋，无论以哪种形式，也无论出于何种考虑，都是畸形的、不道德的，也是危险的。因为，爱情具有排他性，多角恋中的主角最终只能选择一个副角保持长期恋爱关系。那种"鱼也所欲，熊掌也欲得"的想法是根本不可能实现的，必然给其他副角带来痛苦，最终也给自己带来无法弥补的痛苦。陶行知先生说过："爱之酒，甜而苦。两人喝，是甘露。三人喝，是酸醋。随便喝，要中毒。"多角恋中的主角需要耗费大量的时间和精力，不但影响学习和人际关系，而且严重影响自身的身心健康，最终害人害己。

多角恋的调适策略如下：

第一，谨慎对待情场竞争上的成功与失败。当你凭借自己的实力和光明正大的努力而取得爱情时，尽量不做刺激失败者、激化矛盾的事情，否则会导致本身爱情的毁灭。当你判定自己处于"劣势"，应有情场"勇退"的精神，并学会正确的自我评价与自我解脱，退出竞争的三角或多角漩涡。这是明智之举，并不是无能、怯懦的表现。

第二，当你同异性并未建立恋爱关系却与所有异性保持着等距、暧昧、不同寻常的关系，正处于进退维谷、取舍两难境地时，你可以从生理条件、心理品质、社会条件以及多层次的美感表现等方面进行比较，并尽快做出抉择。

第三，当你已同一名异性确定了爱情关系，生活中又闯进了另一异性时，如果你与前者只是好奇、冲动、相爱时间不长，感情较浅，精神相容性较差，而后者对你更具吸引力，那么你不妨先疏远前者，再明确中断与前者的恋爱关系，待对方心理恢复正常，有一定的心理承受力时，才可以和后者建立恋爱关系。否则，会给前者造成更大的心理损伤。反之，如果你与前者感情尚可，且相爱时间较长，只是对方在某些次要方面还有不合自己心意的地方，你应该用爱情的力量鼓舞和帮助其不断地改进，从而缩小对方与自己心目中理想伴侣形象的差距，并达到彼此人格、能力、志趣等方面的和谐。那种一遇上异性追求者，就轻率地抛弃先前恋人的做法是不可取的，这样做不仅会伤害对方，而且对自己也未必是好的选择。

（三）网恋

"网恋"是现在探讨高职生恋爱的文章、小说和影视作品中曝光率非常高的一个词。一般说的网恋就是专指那些在虚拟的网络世界和社区以恋爱为目的，以恋人身份和网上共同生活，共同经营一段"爱情"甚至是"婚姻"的一种恋爱关系。

网络最大的特点就是虚拟性、隐蔽性和时空无限性，网络世界最诱人之处就是它的言论和行动自由。在网络世界里，"理想的自我"可以集合很多异性，在挑选男朋友或女朋友时使看中的品质、能力甚至职业集于一身，也可以随着自己看中的目标人物的喜好来改变自己的言行或者其他情况。这样就比较容易让人看到双方的相似或者互补而消除两人之间的不和谐，进而可以在比较短的时间里赢得对方的好感甚至爱情，很快就陷入了深深的迷恋当中。因为这种迷恋让对方的一切都笼罩在光环当中：她的冷淡被理解为酷，他的奢侈也可能被理解为阔气，她的缺少教养可能被理解为天真……一旦从网络走向现实，面对双方"现实的自我"时，就会遭遇"希望越大，失望就越大"的尴尬。网恋的"见光死"频率也是非常高的。

不仅如此，网恋也是一件费时、费钱、费心的事情，同时也给那些怀有不良动机的社会闲杂人员或犯罪分子提供了可乘之机。陷入网恋的人，每天至少要花若干个小时在网络上享受自己的二人世界，为了一个虚幻的恋爱对象既浪费钱，又浪费时间。一旦网恋"见光死"以后，心里的失落和懊恼比真正的失恋还要折磨人。

六、高职生失恋的心理健康问题

失恋即恋爱过程中断，在客观上表现为相爱的双方分离，在主观上表现为失恋者体验到悲伤、忧郁、失望等消极情绪及心理痛苦和压力。恋爱的过程是两个人相互了解和选择的过程，当一方提出中断恋爱关系时，另一方就会失恋。分手的原因不外乎下面几种：双方个性、价值观有很大差异，以致无法沟通；第三者介入；时间、空间的距离；父母、家人或亲友的反对；误会太深；觉得自己付出太多，对方付出不够；失去了爱的感觉；对方过度关怀，使自己有压迫感；发现对方和他人有过亲密的行为；发现对方有不良嗜好等。高职生失恋后，一般会出现以下三种心理行为。

（一）积极型行为

这种行为一般是心智较为成熟的高职生才能做到的，思想政治状况是积极、健康、向上的，恋爱观端正，即为了寻求共同进步和互相帮助、互相鼓励的伴侣才确定恋爱关系的，具有积极的人生态度、坚强的意志品质、较强的心理承受能力，能够本着对他人、对自己高度负责的态度，做到失恋不失志、失恋不失态、失恋不失智、失恋不失情、失恋不失德、能积极面对失恋。失恋虽然带来一定的痛苦，但该类型的失恋者一般能在短时间内调整好心态和精神状况，把精力投入到学业中去。

（二）过渡行为

面对失恋，也有一部分学生表现出无所谓或玩世不恭的心态，他们不会为失恋而郁郁寡欢、伤心欲绝或化悲痛为力量、奋发向上。失恋不会给他们带来过大的痛苦。这部分学生不懂爱情、或是为了满足自己的虚荣心，或为了摆脱寂寞，或仅仅为了满足生理上的需求等。

（三）消极型行为

此类型学生依赖性较强，处理问题、面对困难的经验和技巧不足，未能树立正确的恋爱观，明显存在心理脆弱及消极的认知态度等问题，失恋时他们无法改变原有的认知结构以及思维方式，也不能及时树立新的认知结构以及思维方式，无法面对和承受失恋所带来的痛苦，极易产生自责、自暴自弃及消沉等消极行为。失恋后应及时找朋友或亲人倾诉，或寻求心理咨询师的帮助。此外，还可以用以下方法自行调整。

1. 时间疗养法

一般来说，失恋要经过一段"昏天暗地"的危险期，这个危险期有长有短，因人而异。在这个危险期内，首先采取"冷处理"，当对方提出分手时，不要冲动、焦急，而要宽容、大度、冷静。一般只要在失恋的时候有朋友、亲人的陪伴和安慰，不做出冲动的事情来，随着时间推移就会慢慢走出危险期，痛苦也会随之减轻。

2. 自我疗养法

面对失恋的打击，不同的人反应不同，那是因为每个人看待问题的方式不同。比如爱情，有人坚信它是"铁树开花，百年难遇"，有人则认为"天涯何处无芳草"。失恋后最重要的是要排除一些不合理的推论，最常见的是"以偏概全"，如"世上没有真正的爱情"或"我很失败"等。所以，此刻要做的是自我安慰，这时不妨想想在一起时不愉快的事，多想想对方的缺点，设想自己将来的幸福生活以安慰自己。

3. 宽容疗养法

恋爱是双方的自由选择，自己有选择的权利，对方也有选择的权利。恋爱双方都处于开放式的交往过程中，本身带有不稳定性，对这点要有心理准备。失恋者对伤害自己的人会产生仇恨，这也是失恋者不能从痛苦中走出的重要原因。但仇恨和报复并不能挽回已经失去的爱情，只能使自己的心态更加失衡，而宽容能让人释怀。尊重对方的决定，并祝对方幸福，试着宽容对方，自己的心灵也会得到滋润。

4. 转移注意力法

在失恋的日子里，可以看书，忙自己的事情。许多性格坚强的人，能将痛苦升华为力量，取得了许多成就。试试看，在你专心于学业时，你会觉得自己很充实、富有。不断提高自己，然后站在新的起点，重新审视失恋的痛苦，到时就会觉得没有什么是承受不了的。

5. 价值补偿法

此法旨在稳定人的情绪，平衡人的心理，增强信心和勇气，而且对事业的成功还能起到激励作用。失恋学生要努力克服爱情至上的观念，明确爱情固然重要，但毕竟不是生活的全部，生活中还有比爱情更重要的东西，那就是对理想、事业和工作的追求。要自觉摆脱失恋的阴影，把精力投入学习和工作之中，把失恋升华为一种奋发向上的动力。

6. 多维思考法

心理学认为，当受到外界刺激、情绪不能自主时，排遣这种不良情绪的关键是冷静和理智。失恋后，不妨静下心来回忆一下整个恋爱过程，冷静、客观地分析一下失恋的原因，认真地总结经验和教训，如你们的恋爱是否存在盲目性？对方感情的变化有无道理？这种的爱值不值得留恋？

7. 积极认知法

任何事物都有其正反两面，失恋虽说是一次失败的恋爱，但同样有其独特的积极意义。例如，失恋能避免以后的婚姻失败，失恋能增长阅历和耐挫能力，失恋能澄清自我的爱情观，失恋能让人学会珍惜、尊重、宽容等，多从积极的角度认识失恋问题能有效地降低痛苦感，将失恋的负面影响降低。

8. 环境转移法

失恋后最好不要一个人总待在房间里思来想去，这样就会越发悲伤、苦闷，不能自拔。

当然，高职生失恋后很难彻底转移环境，与能触动痛苦回忆的景、物、人隔离，但适当外出旅游，调整交往圈子还是可以的。当事人只要平静地接受失恋的事实，重新寻觅，并真情投入，就会惊讶地发现，生活中还有更适合自己的人。真可谓"天涯何处无芳草，何必单恋一枝花"。

七、培养健康的恋爱

爱的能力是与生俱来的，同时在生活和成长中不断获得和积累。高职生需提高自身修养，培养健康的恋爱心理和能力。

（一）提升爱与被爱的能力

在现实生活中，要拥有爱的能力、掌握爱的艺术，不仅要学习和掌握爱的理论，更要将理论与实践相结合。敢于说出爱，敢于表达、善于表达，这是一种爱的能力。一个人面对别人的施爱，感受对方的爱，并做出接受、谢绝或再观察的选择，这也是一种爱的能力。缺乏这种能力的人，都是不成熟、心理不健全的人。

（二）敢于接受

高职生要具有迎接爱的能力，有健康的恋爱价值观，知道自己喜欢什么，适合什么；高职生就应对自己、对他人保持敏感和热情，应主动地关心他人，热爱他人；当别人向自己表达爱时，能及时、准确地对爱的信息做出判断及选择；能承受求爱拒绝或拒绝求爱所引起的心理困扰。

（三）敢于拒绝

对自己不愿意的爱应有勇气加以拒绝。拒绝爱要注意两方面：①在不希望爱情到来时，要果断地、勇敢地说"不"，因为爱情来不得半点勉强，千万不要优柔寡断或屈服于对方的穷追不舍，发展下去对双方都是不利的；②要掌握恰当的拒绝方式，虽然每个人都有拒绝爱的权力，但珍惜每一份真挚的感情是对他人的尊重，同时是对一个人道德情操的检验。不顾情面，处理方法简单轻率，甚至恶语相加，伤害对方的感情和自尊心，这些做法都是很不妥当的。

1. 要有发展爱的能力

要有发展爱的能力，就要培养无私的品格及善于处理矛盾的能力，有效地化解和消除恋爱中的矛盾纠纷，为恋人负责，创造出幸福美满的爱情。爱情是脆弱的，犹如一朵娇嫩的鲜花，需要精心地培养，任何一方都有权利与另一方充分享受心理与生理的爱情，同时也承担着维护和发展另一方爱情的义务。爱情是一个人生活中十分重要的内容，甚至是恋人间的精神支柱。因此，任何一方都要为对方负责，避免伤害对方的感情。

八、树立健康的爱情价值观

在现代大学校园中，高职生恋爱是很普遍的现象，出入成双成对、卿卿我我已不会被认为是出格的行为。虽然爱情可以让人陶醉沉迷，让人更好地学习、生活，但是不成熟的恋爱也会给双方带来负面影响。所以，树立正确的恋爱观刻不容缓。

（一）提倡志同道合的爱情

在恋人的选择上最重要的条件应该是志同道合，意识形态、事业理想、生活方式与经历等大体一致。爱情应该是理想、事业和性爱的有机结合。一般情况下，异性感情的发展是沿着陌生朋友—熟人朋友—好朋友—知己—恋人这一线索发展的。当在一个男生和一个女生心中，任何人都不能代替彼此在心目中的地位时，爱情就降临了。在分享快乐和痛苦的过程中，爱情就会发展与升华。

（二）摆正爱情与学业的关系

学业是以后安身立命的本钱，没有物质基础的爱是脆弱的。高职生应把摆正爱情与学业的关系及学业放在首位，不能把宝贵的时间都用于恋爱而放松了学习。

（三）懂得爱情是一种相互理解，是一份责任和奉献

理解可以为个人和对方营造一种轻松的氛围，没有人追逐爱情只是为了被约束。相互信任是自信的表现。自己都不相信自己是值得别人去爱的人，别人会全心全意爱你吗？责任和奉献意味着个人的道德与修养，是获得崇高爱情的基础。

（四）要真诚、幽默、互相尊重

恋爱时要诚实、礼貌、谨慎、风趣，坦白地向对方说明自己各方面的情况，使对方有一个全面的了解与认识。用隐瞒和欺骗的手段去博取对方的爱情终究会失败。恋爱关系一经建立，当事人切不可三心二意，要尊重对方的人格和感情。

九、发展健康的恋爱行为

（一）恋爱言谈要文雅，在交谈中要诚恳坦率，不要为显示自己而装腔作势，矫揉造作，否则会使人极其厌恶，不利于感情的培养。

（二）恋爱行为要大方，恋爱中的男女会逐渐从一时的羞涩走向自然大方地交往，不要畏畏缩缩，可以适当地进行一些带有爱意的举动。

（三）亲昵动作要高雅，避免粗俗、鲁莽的亲昵动作会有损爱情的纯洁与尊严，有害于恋爱者的心理和生理卫生，对他人影响也不好。

（四）在恋爱过程中要平等相待，互相尊重，不要拿自身的优点去比较对方的不足，不要借戏弄压低对方来抬高自己，不要想方设法考验对方或摆架子，这些都会影响双方感情的发展，因为每个人都是有自尊心的。

（五）善于控制感情，理智行事，恋爱中引起的性冲动，一方面要注意克制和调节，避免婚前性行为；另一方面要注意转移和升华，参加各种文娱活动，把恋爱行为限制在社会规范内，不要因一时的冲动而悔恨终生，要使爱情沿着健康的道路发展。

十、提高恋爱挫折承受能力

高职生的恋爱受多种因素的制约，因而在追求爱情的过程中不可避免会遇到各种挫折。单相思、爱情错觉、失恋等恋爱心理挫折对高职生的心理承受能力都是一种考验。如果承受能力较强，就能较好地应对挫折，不然就有可能造成不良后果。所以，提高恋爱挫折承受能力对高职生的心理健康是很重要的。

当爱情受挫后，要用理智来驾驭感情。通过增强理智感，总结经验教训，寻找解决问题的方法和途径，在新的追求中确认和实现自己的价值，从而提高自己的心理承受能力和认识水平。不能为失恋荒废所有，要做到失恋后不失志、不失德。这是由于恋爱双方都是平等自愿的，任何一方不能强求。那种做不成恋人便是仇人的报复、嫉妒心理，是导致错误行为的根源，一旦造成恶果，必然害人又害己。失恋后可通过适当的情绪调节、宣泄和转移，来减轻痛苦。

对失恋的应对方式反映了一个人的心理成熟水平和恋爱观，一个人能够理智地从失恋中解脱出来，往往会使自己变得更加成熟。

当已经处于恋爱之中，如何培育好爱情的土壤，让爱情之花永不凋谢呢？高职生可参考以下一些做法。

一是含蓄典雅，表达感情不露骨，应当体现当代高职生的自尊自爱。二是感情专一，不要朝三暮四、朝秦暮楚、见异思迁。三是既要充分暴露，又要相互包容，有问题、有想法就要充分暴露，不要将问题留给将来。金无足赤，人无完人，每个人都有或大或小的缺点，每个人都有自己的个性，两个人能够和谐生活在一起，要有一个磨合的过程，也要有一个相互包容的过程。四是要保护好自己，不要被爱情冲昏头脑，不要让自己受到伤害，不要让自己不能自拔，凡事要给自己留点余地。

如果遇到失恋的苦恼时，一要恰当地调整好自己的心态，爱情不是人生的唯一，除了爱情，还有事业，还有亲情和友情值得珍惜。二要给自己减压，可以通过向家人和朋友倾诉等多种方式，排泄心中的苦与痛。三要转移注意力，将自己的工作重心转移到学习和工作上来，让自己处于紧张和忙碌之中，无暇顾及其他。时间是治病良方，过一段时间，就会走出感情旋涡，重新面对生活。

 【心理测试】

高职生恋爱心理压力源测量

题　　项	经常	大多	有时	几乎没	无
1、我担心自己未来的经济能力不能满足爱情的需求	5	4	3	2	1
2、恋爱中，我担心自己未来的就业能力	5	4	3	2	1
3、恋爱中，我担心自己的人际交流能力	5	4	3	2	1
4、恋爱中，我担心自己缺乏自控能力	5	4	3	2	1
5、恋爱中，我对自己的生活自理能力感到担心	5	4	3	2	1
6、我担心自己仍不能及时转换自己的社会角色，承担相应的责任	5	4	3	2	1
7、我对自己的性能力感到怀疑	5	4	3	2	1
8、我担心对方父母不喜欢我	5	4	3	2	1
9、我对父母的干预和指手画脚感到不快	5	4	3	2	1
10、我为爱人和父母之间的矛盾而伤神	5	4	3	2	1
11、他（她）家庭认为我在欺骗他（她）的感情，对我怀疑和猜忌	5	4	3	2	1
12、我害怕告诉父母，我在大学期间恋爱了	5	4	3	2	1
13、我担心自己不好的脾气会影响我们的爱情发展	5	4	3	2	1
14、我们会因性格不合而争执、吵闹	5	4	3	2	1
15、我尝试忍受他（她）的缺点并因此感到焦躁不安、难受、不快	5	4	3	2	1
16、我觉得他（她）过于理性，没有人情味	5	4	3	2	1
17、我怀疑他（她）是否真的爱我	5	4	3	2	1
18、她（他）的言行让我感到尴尬和不快	5	4	3	2	1
19、整体而言，我感觉自己配不上他（她）	5	4	3	2	1

（续表）

题项					
20、由于交流少的原因，我感到爱情正在慢慢变冷、变淡	5	4	3	2	1
21、我觉得他（她）过于理性，没有人情味	5	4	3	2	1
22、我担心我们的价值观和爱情观不同	5	4	3	2	1
23、我发现他（她）把金钱看得很重	5	4	3	2	1
24、我会因对方有性体验而不快、恐惧、厌恶或产生消极情绪	5	4	3	2	1
25、我担心爱情会影响自己的学业	5	4	3	2	1
26、学校和老师让我们的恋爱感到压力或阻力	5	4	3	2	1
27、我们学习研究的领域不同，由此缺少共同的语言的交流	5	4	3	2	1

高职生恋爱压力源有6个因素：能力、家庭、人格特质、相互感受、价值倾向、学业负担。

总分计分方法：总分 = ∑ 各题的选择对应档次 × 各题的权重

各题的计分权重分别为：1～7题记200%，8～17题记100%，18～27题记50%。将被试者各题的原始得分分别乘以相应的权重系数，将27个条目加权后分数相加即得到总分。

结果分析：0～45分（不含）为低压值，45～75分（不含）为常态值，75～105分（不含）为显压值，105～145分为高压值。此分析仅供参考。

青春期性心理健康测量

题项	完全不符合	基本不符合	不确定	基本符合	完全符合
1、我了解人体的生理结构					
2、我的行为方式符合自己的性别角色					
3、我了解人体的各种生理功能					
4、我对有关性方面的事情很感兴趣					
5、我能和谐自然地与异性相处					
6、谈到或想到性，我没有羞耻感和负罪感					

（续表）

7、我了解生殖器官的构造和功能				
8、我会情不自禁地去看一些色情刊物、节目等				
9、我认为性是万恶之源				
10、我很认同自己的性别角色				
11、我很欣赏自己身体的特征				
12、我了解什么是月经和遗精				
13、当出现性冲动的时候，我感到自己没有办法控制				
14、一想到性就感到不安、恐惧和羞耻				
15、我认为性是肮脏的、羞耻的，是见不得人的事				
16、我很满意自己的性别				
17、我了解性心理的内容和结构				
18、我认为周围的人都谈恋爱了，而自己没有谈恋爱就很没有面子				
19、我总是抑制不住地陷入有关性的幻想中去				
20、我了解避孕的知识				
21、我渴望深入了解异性				
22、我认为自慰是病态的、下流的				
23、我了解什么是性骚扰和性伤害				
24、我对性知识有疑惑时会积极主动地寻求帮助				
25、我了解自己的身体会出现哪些变化				
26、我出现性冲动、性欲望的时候，我能将精力转移到学习、工作、娱乐、交友中去				
27、我了解性病的各种知识				
28、我对自己身体的变化感到适应				

（续表）

29、我能按社会道德规范约束自己与性有关的言行举止					
30、我羞于求助或查阅资料来解开自己对性知识的言行举止					
31、我能通过恰当的方式排解性欲望、性冲动					
32、我认为性可以作为换取自身利益的一种手段					
33、我认为应该崇拜现代西方文化中的性解放、性自由					
34、有关性方面的事情很容易分散我的注意力					
35、我所了解的性知识主要来源于学校的教育、父母或长辈的教导和社区的宣传					
36、我认为性幻想、性梦是一种不道德现象，是令人羞愧的					
37、我所表现出的与性有关的行为举止都符合当时所处环境的要求					
38、我能主动并有效地利用社会、家庭、学校提供的各种资源获取性知识					
39、我认为谈恋爱是寻求刺激或摆脱孤独					
40、我所表现出的与性有关的行为举止都符合自己所处的社会文化背景					
41、我所了解的性知识主要来源于色情读物、色情媒体节目或网站					
42、我表达情感的方式与其他同龄人相似					
43、我认为应该坚守我国传统的性禁锢、性压抑的观念					
44、引起我性欲望的原因是符合社会道德规范的					
45、我得到性满足的途径是符合社会道德规范的					
46、因为性成熟带来的身体和心理上的变化使我的学习和生活不能正常进行					

该量表采用 5 点评分方法，即完全符合记 5 分，基本符合记 4 分，不确定记 3 分，基本不符合记 2 分，完全不符合记 1 分。其中 6 和 14,24 和 30,28 和 46,35 号 41，共 4 对题目属于测谎题，若成对题得分不一致说明被试者测试时可能不认真，随意作答。此外 38 题中 8、9、13、14、15、18、19、22、30、32、33、34、36、39、41、43、46 共 17 题为反向计分。所有 38 个条目得分之和即为该量表的总分，反映被测者性心理健康的总体情况。

【活动训练】

（一）爱情中的请求与拒绝

活动目的：通过练习，体会爱情中的悲欢离合。

活动步骤：

（1）两人一组，面对面站好，其中一人要大声向对方表达爱意，请求对方成为其恋人，另一方要予以拒绝。要求目光直视对方，时间为 3 分钟。

（2）互换角色。

（3）成员讨论并分享活动中的感受和体会，懂得恋爱中不责备、不躲避、不委曲求全，要学会包容与自省。

（二）当爱情走到尽头

活动目的：学会面对与处理失恋困扰，学会有效解决失恋问题的方法，快乐地面对未来生活。

活动步骤：

（1）两人一组，扮演恋人，表演分手后的场景。

（2）讨论以上恋人分手后的表现，处理方式是否得当。

（3）成员在纸上写出自己是否有失恋经历，如果有，写出失恋的态度及解决办法，如果没有，请设想一下自己将会怎样处理这一问题。

（4）谈论各种策略的可行性和有效性。

【作业反思】

（1）通过本章的学习，谈谈怎样正确认识爱情？

（2）谈谈在校高职生性行为带来的不良后果。

（3）利用所学知识，谈谈怎样安慰一个因为失恋而自暴自弃，甚至想休学的同学。

第七章

高职生
压力管理与挫折应对

【心理案例】

顶着压力前行

　　有一位经验丰富的老船长，当他的货轮卸货后在浩瀚的大海上返航时，突然遭遇到了可怕的风暴。水手们惊慌失措，老船长果断地命令水手们立刻打开货舱，往里面灌水。"船长是不是疯了，往船舱里灌水只会增加船的压力，使船下沉，这不是自寻死路吗？"一个年轻的水手嘟囔着。看着船长严厉的脸色，水手们还是照做了。随着货舱里的水位越升越高，船一寸一寸地下沉，依旧猛烈的狂风巨浪对船的威胁却一点一点地减少，货轮渐渐平稳了。

　　船长望着松了一口气的水手们说："上万吨的巨轮很少有被打翻的，被打翻的常常是根基轻的小船。船在负重的时候，是最安全的；空船时，则是最危险的。这就是"压力效应"。那些得过且过，没有一点压力，做一天和尚撞一天钟的人，像风暴中没有载货的船，一场人生的狂风巨浪便会把它打翻。

　　压力无处不在，又不可避免，有的人被压力击垮，一蹶不振，有的人过得更有意义，更有效率，其中的奥妙就在于前者消极面对压力，而后者却对压力进行有效的运用，在面对困难时，能够自我控制，有条不紊，因势利导。压力能使人在思想感情上受到多方撞击，从中感悟人生的真谛，从而自觉把握人生的走向。

【心理课堂】

　　世界没有绝对平坦的道路，也没有绝对平坦的人生。现代社会是一个充满竞争、挑战、风险和机遇的社会，我们随时会面临各种各样的压力与挫折。面对压力与挫折采取不同的应对方式，会产生截然不同的结果。弱者困于环境，强者克服环境，智者利用环境。因此，认识压力与挫折并学会理性地面对是每个人终生的课题。本章将带你遨游有关压力与挫折的知识海洋，让你学会正确理解压力和面对挫折，从而学会正确释放压力和应对挫折。

第一节　压力、挫折探源
——压力与挫折概述

　　俗话说"人生不如意十之八九"。在人生道路上，压力与挫折如影随形。生活中经常会听到"压力山大""快扛不住了，背上就像压了一座山""压力这么大，什么时候能熬出头啊？"等类似的话。现代社会，人们在生活中都会面对压力，面对压力时不同的人有不同的表现。高职生处于身心发展的逐步成熟期，由于社会生活经验不足，面对压力和挫折常常不知所措。因此，帮助高职生学会应对压力与挫折，是一个非常现实而又迫切的课题。

一、压力与挫折的含义

（一）压力的含义

　　关于压力，每个人都有切身的体会。压力是现代社会普遍的一种情绪体验，存在于社会生活的方方面面。但是对于压力概念的理解却存在许多不同的观点。卡普兰认为压力是对个人产生威胁的工作和环境特征的总和。这个概念强调了构成压力的外在刺激和事件。谢尔耶认为压力就是对外在要求的非特异性反应。这种反应有多种形式，包括直接的生理反射性反应，如行为和身体健康方面的慢性变化等。后来有研究者从刺激和反应的交互作用角度对压力进行了综合分析，认为压力是环境刺激（压力源）与个人反应（精神紧张状态）之间相互作用的结果，这也是对压力较为普遍的看法。

　　从心理学角度看，人们因为一些已经发生或即将发生、存在或虚幻的威胁性事件而产生了精神困扰，而压力就是这些困扰使得人的精神思想和行为语言受到了一定影响的一种情绪情感体验。它包含着三个方面的含义：压力是一种心理体验；压力形成于人对威胁性事件或情境的反应；压力表现为认知、情绪、行为的有机结合。由此可见，当人为了顺应社会环境的要求或者感受到威胁性的生活事件时，个体就会体验到压力，其整体平衡状态被打破，并且伴随有生理、心理和行为上的相应变化。

（二）挫折的含义

挫折是指人类个体在从事有目的的活动过程中，指向目标的行为受到阻碍或干扰，致使其目标不能实现，需要无法满足时所产生的情绪状态。心理学上指个体有目的的行为受到阻碍而产生的情绪反应。

挫折包括以下三个方面的含义。

1. 挫折情境

挫折情绪指对人们在有目的的活动中所遇到的内外障碍或干扰的情境。构成挫折情境的可能是人或物，也可能是各种自然社会环境因素，如考试失利、失恋、失业、地震、台风等。

2. 挫折认知

挫折认知指对挫折情境的知觉认识和评价。挫折情境是否构成挫折心理，往往取决于挫折认知。例如，有人看见别人在一起讨论，由于没有邀请他一起讨论，于是他怀疑别人并不是在讨论问题，而是在议论自己。因此，对别人产生了强烈的不满情绪。

3. 挫折反应

挫折反应指个体在挫折情境下所产生的烦恼、困惑、焦虑、愤怒等负面情绪交织而成的内心感受，即挫折感。

一般来说，挫折情境越严重，挫折反应就越强烈；反之，挫折反应就越轻微。但是，只有当挫折情境被主体所感知时，才会在个体心理上产生挫折反应。如果出现了挫折情境，而个体没有意识到，或者虽然意识到了但并不认为很严重，那么，个体心理上也不会产生挫折反应，或者只产生轻微的挫折反应。因此，挫折反应的性质、程度主要取决于个体对挫折情境的认知。

挫折反应和感受是形成挫折的重要方面，个体受挫与否，是由当事人对自己的动机、目标与结果之间关系的认识、评价和感受来判断的。对某人构成挫折的情境和事件，对另一人不一定构成挫折，这就是个体感受的差异。正如巴尔扎克所说："世上的事情，永远不是绝对的，结果完全因人而异。苦难对于天才来说是一块垫脚石，对于能干的人是一笔财富，而对于弱者是一个万丈深渊"。

二、压力与挫折来源

（一）压力的来源

1. 生物性压力源，也叫躯体性压力源

这是一组直接阻碍和破坏个体生存与种族延续的事件，它通过人的躯体直接发生作用，

而造成身心紧张状态的刺激，包括躯体疾病、创伤或疾病、饥饿、睡眠剥夺、噪声、环境污染等。

2. 精神性压力源，也叫心理性压力源

这是一组直接阻碍和破坏个体正常精神需求的内在事件和外在事件，来自人脑中的紧张性信息，包括错误的认识结构、个体不良经验、心理冲突、挫折、不良个性心理特点等。

3. 社会环境性压力源

这是一组直接阻碍和破坏个体社会需求的事件，其可分为两种：一种是纯社会性的，如重大社会变革、重要人际关系破裂、家庭长期冲突、战争等，另一种是由自身状况造成的人际适应问题。

（二）挫折的来源

1. 缺乏性挫折

缺乏性挫折主要是指人们无法拥有自己认为非常重要的东西时所产生的心理挫折。由于缺乏物资、能力、经验、感情及生理条件等所产生的挫折都属于缺乏性挫折。如由于缺乏基本的生活费用而为衣食发愁；由于缺乏知心朋友而感到孤独；由于色盲而不能就读自己喜爱的美术专业等。

2. 损失性挫折

损失性挫折主要指失去了原来拥有的重要东西而引起的心理挫折。名誉、地位、财产的丧失及家庭解体、亲人亡故、恋人分手等所导致的挫折都属于损失性挫折。如有的同学在中学时是出类拔萃的"尖子生"，但进入大学以后，人才荟萃，强手如林，失去了学业上的优势，从原来中学里的"尖子生"变成了现在的"一般生"，内心非常失落，这就是损失性挫折。

3. 阻碍性挫折

阻碍性挫折主要是指那些在需要和目标之间出现阻碍所导致的挫折。由于自然的障碍、人为的障碍、客观的障碍、想象的障碍所造成的挫折都属于阻碍性挫折。如想念亲人，但因路途遥远而不能相见；明明达到了本科录取分数线却因为志愿填报不合理而被专科学校录取等。

第二节 直面冷静——高职生压力和 挫折的产生、反应特点及影响

一、高职生压力与挫折的产生与反应特点

（一）高职生压力的产生与反应特点

1. 高职生压力的产生

（1）生活适应方面的压力

这是高职生常面临的问题，大学与中学的课程设置、时间管理、生活管理等方面有很大的不同。老师协助管理的时间大大减少，学生自主管理的时间和事情增多，对于那些依赖性较强的高职生来说，进入大学，离开熟悉的生活环境，需要自己独立处理自己的日常事务，需要学会适应大学里的饮食习惯，自己安排课余时间，生活中的突发事件也需要自己去处理。但很多高职生是第一次离开家，往往会不知所措，难以适应新的生活环境。

（2）经济压力

高等教育是非义务教育，每年收取一定数额的学费，这会给那些家庭贫困的高职生带来一定的经济压力。现在国家出台了很多助学政策，如助学贷款、国家奖助学金制度等，可以解决一部分学生的经济困难。但由于学生来自不同的地域，家庭经济状况差别很大，无形之间会进行对比。这种攀比心理所引发的消费和同学之间交往的花费，都会使家庭困难的高职生产生压力。

（3）学业压力

很多人高喊大学是"六十分万岁，多一分浪费"，因此很多高职生认为大学是一个轻松、自由、没有学习压力的地方，像在伊甸园，可以过得悠闲自得。然而，学习压力是学生永远要面对的问题。进入大学后，上课学习的时间可能要比中学时期少些，但高职生为了适应社会的需要，把自己变成适应社会需要的人才，就需要花大量时间去学习，考取尽可能多的证书，为自己将来就业增加砝码。大学教育在授课方式、学习内容、专业训练方面对学生综合能力的要求更高，更注重学生的主动性和积极性，学科之间要做到融会贯通，需要他们在课余多下功夫，多读相关书籍、资料，合作讨论以及实践操作。这对从小习惯于被管控的学生们来说，无疑是巨大的挑战。

（4）人际交往压力

不适的人际关系问题给高职生造成了很大的心理压力。进入大学后，远离原来熟悉的生活和学习环境，人际交往范围增大，不同的生活习惯、不同的个人爱好、不同的性格等使高职生的人际关系变得更为复杂，使其在心理上产生不易沟通的压力。相当比例的新生承认自己不适应新的人际关系。有些高职生由于自我评价不恰当，或自命不凡，或畏缩

不前，无法与他人和谐相处，人际关系紧张，这些自然会导致心理压力的产生。有的高职生由于协调能力较差，缺乏生活经验，以致在交往中常出现嫉妒、猜疑等消极情绪。甚至因误会出现朋友断交，而又苦于找不到知心朋友等情况。有的高职生因身高、容貌等先天不足或是性格内向、缺乏特长而感到自卑，不敢与人交往，往往表现出郁闷、消沉、冷漠的情绪。

（5）就业压力

有一项关于高职生心理健康状况的调查显示，多数高职生认为自己的压力主要是就业压力。就业压力来自多个方面：有社会整体就业形势带来的巨大压力；有家庭环境和经济状况带来的压力；也有毕业学校是否是名校带来的压力。除了这些外在压力外，还有高职生自己内心对职位和薪水的期望与现实差距之间的矛盾带来的压力；高职生对自己能力缺乏自信带来的压力。

2. 高职生压力的反应特点

（1）压力有可能是真实的，也可能是想象的

对于高职生来说，他们的压力有些是客观存在的，如生病、自然灾害、同学之间的冲突、社会文化差异等。还有些是他们想象的压力源，这主要是由于每个人的经历不同，对客观事件的评估也不一样，所以引发的压力感不同。在多数情况下，他们会对目前自己所处的情境进行合理判断。如果受到不合理信念的影响，判断评估的时候就会扭曲现实，进行不符合逻辑的判断，误读了信息的意义，就容易因为想象的威胁感而产生过大压力。如有些学生由于以前与同学交往失败的经验，就假想现在的同学也会难以相处，产生莫名的焦虑和压力。

（2）压力反应既有生理反应，又有心理反应

当人们面对较大压力时，会产生一系列生理反应，主要表现在植物性神经系统和免疫系统方面，如呼吸急促、心跳加速、血压升高、头晕、头痛等。

除生理反应外，压力还会引起一些心理反应（负面情绪和消极行为），如焦虑、情绪低落、攻击性增强、悲伤、失眠、暴饮暴食、缺乏安全感，严重的甚至出现逃避、退缩、抑郁等。突发性的巨大压力可能会出现应激性压力症候。

（3）压力体验既有暂时体验，也有长期体验

有些压力是暂时性的，随着压力的消失，压力体验也随之结束，如考试压力，考试过后就会感到轻松；有些压力是长期存在的，如生活环境的改变、学业等。有研究表明压力是会积累的，随着压力越来越大、存在的时间越来越长，个体也会随之处于能量不足的状态，身心健康会受到影响。

（二）高职生挫折的产生与反应特点

1. 高职生挫折的产生

（1）生理缺陷及疾病原因

当代高职生很注重自我形象，重视自己的"面子工程"，甚至"以貌取人"。高职生身体有疾病或生理上有些缺陷属于正常现象，但有些同学却不能正确地认识对待。有的高

职生患有慢性生理疾病，久治不愈，忧心忡忡；有的因自己脸上有疤，走路不敢抬头；有的男生因身材矮小，有的女生因体形太胖而产生强烈的自卑感，沉默寡言，闷闷不乐。

（2）经济压力过重

大学阶段教育不属于义务教育，要缴纳学杂费等。对有些家庭贫困的高职生来说经济负担较重，再加上与其他同学的对比，消费观念的落差，易引起他们的自卑心理。很多学生因为经济压力不能从容地干自己想干的事情，既怕耽误了学业不能以优秀的成绩毕业，又没有实现自己想法的经济基础，因此产生自卑心理。

（3）学校在学生挫折教育培养方面的欠缺

虽然素质教育提倡多年，当代高职生大多数仍然是在应试教育下培养起来的。他们自上学起，就围着成绩高低打转，升学的压力使他们失去了多种素质培养的机会。成绩决定政绩，这使得学校追求升学率，忽视了对学生进行必要的心理教育。进入大学以后，高职生数量庞大，心理健康教育未能及时跟进，导致不少学生心理脆弱，承受力差。

（4）学习方面的原因

经过十几年的寒窗苦读和激烈的高考竞争后，有些高职生自觉或不自觉地放松了对自己的要求；还有的高职生所学的专业与自己的兴趣不一致，因此丧失进取心，对学习缺乏动力，厌倦、敷衍、应付；还有些高职生沉溺于电脑游戏中，导致学习成绩下降，有的甚至因几门功课不及格而面临留级或退学的风险。尤其是家境贫寒的高职生，他们在饮食穿着方面比不上其他学生，所以想以优异的学习成绩来显示自己的才能，但过分紧张的学习和沉重的经济压力使他们常常失眠，由此也会产生挫折心理。

（5）人际关系方面的困扰

多数高职生渴望自己有较好的人际沟通能力。对他们而言，生活环境、同学关系等都与中学明显不同。大家来自四面八方，经济、文化背景各异，思想观念、价值标准、生活习惯和行为习惯不同，因此不太容易交往。有的由于个性存有缺陷，不能正确认识自己存在的不足，导致在群体中不受欢迎，没有知心朋友，从而心情烦躁、紧张。有的干脆逃避复杂的人际关系，把自己紧紧地封闭起来，从而产生压抑、孤独和焦虑情绪。

（6）恋爱困扰

处于青春期的高职生，其性生理发育已经成熟，由此而出现了性的困扰。高职生谈恋爱已成为普遍现象。有些人甚至认为在大学不谈一场轰轰烈烈的恋爱就等于没有读大学，同时高职生情感心理不成熟、自控能力差，老师家长不断警告、教导及毕业后两地分开的现实问题，都往往使高职生的恋爱成为无果之花。有的受失恋、单相思的困扰，产生苦闷、惆怅、失望、愤怒等情绪，使一些高职生陷入情感的沼泽中不能解脱，日思夜想，焦虑、失眠。

（7）对大学期望值过高，适应能力差

有些学生进入大学以后，发现现实中的大学校园环境及设施与入学前想象中的"理想大学"有一定差距，使高职生心理产生强烈的失落感，在内心不能接受大学的现状，不能认同学校施行的教育，不愿融入高职生活，造成的巨大的心理落差。

2. 高职生的挫折反应特点

（1）情绪性反应

情绪性反应是指人们在受到挫折时伴随着强烈的紧张、愤怒、焦虑等情绪所做出的反应，可能表现为强烈的内心体验，也可能表现为特定的表情或行为反应。情绪性反应多为消极性反应，主要表现为焦虑、冷漠、幻想、逃避、固执、自杀等。

（2）理智性反应

理智性反应是指人们在受到挫折后，采取积极进取的态度，在理智的控制下所做出的反应。通常，人们在遭受挫折后都会出现紧张状态，都会在某种程度上做出某种情绪性反应。其中，有些人始终被情绪所控制不能摆脱；而有些人则能够及时调整，保持冷静，面对现实，审时度势，采取积极的态度和方式对待挫折。所以，理智性反应是对挫折的积极反应方式。主要表现在：一是坚持目标，逆境奋起，矢志不渝；二是调整目标，循序渐进，不断努力。

（3）个性的变化

在通常情况下，挫折对人的影响都是暂时的，随着具体挫折情境和条件的改变，随着时间的推移或受挫者认识上的变化，受挫者在受到挫折后所感受到的紧张状态会逐渐消失。但人们在受到挫折后，除了上述直接表现出的挫折反应外，还会出现间接的反应，并对受挫者产生久远的影响，甚至影响到个性的形成与发展。挫折对个性的影响，一般是在人们连续经历挫折，或者遭受特别重大挫折的情况下产生的。由于导致挫折的情境和条件相对稳定并长期持续，由此产生的紧张状态和挫折反应就会反复出现，久而久之，这些反应方式就会逐渐固定下来，使受挫者形成习惯和一些突出的个性特点。

二、压力与挫折对高职生的影响

（一）压力和挫折的积极影响

1. 激励人拼搏进取、自强不息

生命是一连串克服压力的过程。为维持正常的状态，人们需要一个最低水平的刺激输入。生活中如果没有足够的压力引发生理激活状态，人就会倦怠，生理和心理都无法正常地成长。谢尔耶说"完全脱离压力等于死亡。"适度的压力是一种挑战，使人警觉性提高、反应加快、注意力集中、思维敏捷、工作效率提高，发挥更大的潜能。个体的一生发展，在每个阶段都需要应付新的要求。因此，没有压力，就没有成长，人的成长和发展就是不断适应环境压力的过程。

挫折可以驱走惰性，使人进步，催人奋进。培根曾说过："超越自然的奇迹多是在对逆境的征服中出现的。"对于有志向的高职生，挫折可以唤起他的斗志，激发他的进取心。

2. 磨练意志和毅力

俗话说"宝剑锋从磨砺出，梅花香自苦寒来。"坚强的意志和优秀的品格不是天然成就的，而是生活的磨练造就的。承受压力的过程也是人的能力和心智接受磨练和考验的过

程。从某种意义上说,经过压力和挫折的磨难会使人开阔眼界、增长智慧、增强勇气和信心。

3. 提升能力和智慧

压力和挫折可以丰富学生的阅历,促进高职生坚强、成熟,使高职生学会独立思考、独立面对现实生活,提高分析问题、解决问题的能力。为了战胜困难,总要自我反省,探究失败的原因,认真总结经验教训,寻找摆脱困境的最佳途径。因此,压力和挫折可以使人学会反省、思考和创新,不断提升自我认知并增长才智。

(二)压力和挫折的消极影响

1. 降低学习效率

学习是一种复杂的心理活动。学习效率除受个体智力水平的制约外,还与学习者的情绪状态、自信心等因素密切相关。有些高职生在经受压力和挫折后,一方面,自信心会降低,出现自卑无能的感觉;另一方面,情绪状态长期处于焦虑不安中,使原有的学习能力受到影响,从而极大地降低了学习效率。

2. 损害身心健康

大量的研究表明,长期强烈的、超过了人自身调节和控制能力的压力,会导致人心理、生理功能的紊乱。因此,长期的压力会危及人的心理健康。近年来,抑郁症的发病率较高,就是过大的压力导致的。有些高职生在受挫后心态受到了严重影响,长时间处在痛苦之中,使身心一直处在一种紧张压抑或焦虑不安的状态下,这种消极的心理如果持续太长时间得不到释放,就可能成为精神疾病的发病诱因,有时还会导致身体上的疾病。

3. 导致性格与行为的偏差

有些高职生面对巨大压力或重大挫折无法做出相应的调整时,往往会使某些行为反应变成相应的习惯模式或个性特征。如一个原本热情开朗的人,会因为在人际交往中屡屡受挫而变得孤僻内向;一个对爱情有着美好憧憬的人,会因为失恋而变得心灰意冷,甚至害怕异性。同时,由于受挫的高职生处在应激状态下,感情易冲动,自控能力较差,不能正确认识自己的行为及其后果,可能会做出既损害他人又对自己不利的行为,甚至走上犯罪道路。

第三节　解决之道
——高职生压力管理与挫折应对

一、轻松面对压力，提高抗压能力

压力是生活的一部分，是不可避免的。竞争越激烈、社会越进步，压力越大。生活的过程就是面对一个又一个压力、解决一个又一个困难的过程。面对压力时要冷静、乐观，要想办法缓解压力，使自己不要被它压垮。然后，想办法解除压力，将压力转化为动力。

（一）正确认识压力

高职生要认识到高职生活并不总是一帆风顺的，困难是不可避免、客观存在的。因此，当遇到困难时，不应该退缩，要无畏地去正视它，解决它。应采取积极态度看待压力，要认识到压力可以磨练人的意志，激发人的潜能，把压力看成是对生活的挑战，是使自己成长的机会。巴尔扎克说过："世界上的事情永远不是绝对的，结果完全因人而异。苦难对于人才是一块垫脚石，对于能干的人是一笔财富，对于弱者则是一个万丈深渊。"

在压力面前要保持勇气和信心，有心理准备去勇敢地迎接各种各样的任务和挑战。自信是成功的基石，有了自信才会有克服困难的勇气和力量。要树立正确的奋斗目标，目标确定后，要用自己的毅力和坚强的意志去实现，不能好高骛远，也不能半途而废。特别是在学习方面，不能用经济价值和立竿见影的效率去衡量，知识是长远的利益和效益，不能简单地认为学习理论知识立刻就会在能力上有很大的提高。急功近利的思想往往都不利于我们意志的磨练与健康心理的形成。

（二）加强自我分析

自我分析就是充分认识自己的优点和弱点。通过有效的自我分析，全面、客观地认识和评价自己。一个人只有正视自己，既承认自己的价值，又能坦然面对和接受自己的不足，才能变得成熟、自信，也才能避免因过低的自我评价所带来的自卑和过高的自我评价所产生的失落和抑郁。

对于高职生来说，自我规划就是在自我分析的基础上，充分考虑自我和外在因素，对自己的未来做出可行性设计，并制定行动计划。一个能自觉进行自我规划并成功执行计划的高职生会表现得充实、自信，使压力感减轻。

（三）积极行动

"好心情来自好行动"，这句话至少给我们两点应对压力的启示：

（1）面临困境时，积极行动；

（2）要进行有效行动。

实际上，高职生的心理压力得不到缓解，大多数是因为他们只想不做，缺少行动。由于缺少行动，许多并不难于解决的问题又累积成新的困扰。因此，行动是摆脱压力最好的办法。但是，也应注意到，不能盲目行动，而要进行有效行动。为了确保每一次的行动都成功，就要使行动分步进行，以缓解压力，增加信心，最终实现摆脱压力的目标。

（四）寻求社会支持

社会支持是指来自家庭、亲友和社会其他方面（同学、老师、组织团体和社区等）对个体的精神上和物质上的慰藉、关怀、尊重和帮助。

社会支持可以给予处于压力情境下的高职生一定的心理保护和援助。

（1）社会支持可以提供情感支持。当高职生面临困境时，如果能及时得到父母、朋友、同学和老师有效的安慰和鼓励，就会减少压力感，减少负性情绪的产生，降低压力对个体身心健康的危害。

（2）社会支持可以提供工具支持。当高职生面临压力情境时，社会支持可以帮高职生从他人那里获得必要的指导，或应对压力的策略。

二、积极应对挫折，提高挫折承受力

人生难免会遭遇挫折，没有经历失败的人生不应算完整的人生。没有河床的冲刷，便没有钻石的璀璨；没有挫折的考验，便没有不屈的人格。当我们遭遇挫折时，只有掌握正确的、积极的应对方法，直面挫折，才能突破重围，走向成熟，获得成功。高职生应对挫折的方法和策略很多，主要有以下四个方面。

（一）建立合理的自我归因

在生活中，人们对行为的成功与失败进行归因是一件很平常的事，然而在这一过程中形成的归因倾向则对人的心理承受力有很大的影响。一个人在认识和对待挫折时要学会对挫折进行合理、正确的归因。按照社会心理学归因理论，人对原因的归结可以分为外归因和内归因两种类型。倾向外归因的人，惯常于认为自己的行为结果是受外部力量控制的。这种外部力量可以是运气、机会、命运、他人的权力、自然的力量等无法预料和支配的因素；倾向内归因的人，习惯于认为自己的行为结果是受内部力量控制的，支配自己成功、失败和前途的原因是本身的能力和技能以及自己的努力程度等。

正确的归因就是要对造成挫折的原因进行实事求是的分析，弄清挫折的原因到底是外部的还是内部的，或是内部外部两种因素交互作用的结果。正确的归因是应对和解决挫折情境的必要基础。把失败原因一概归因于外部因素的人，不能尽自己的最大努力去克服困难和改变失败的处境；把失败原因统统归结于个人努力不足，过多地责备自己的做法也不可取。

高职生首先要学会多方面收集关于挫折事件的信息，了解困难的原因所在；其次要学会合理、正确地归因，避免归因的片面性，学会实事求是地承担责任，克服过分承担或完全推诿责任的倾向，避免过多自责带来的自责感；再次，要积极采取措施主动改变导致挫折情境的因素，从而有效应对挫折。例如，在学习过程中发现最近学习效率不高，通过原因分析之后，在解决内在问题的同时，可以尝试改变学习地点、学习时间，或改变学习科目的顺序、学习结构等，从而避免学习效率不高给自己带来的压力和困扰。

（二）善于调节自我抱负水平

自我抱负水平是指个人对未来可能达到的成功标准的心理需求，是指人们从事活动之前，对自己所要达到目标规定的标准。如果一个人对自己规定的标准高，那么他的自我抱负水平就高；如果对自己规定的标准低，那么他的自我抱负水平就低。可见，自我抱负水平是自己规定的标准，仅仅是个人愿望，与个人的实际成就不一定相符。自我抱负水平直接影响个人的学习和生活：一个抱负水平较高的人，往往对自己的要求也高，因而其学习、工作的效率也就高；一个抱负水平低的人，对自己的要求也就低，缺乏积极性、主动性，因而其学习、工作的效果也就较差。但是个人的自我抱负水平必须建立在对自己的实际能力正确认知的基础之上，如果一个人的自我抱负水平总是高于自己的实际能力，那么就很难达到预期的目标，很容易遭受挫折。

在现实生活中，不少高职生在学习等方面的挫折都与自我抱负水平的确立不当有关。因此，高职生必须学会根据自己的实际能力正确设定生活的目标，调整自我抱负水平，并在前进中及时调整自己的目标。如果在目标实施过程中，发现自己的目标不切实际，前进受阻，就要及时调整目标，以便继续前进。对那些远大目标，要把它分解成中期、近期和当前目标，这样既可以在成功中体验到愉快和满足，逐步提高自信心，又能在失败、挫折后不断总结经验教训，最终战胜挫折，取得最后的成功。高职生在确立自我抱负水平时，应注意把自己的目标与社会的客观环境条件、社会利益等因素综合加以考虑，这样才能有利于自身和社会的共同发展。

（三）增强挫折认知水平

心理学研究表明，一个人越是能够获得与挫折事件相关的信息，就越能够有效地处理它。越是敢于面对挫折情境，就越能够有效地对付这种情境。可见，个体对挫折的反应和承受能力不仅取决于挫折情境本身，更重要的是取决于其对挫折的认知。既然挫折是社会生活的组成部分，是不可避免的人生经历，高职生就应该正确地认识挫折、战胜挫折，并把挫折变为成功的阶梯。

正确认识挫折首先应该认识到挫折的两重性，一方面对人有消极的影响，如挫折会影响个体实现目标的积极性，降低个体的创造性思维水平，损害个体的身心健康；另一方面，挫折也能增强个体情绪反应的力量，增强个体的容忍力，提高个体对挫折的认识水平。因此，辩证地看待挫折能够变不利因素为有利因素，化消极因素为积极因素，促使挫折向积极的方面转化。其次，高职生还应学会对客观事物、挫折情境进行正确认识。如有的学生因一次考试不及格就悲观失望，甚至自暴自弃，这是他的错误认知导致的。人生的道路总是崎岖不平、丰富多彩的，一次失败并不能够代表他的全部。人生成才的道路、成功的机会是很多的，只要自己努力，就会有一个崭新的未来。

（四）建立和谐的人际关系

人在困境中，会变得敏感而脆弱，这时尤其需要他人的支持。因此，在别人遇到困难时能给予关怀，是一种美德；而在自己遇到难题时，能够求助，能够获得他人的支持，是一种至关重要的能力。心理学研究表明，一个人与他人一起处在挫折压力中时，可以降低消极情绪体验。因此，高职生在面对挫折时，除了积极改变自我之外，还应学会交往，与他人建立良好的人际关系。交往是人们为了交流思想和感情而彼此间相互作用的过程，它使人们能够在关系互动中相互了解、相互依赖，形成稳定的心理联系，满足人们的情感需要。同时，由交往形成的人际关系又可以满足人的归属、情谊、认可等社会性需要。因此，学会交往，建立良好的人际关系是提高高职生应对挫折能力的有效手段。

高职生想要加强人际交往、融洽人际关系，首先要掌握交往技能，使自己与别人的交往得以顺利进行。例如，掌握基本的交往礼节、良好的口头表达能力等。其次要养成良好的交往品质，要自觉地择友而交，要相互理解、相互尊重，要对朋友真诚、宽容。再次要把握各种机会参与交往，并保持沟通畅通，避免误解而产生不愉快。

三、常见的心理防御机制

（一）心理防御机制

所谓心理防御机制是指个体处在挫折与冲突的情境时，在其内部心理活动中具有的自觉或不自觉的解脱烦恼，减轻内心不安，以恢复情绪平衡与稳定的一种适应性倾向。

在现实生活中，心理防御机制普遍存在。因为在我们的生活环境里，时时处处都可能遇到困难，人不可能永远处于应激状态，永远都直接采取行动处理问题，这时便需要依赖心理防御机制来适应，这是一种正常且健康的心理现象。

值得注意的是，心理防御机制不仅本身有积极作用和消极作用之分，不同的人使用时也呈现出不同的倾向和效果。一般来说，心理正常、人格健全的人，在使用心理防御机制时倾向积极、成熟的方式，并且可根据不同的挫折情境灵活选用。在他们身上，心理防御机制仅起缓冲心理压力的作用，因而使用次数较少，且作用时间不长。同时，他们还能正确地感知自己在使用的防御机制，并能合理地进行调节。因此，心理健康者能扬长避短，多在积极意义上使用心理防御机制。

（二）积极的心理防御机制

1. 认同

认同又名仿同，指个人在遭遇挫折而痛苦时，效仿他人获得成功的经验和方法，使自己的思想信仰、目标和言行更适应环境的要求，从而在主观上增强自己能获得成功的信念。据调查，许多高职生常常把一些历史名人、科学家、英雄楷模、歌星、影星，甚至自己身边的同学，作为自己认同的对象。那些与自己家境条件、经济状况、社会经历极为相似或相近的名人、学者，更是他们认同的对象。高职生从他们的人生经历、奋斗精神，甚至风度、仪表等方面吸取营养和动力，尤其在受挫时，常拿这些榜样来鼓励自己，从而奋发进取。

2. 升华

人遭遇到挫折后，将自己不为社会所认可的动机或需要转变为符合社会要求的动机或需要，将低层次的行为引导到有建设性、有利于社会和自身的较高层次的行为，就是升华。升华作用常常一方面转移或实现了原有的情感，达到了心理平衡，同时又创造了积极的价值，利己利人。比如，贝多芬失聪而作《命运交响曲》；歌德遭受失恋的痛苦但在事业上发愤努力，写出了名著《少年维特之烦恼》。他们将生活中的不幸升华到诗歌、音乐、绘画、文学创作方面去，既宣泄了积蓄的能量，又丰富了生活，陶冶了情操。在现实生活中，不少高职生把嫉妒升华为奋发努力、积极进取的行为，把单相思转化为热爱集体、珍视友谊的高级情感的行为，都属于升华。

3. 补偿

当由于主客观条件限制和阻碍使个人目标无法实现时，设法以新的目标代替原有的目标，以现在的成功体验去弥补原有失败的痛苦，称之为补偿，即所谓"失之东隅，收之桑榆"。补偿行为在残疾人身上表现得尤为突出。如没有手的人，脚可以练得像手一样灵活，写字、劳动、甚至绣花；双目失明的人，听觉练得特别发达，因此许多盲人在音乐方面的造诣很深；一个人在生理上有缺陷，或在心理上曾遭受打击，为了弥补损失和心理创伤，往往通过其他方式和途径设法达到自己既定的需求目标，从而减轻心理上的不适感。补偿对缓解挫折后的损失感、心理压力有一定的积极作用。但并非所有新的目标和活动都具有积极的价值。如果新的目标和活动符合社会规范和个人发展的需要，这时的补偿行为是积极的，有益的。反之，消极的补偿不但于事无补，反而是有害的。如丢失钱物后以偷别人东西来补偿；在比自己强的人面前吃了亏，就拿比自己弱的人出气等。

4. 幽默

当个体遭受挫折，处境困难或尴尬时，用幽默来化险为夷，对付困难的情境，或间接表示出自己的意图。一般来说，人格较为成熟的人，常懂得在适当的场合，使用适当的幽默，把原来的困境情况转变一下，大事化小，小事化了，渡过难关，较成功地去应对窘境。

（三）消极的心理防御机制

1. 否定

拒绝承认所发生的事情是事实。例如，电视连续剧《人间四月天》里有这样一个镜头：徐志摩乘坐的飞机失事后，邮差给他的妻子陆小曼送去电报，陆小曼见到电报大为生气："谁家的祖宗八辈缺德，编这样的瞎话，开什么玩笑。"有人在听到亲人患绝症的消息时，首先会矢口否认，坚持认为是医院诊断错了，以减轻和逃避内心的焦虑不安。

2. 文饰

文饰也叫"合理化"，这是一种援引合理的理由和事实来解释所遭受的挫折，以减轻或消除心理困扰的方式。它的表现形式有"酸葡萄效应""甜柠檬效应"等。

（1）酸葡萄效应。在《伊索寓言》中，有一只饥饿的狐狸，它看到一串串甜熟的葡萄，垂涎欲滴。但因葡萄架过高，"三跌而不得食"，为了维护自己的面子，就对身边的动物说："葡萄味酸，非我所欲也。"可见，"酸葡萄效应"是一种借着减少或否定它难以达到的目标的优越性，而夸大渴望获得物品（目标）的缺点来维护心理平衡的一种防御手段。比如，有的同学当不上学生干部，虽然内心很苦恼、很失望，却安慰自己："当了学生干部杂事太多，耽误学习，没啥意思"；求爱不成，则说对方才貌平平，非己所求。

（2）甜柠檬效应。它也是引自《伊索寓言》，当狐狸找不到可口的食物，只得到了酸柠檬时，却说："这柠檬是甜的，正是我想吃的。"这是借夸大既得利益的好处，否定其缺点，以减轻内心失望与痛苦，达到心理平衡的一种防御手段。例如，当有的人没能达到一等奖目标的时候，便对取得的三等奖评论："三等奖也不错嘛，好多人还没得奖呢。"以此安慰自己，挽回面子，求得心理平衡。

有些人在遇到挫折时容易自责，这时不妨运用酸葡萄、甜柠檬心理，在内心贬低一下他人，抬高自己，挽回一点自尊和面子，以免自信心丧失殆尽。合理化虽然能缓解内心冲突，保持暂时的心理平衡，但更多的是对心理发展起消极作用。因为所谓的"合理化"往往是不真实或次要的理由，起着自我欺骗和自我催眠的作用，影响了实事求是地面对现实和做积极的改变。因此，长期地、过分地使用这种方式，会使自己不去认真吸取教训，放弃对自我的认识和改造，以致于降低积极适应环境的能力。

3. 压抑

生活中常见到一些人在非常生气时，努力控制怒气不要爆发出来，这种行为称为压抑。而压抑是指个人将不为社会所接受的本能冲动、欲望、情感、过失、痛苦经验等，不知不觉地从意识中予以排除，或抑制到潜意识中，使之不侵犯自我或使自我避免痛苦。由于潜抑作用，痛苦似乎被遗忘了，人在意识上感受不到焦虑和恐惧。压抑是否认事实存在，把不愉快的心情在不自觉中有目的地忘却，以免心情不愉快。在这种遗忘中，被压抑的东西并没有消失，往往不知不觉地影响人们的日常心理和行为，而且一有相应的情景，被压抑的东西就会冒出来，给个体造成更大的威胁和伤害。如某学生一时糊涂，偷拿同学的钱物，事后羞愧难当，又没有勇气承认，拼命想把这件事忘掉。但此后每次遇到同学丢东西，就怕被怀疑，以致发展到怕见同学。这种失常行为就是过分压抑的结果。

4. 投射

投射指的是以自己的想法去推测别人的想法，将自己的思想、感受和行动推到别人身上。投射又称推诿，是指将自己的不当失误转嫁到他人身上，即所谓"以小人之心度君子之腹"，以减轻自己的负疚感；或将自己所具有的某些不讨人喜欢、不被人接受的性格、态度、观念或欲望转置他人，以掩盖自己那些不受欢迎的特征。如高职生中有的人自己心胸狭窄、嫉妒心强，却认为嫉妒是人的共性，人人都有嫉妒心；自己自私，却说人人都自私，"人不为己，天诛地灭"；一个对领导有成见的人，可能会散布说领导对他有成见，有意整他，等等。

5. 反向

一般来说，个人的行为方向和他的动机方向是一致的，即动机发动行为，促使行为朝向满足动机的方向前进。但是，人受挫后，由于自己的内在动机不能为社会所容忍，加上他不敢正面表露自己的真实动机，于是便从相反的方向表现出来。这种把自己一些不符合社会规范、不被允许的欲望和行为，以一种截然相反的态度或行为表现出来，以掩盖自己的本意，避免或减轻心理压力的行为反应，称为反向。如有的学生内心很自卑，却总是以自高自大、傲慢不羁的表现来掩盖自己的弱点；有的同学很想与某个异性交往，但和他见面时，反而采取冷淡的态度，装出一副对异性不屑一顾、根本没有兴趣的样子；凡是总爱在别人面前炫耀自己的人，恰恰反应了他内心有怕被别人瞧不起的自卑感。

人们在遇到压力与挫折时往往是不自觉地运用防御机制。我们了解了心理防御机制后，可以有意识地运用积极的防御机制应付压力与挫折，变阻力为动力，最终实现自己的目标。

【心灵瑜伽】

（一）决不放弃

有一天，某个农夫的一头驴子掉进了一口枯井里，农夫绞尽脑汁想救出驴子，但几个小时过去了，驴子还在井里痛苦地哀嚎着。最后，这位农夫决定放弃。他想，这头驴子年纪大了，不值得大费周折去把它救出来，不过无论如何，这口井还是得填起来。于是农夫便请来左邻右舍帮忙一起将井中的驴子埋了，以免除它的痛苦。农夫的邻居们人手一把铲子，开始将泥土铲进枯井中。

当这头驴子了解到自己的处境时，刚开始哭嚎得很凄惨。但出人意料的是，一会儿之后这头驴子就安静下来了。农夫好奇地探头往井底一看，出现在眼前的景象令他大吃一惊：当铲进井里的泥土落在驴子的背部时，驴子的反应令人称奇——它将泥土抖落在一旁，然后站到铲进的泥土堆上面！就这样，驴子将大家铲倒在它身上的泥土全数抖落在井底，然后再站上去。很快地，这只驴子便得意地上升到井口，然后在众人惊讶的表情中快步地跑开了。

在生命的旅途中，人们有时候难免会陷入"枯井"里，会有各式各样的"泥沙"倾倒在大家身上，而要从这些"枯井"中脱困而出，秘诀就是将"泥沙"抖落掉，然后站到上面去。

（二）你是胡萝卜、鸡蛋还是咖啡豆

有一个女孩向她父亲抱怨她的生活，她觉得凡事都很艰难，不知该怎样挺过去，想放弃。她厌倦了不断的抗争和奋斗，似乎一个问题刚刚解决，另一个问题马上出现。

她的父亲是个厨师，他把她带到了厨房。他在三个壶里分别装满了水，然后放到高温的火上烧。很快，壶里的水被煮开了。他往第一个壶里放了些胡萝卜，往第二个壶里放了几个鸡蛋，在最后一个壶里放了些磨碎的咖啡豆，然后，一句话也没说，他由着水把它们煮沸。

女儿不耐烦地等着，对父亲的行为感到很纳闷。大约二十分钟后，父亲关掉了火炉，把胡萝卜捞出来，放到一个碗里。又把鸡蛋拣出来放进另一个碗里，接着把咖啡用勺子舀

出来倒进一个杯子里，然后转过头来，对她说，"亲爱的，你看到的是什么？" "胡萝卜、鸡蛋和咖啡。"她答道。

父亲让她走近这些东西，要她去摸胡萝卜，她摸了之后，注意到，它们变柔软了。然后，他又要她去拿一个鸡蛋并把它敲破，在把壳剥掉之后，她观察了这个煮熟的鸡蛋。最后，父亲要她品尝一口咖啡。尝着芳香四溢的咖啡，她微笑起来。"这是什么意思，父亲？"她谦逊地问道。

父亲解释说，这三样东西面临着同样的逆境——煮沸的水，但它们的反应却各不相同。胡萝卜本是硬的，坚固且强度大，但受到煮沸的水的影响后，它变得柔软而脆弱。鸡蛋本来易碎，薄薄的外壳保护着内部的液体。但是在经历过煮沸的水以后，它的内部却变得坚硬。不过，最独特的却是磨碎的咖啡豆，当它们被放入煮沸的水之后，它们却改变了水。"哪一个是你呢？"他问女儿。"当逆境找上你时，你该如何应对呢？你是胡萝卜、鸡蛋，还是咖啡豆呢？"

 【心理测试】

简明心理压力自测

下面的诊断表列举了30项心理压力自我诊断的症状，请在符合自身近期实际情况的选项后面打"√"，且每项计1分。

1. 睡眠不好。　　　　　　　　　　　　　　　　（　　　）
2. 睡觉时感觉一直在做梦。　　　　　　　　　　（　　　）
3. 深夜突然醒来，不能继续入睡。　　　　　　　（　　　）
4. 与人交际纯属应酬，一点不感兴趣。　　　　　（　　　）
5. 稍有一点不顺心就会生气，而且时有不安的情形发生。（　　　）
6. 眼睛易疲劳。　　　　　　　　　　　　　　　（　　　）
7. 经常鼻塞。　　　　　　　　　　　　　　　　（　　　）
8. 疲劳感不易解除。　　　　　　　　　　　　　（　　　）
9. 有体重减轻的现象。　　　　　　　　　　　　（　　　）
10. 有头晕眼花的情形发生。　　　　　　　　　　（　　　）
11. 有胸闷情况发生。　　　　　　　　　　　　　（　　　）
12. 头脑不清醒，感觉昏昏沉沉。　　　　　　　　（　　　）
13. 站立时，时常有发晕的感觉。　　　　　　　　（　　　）
14. 有耳鸣现象。　　　　　　　　　　　　　　　（　　　）
15. 面对自己喜欢吃的东西，却毫无食欲。　　　　（　　　）
16. 常觉得吃下的东西沉积在胃里不消化。　　　　（　　　）

17. 有腹部发胀、疼痛感觉，且常便秘或拉肚子。 （ ）
18. 口腔内有破裂或溃烂情形发生。 （ ）
19. 经常喉痛。 （ ）
20. 舌头上出现白苔。 （ ）
21. 肩部容易酸痛。 （ ）
22. 背部和腰经常疼痛。 （ ）
23. 稍微做一点事就感到很疲劳。 （ ）
24. 早上经常有起不来的倦怠感。 （ ）
25. 不能集中精力专心做事。 （ ）
26. 经常患感冒，且不易治好。 （ ）
27. 常有手脚发冷的情形。 （ ）
28. 手掌和腋下常出汗。 （ ）
29. 突然出现呼吸困难的窒息感。 （ ）
30. 时有心脏悸动的现象。 （ ）

得分解释：

（1）得分在 5 分以下，心理压力轻微，只需多加留意，注意休息便可以恢复；

（2）如果得分在 11 ~ 20 分之间，说明压力严重，有必要去做咨询；

（3）如果得分在 21 分以上，说明很可能会出现适应障碍，需要特别注意。

目标：了解压力与挫折对自己的影响，探讨积极的应对方式。

【活动训练】

（一）绘制生命曲线

1. 活动目的

回顾自己的过去，设想自己的未来。在交流中，使学生了解每个人都有不同的经历，有顺境、有逆境、有失望、有希望。已经发生了的事情是客观存在的，改变的只能是自己的内心感受。

2. 活动时间

50 分钟。

3. 活动操作：每小组 8 ~ 10 人，分成若干组，小组成员自由发言，讲述自己的"生命线"，分享这些事情和目标给你带来怎样的感受和体验。

（1）冥想导入：时光隧道

（2）回首往昔

将纸横放，在纸的最上方中央写下"某某的生命线"；在纸的中央，自左向右画一条直线；最左边标记为0，最右边标记为自己预估的人生寿命；在上面用三角块标注自己现在所处的年龄位置。在过去这段时间轴上，标出至少三个重要的事件点；标在时间轴上方的，表示当时的感觉很美好；感觉越好，位置越高。标在时间轴下方的，表示当时感到不好受；感觉越不好，位置越低。选择喜欢的颜色，把这些事件点连成线。

小组交流：过去的生命线，这些事情给你带来怎样的感受和体验，有什么意义。

小结：生命没有多余的东西，经历过的就是收获。齐读：对待苦难，学习草对春的积极：破土而出。对待欢乐，学习花对夏的热情：翘首怒放。

（3）生命续线

根据未来会出现的重大事件带来的感受和期望程度，描绘在时间轴的相应位置。选择喜欢的颜色，用虚线把事件点连起来。

分享：你未来的人生将会经历哪些重大事件，你有怎样的期望和感受？

（4）拓展延伸，分发给每个小组一个秘密任务，任务卡有：

你们打算为生命续线中的学业规划做哪些准备？（学业目标等）

你们打算为生命续线中的职业规划做哪些准备？（求职准备、工作目标、理想等）

你们打算为生命续线中的感情规划做哪些准备？（亲情、友情、爱情等）

小组讨论五分钟，派代表分享"站在当下，对未来做的准备"。

（二）不倒森林

每组10人左右为宜。

时间：20分钟左右。

一块平整开阔的场地，保证组与组之间互不干扰。所需物品：10根1.2米长、直径2厘米的PVC管。

不倒森林游戏规则

1、围成一个圆，面向圆心站立，间距一步左右。

2、左手放到背后，右手掌心压住PVC管的顶部，使其竖立起来。

3、集体开始顺时针或逆时针移动，即向旁边移动一步，人动，管不动，并且管不能倒。

4、在移动过程中，左手始终在背后，不得触管。

5、在移动过程中，右手不得抓握PVC管，始终只能用掌心压住管的顶部。

6、如此移动10次，则项目完成，如果期间出现上述违规情况，则重新开始计数。

总结分享阶段要点

1、当团队反复失败，反复重新计数，个人的心情如何？是停下来休息思考，还是多加练习？

2、关注的目标是自己的PVC管还是旁边队友的PVC管？

3、领导力在这个项目中是何时体现出来的？

（三）自我放松训练

1. 活动目的

指导高职生学会自我放松的方法，轻松面对压力与挫折。

2. 活动时间

50 分钟。

3. 活动操作、指导语

要求	内容
安静的环境和恰当的时间	首先要选择一个适当的地方，这个地方越安静越舒适越好，你应有 20～30 分钟的时间不会被打扰。在做放松之前，可以拉上窗帘或将灯光调暗，将衣服的领口或领带松开，腰带放松。最好不要在休息或睡眠之前做放松练习，因为那样你会很快入睡，以致无法练习有关的技巧；也不要在饭后做，那时你的身体正忙着在消化食物，使你无法专心放在肌肉放松上
找一个很舒适的位置	坐在舒适的沙发或椅子上都可以，躺在地毯或床垫上也可以，但是躺着的姿势容易使人入睡，总之，一定要选择一个尽可能舒适、放松身体的姿势。这样，你在放松的时候容易集中注意力，并且会感到舒服和惬意
使用简短明了的语言	学会使用一句简单的话语或一个简单的词汇。这样，在任何时间、任何地点只要你默念放松的词语，就可以很容易、很快地让自己集中精神，心平气和，进入到放松状态中去
排除各种杂念干扰	放松练习的关键之一就是要精神高度集中，一心一意，凝神守心，心无旁骛。只要做到态度平和，顺其自然，就会毫不费力地进入放松状态，让烦恼和紧张飘到九霄云外去，让压力和忧愁化作青烟消失殆尽。当然，这需要你细细地体会和慢慢地感受

放松训练的要求与内容

1. 逐步放松法

找个安静的地方，舒适地坐下来，轻轻地闭着眼睛，慢慢呼吸，很深很深地吸气，开始数数，由 10 倒数至 1，感觉自己数数的节奏，头部有意识地开始放松，逐渐到面部、颈部、胸部、腹部、双臂、双腿……逐渐进入一种有意识地重新塑造自己的氛围中，使心中的烦恼、不自信、悲观的自我越来越远……让想象中出现的一个充满自信、热情、富有魅力的形象走进内心。此训练要连续多次进行，养成习惯，便会达到自我放松的目的。

2. 清除思绪法

由于压力反应是一种生理与情绪方面的交互作用，让您的心灵休息一下，将会有助于放松身体。清除思绪是其他心理放松方法的基础，其原理非常简单：只要心中专注于一个平静的字眼、想法或画面，您就可能产生高度松弛的感觉。常做清除思绪的练习，可以帮助您改善心情，缓解生活中的压力。

（1）找一个舒适的环境，尽可能避开烦心的事物、噪声及干扰。

（2）以最舒服的方式轻松地坐下或躺下来，松开任何紧绷的衣物，脱掉鞋子。

（3）闭上眼睛，慢慢深呼吸。心中专注于一个平静的字眼、想法或画面，持续5至10分钟。

（4）刚开始时，容易有其他思绪进入您的脑中，这时不要紧张或灰心，继续放松深呼吸，然后慢慢再试一次。

（5）做完以上练习之后，伸展一下身体，用力呼气。

3. 想象放松法

准备姿势和准备活动同上，然后由指导者给予言语指导，进而由来访者自行想象。指导者需要事先了解来访者在什么情境下最感舒适、惬意、轻松。

例如常见的情境是在大海边，这样可以给出：我静静地俯在海滩（湖边的草滩）上，周围没有其他人，清风轻轻地吹着，我渐渐聆听到风吹过草地和我的耳旁，我感受到了阳光温暖的照射，触到了身下海滩上的沙子（湖边柔软的草儿），我全身感到无比的舒适，微风带来一丝丝海腥味（清新的味道），海涛在有节奏地唱着自己的歌（湖面上的水静悄悄地涌过来，时不时有鱼儿嬉水溅出的水花声），我静静地，静静地聆听着这永恒的波涛声（这令人神往的梦里水乡）……

我坐上了小船，在平静的水面上慢慢荡漾，小船轻轻地摇呀摇，它有节奏地向我梦想最美丽的地方摇去，我的呼吸渐渐慢而深，和着小船的节奏，在这个美丽的世界里，我尽情地享受着。

天上的白云倒映在镜子一样的水面上，不知哪是水面，哪是天空。几只飞来的海鸥（白色的鸟儿）在贴近水面掠过，翅膀几乎触到水面，一会儿它们又飞向蓝天，尽情地炫耀它们的飞行技巧，非常轻巧，正如我一度有过的进入最佳状态时的表现。

指导者在给出上述指导语时，语气要柔和，语调适中，节奏要逐渐变慢，配合对方的呼吸。指导者也要具有想象力，使语言指导具有形象性。

 【名人谈挫折】

苦难对于天才是一块垫脚石，对于能干的人是一笔财富，对于弱者则是一个万丈深渊。
——（法）巴尔扎克

失败也是我需要的，它和成功对我一样有价值，只有在我知道做不好的方法以后，我才能知道做好一件工作的方法是什么。
——（美）爱迪生

我们关心的，不是你是否失败了，而是你对失败能否无怨。
——（美）林肯

第八章

珍爱生命
——大学生生命教育与危机干预

【心理案例】

有人问：世界上什么东西的力气最大？同学们知道吗？

回答五花八门，有人说是大象，有人说是狮子，有人说是老虎。有人开玩笑说，是金刚。金刚有多大力气，当然大家不知道。

但是，这些答案完全不对，世界上力气最大的是植物的种子。一粒小小的种子可以显现出来的力量，简直是超乎想象的。

这儿又有一个故事。

人的头盖骨结合得非常致密，坚固。生理学家和解剖学家用尽了一切的方法，要把它完整地分开来，都没有成功。后来忽然有人想到了一个方法，就是把一些植物的种子放在要剖析的头盖骨里，给予其适当的温度和湿度，使种子达到发芽的条件。一发芽，这些种子便以可怕的力量，将简单机械力不能分开的骨骼，完整地分开了。植物种子的力量如此之大。

同学们，你们见过哪些生存条件很差，却依然顽强生长的植物呢？我见过长在大石块下面的小草，不管上面的石块如何重，石块与石块之间如何狭小，它总要曲曲折折地，但是顽强不屈地透到地面上来。它的根往土里钻，它的芽往上面挺，这是一种不可抗的力，阻止它的石块结果也被它掀翻。一粒种子力量如此之大，这是生命的力量，也叫生命力。

本章通过"生命教育——认识生命本真"，让大家了解生命的特点及形成过程，了解生命与死亡，感受生命的伟大与来之不易，热爱与敬畏生命。通过"生命礁石——细说心理危机"，让大家了解心理危机的一般常识，能够主动识别心理危机。通过"大学生心理危机的应对"，让同学们了解自己或周围的人发生心理危机时怎么做能更好地应对和度过危机。

第一节 生命教育

——认识生命本真

一、什么是生命

什么是生命？不同的人对此有不同的观点，生物学家、心理学家等认为生命泛指一切具有稳定的物质和能量代谢现象，能回应刺激，进行繁殖的半开放物质系统，主要特征包括新陈代谢、生长、发育、遗传、变异、感应、运动等。生长和发育是生命的基本过程，人的生命包括自然生命和社会生命，是二者的有机统一。

（一）生命教育

大学生对于生命都不陌生，那么什么是生命教育呢？大学生生命教育是教育者依据生命的特征，遵循生命发展的原则，帮助大学生认识生命、尊重生命、珍爱生命，促进大学生主动、积极、健康地发展生命，提升生命质量，实现生命的意义和价值的一种教育活动。我国的研究者单常艳、王俊光把生命教育分为"三个层次""四个向度""五种取向"。

"三个层次"：一是保存生命教育，即生存教育；二是发展生命教育，即生命价值教育；三是死亡教育。

"四个向度"：一是人与自己，即"知己"；二是人与他人，即"知人"；三是人与环境，即"知物"；四是人与宇宙，即"知天"。

"五种取向"：一是生理取向，身体是生命的有形物质载体，人对于生命的思索首先在于了解自己的身体结构；二是心理取向，人类在长期适应环境的过程中产生了意识和心理，这是人的根本特征；三是生涯取向，在自我人生价值观、信仰的指导下，个体将通过社会实践来实现自己；四是社会取向，人是社会的人，需要与他人、自然、环境和谐共处，因此社会取向的生命教育同样不可或缺；五是死亡取向，开展死亡教育，给予悲伤情绪辅导，使个体坦然面对和接受他人的死亡，更加体验到生之可贵，进而珍惜生命。

（二）生命的特点

生命具有有限性、不可逆性、不可再生性、唯一性、不可换性、创造性、价值性等特点。

1. 生命的有限性

就人类而言，人的生命是非常短暂和有限的。《2019年我国卫生健康事业发展统计公报》显示，我国居民人均预期寿命为77.3岁。由于生命比较短暂，我们就更要珍惜生命，珍爱生命，努力学习，积极生活，去实现对短暂生命的超越，实现生命更大的价值。

2. 生命的不可逆性

人的生命从受精卵着床起，便一直沿着生长、发育以及衰亡的生命历程展开。今天的自己，绝非昨天的自己，现在的自己绝不会变回过去的自己，"返老还童"也绝非现实。正是生命的不可逆性，才促使我们更加关注、珍惜和呵护自己的生命，珍惜当下。

3. 生命的不可再生性

每个人的生命只有一次，失去了不能重来，具有不可再生性。"万劫不复"和"人死不得复生"，便道出了这个真理。所以我们应该想好自己要过什么样的人生，珍惜生命的每一个阶段。

4. 生命的唯一性

每个人的生命都是唯一的，就像世界上没有两片完全相同的树叶一样，世界上也绝对不存在两个完全相同的生命个体。生命的唯一性不仅取决于个体基因序列结构等生理性差异，还表现为后天环境、教育、主观能动性等因素造就的心理和行为模式上的差异。不同的人选择适合自己特点的生活方式，使自己的生命呈现出明显的个性。

5. 生命的不可换性

一个人的生命既是属于自己的，也是属于社会的。每个人的生命权受到法律的保护，自己和社会在合法条件下都无权剥夺自己的生命。人与人之间的生命不能交换，也不可能交换，彼此不可替代。

6. 生命的创造性

人的生命是一个生生不息、不断追求完美的过程。我们每个人的生命都是通过自身的不断努力去认识自己的生命、探索生命的奥秘、创造新的美好生活、实现生命的价值的过程。

7. 生命的价值性

生命在时间上具有有限性，让生命为意义而存在，探索和追求生命的价值和意义是生命超越有限走向无限的唯一途径。因为只有自主性高的人才能够驾驭和主宰自己的生命，并通过努力来实现自己的愿望和梦想，这样就能够把有限的生命引向无限的意义和境界，人与动物的最大区别就在于人会寻找生命的意义和价值。

（三）生命教育与心理健康教育

有学者提出，从广义上看，生命教育包括心理健康教育。心理健康教育是生命教育的一个必不可少的组成部分。心理健康教育在一定意义上讲是生命教育的重要内容和必要环节与措施，但还有的学者认为心理健康教育有时候就是生命教育。两者的关系到底是什么样的？估计用"息息相关"能更合适地描述。心理健康教育与生命教育并不是相互排斥的，两者互相包含，相辅相成，都是为了全面提高学生的心理素质，实现认知、情感、意志和行为的平衡发展，建立与自己、与他人、与环境的互相尊重，最终实现成熟和快乐的人生目标。

生命教育之所以会在近些年受到研究者的热议，是因为现有心理健康教育并不能满足实际的需求。心理健康教育过于强调价值中立原则，把非心理问题也"心理化"，这当然只能治标，不能治本。另外，心理健康教育不能完全解决大学生的极端行为，因为大学生们除了一般性的人际关系困惑、恋爱困惑等常见的心理困惑外，更多的是面临一些具有更深层意义的生命困惑问题。例如，如何面对贫困或对生命成长的挑战；如何面对就业压力带来的对未来的不自信；如何处理理想社会与现实状况的矛盾所带来的悲观与绝望；如何改变只注重当下享受、失去理想和目标的低迷的生活状态；如何扩大自己的生命视野以超越对生命的自私而狭隘的理解等。可以说，大学生中比较普遍存在的人生困惑，并不只是个人的心理问题，不只是个人内部各种心理因素的不协调以及个人心理与外部环境的不协调问题，更多的是一系列的生命困惑和生命困顿。另外，即使是心理问题，背后的真正根源或者成因与他们不健康的生命观不无关系。所以，坚持以价值中立原则为基础的心理咨询和心理健康教育是不能完全解决大学生心理困惑和生命困顿问题的。于是，有的研究者提出了实现心理健康教育与生命教育相融合。生命教育是高校心理健康教育开始深入到人的精神世界的重要表现，珍爱生命也成为心理健康教育的核心内容。

二、实现心理健康教育与生命教育相融合

（一）开设独立的生命教育课程及在专业学科中渗透生命教育

开设独立的生命教育课程是学校实施生命教育的最基本途径。教师要以自己的行动来实践生命教育，要以自己认真的教学态度，积极的工作热情，让学生感受到教师对生命的尊重和珍爱，让学生通过学习感悟到生命的存在，生命的可贵，生命的美好，生命的意义。在课程内容上，应突出以下三个方面：

1. 珍爱生命的教育

马克思曾指出："任何人类历史的第一个前提无疑是有生命的个人的存在。"要引导高校学生对自身生命充满感恩之心。生命作为个体存在，是人的其他价值创造、实现和评估的先决条件。没有这个先决条件，人的一切将化为乌有。生命对于每个人来说只有一次，失去了便不可复得。生命在世间面临太多不确定的遭遇，可能是幸运的、快乐的，也可能是不幸的、悲伤的。生命在世间的存在和发展就是一个偶然，所以，在拥有生命的日子里，应当快乐地生活，享受生命的美好。同样，要引导学生以此态度去对待他人的生命。认识到这一点，即使在与人相处的过程中有再多不可避免的冲突，也不会采取极端的方式去解决，而会代之以宽容和谅解。同时，要引导学生认识和把握人的身体成长、发育和保健的规律，确立科学的饮食观念，养成良好的健体习惯和生活方式。

2. 磨砺生命的教育

人生是无法避免苦难的，苦难与人生共存，没有苦难的人生是残缺的人生。生命教育要善于引导大学生认知及提高应对挫折能力，引导他们体会生命负面状态的意义与价值。西方教育和心理卫生专家几乎公认，对挫折的良好心态是从童年和青少年时不断受挫和解决困难中学来的。孩子长大后面对竞争激烈和复杂多变的社会现实时，不可避免地要遭受挫折和打击。生命教育不仅要教育学生正确面对挫折，而且要培养学生接受挫折、战胜挫折的能力，要让学生明白这样的道理，生命不仅属于个体本身，还与父母、朋友、社会密切相连，所以即使在逆境中，谁都没有权利草率结束自己的生命。生命教育的意义就在于

生命只有在战胜苦难中才会有乐趣，才会有生机，无论在我身上有多少缺点和不是，无论他人和我有多么不同，我都必须尊重他人、悦纳自己、融合社会。

3. 展示生命的教育

高校生命教育不单纯是让大学生远离死亡、拯救生命，更是对人生价值的引导。生命教育的落脚点和归宿就是提升大学生的精神境界，引导他们树立远大的人生理想、追求崇高的人生价值，以获得生命存在的最大意义与价值。当前，有相当一部分在校大学生对人生的方向、目标、意义和价值不很明确，他们只专注于当下的生活感觉，而淡化了生命的意识、生命的存在和对精神生命的求取。如何让大学生充分展示生命呢？

（1）通过开设人生规划或者职业生涯规划讲座等，用在校或毕业学生的成功事例，积极引导大学生树立正确的生命价值观，科学引导大学生有意识地管理自己的人生，追求崇高的理想，明确展现自我价值就是展现生命，鼓励他们结合自己的兴趣、能力制定出切实可行的职业规划或人生奋斗目标，以此来指导人生道路的方向。

（2）通过正面灌输、文化熏陶和榜样的力量等不同途径提升大学生的精神境界。尤其是要发挥身边榜样的引领作用，树立贴近学生实际生活，具有可信度和影响力的榜样或典型以形成大学生的价值参照。

（3）积极引导大学生参与到校园的各项文体活动中，支持学生社团组织的发展，给广大学生提供课堂所不能提供的更广阔的视角和空间，有利于大学生的综合素质的提升。

（二）组织开展心理咨询，解决大学生生命困扰

学校心理咨询可以给学生提供专业化、科学化、规范化的心理服务和人生指导，在解除学生的心理困惑，促进学生的生命成长方面具有重要作用。古希腊哲学家爱比克泰德提出"检查自己的大脑，解除困扰"，当前要着力建立、健全心理咨询机构，配备合格的专职心理咨询教师，及时有效地解决大学生在学习、适应、交往、恋爱、择业、自我发展等各个方面出现的心理问题和矛盾，疏解他们的心理压力，减轻他们的内心痛苦，将自残、自杀等轻视生命的念头消灭于萌芽状态之中。

（三）将生命教育渗透到团体心理辅导活动中

近年来，模拟社会生活情境的素质拓展训练等高校团体心理辅导活动已逐渐成为心理健康教育、生命教育的有效形式之一，其可以促进大学生的自我认识、自我调节、自我发展。其优势体现在如下三个方面。

1. 具有较强的针对性。团体心理辅导经过前期的测验、筛选，选出拥有某类共同问题的学生，形成一个团体，针对他们的具体情况，设计辅导活动。

2. 具有较强的实效性。团队辅导活动类似于游戏，游戏本身就是一种乐趣，乐趣的产生对于心理障碍的预防、自杀的免疫是足够强大的。通过创设团结和谐的氛围，运用语言的感染力与肢体语言的魅力，寓教于乐，生命教育将会有更强的吸引力和感召力，让学生的身心在潜移默化中获得发展。

3. 定期邀请诸如伦理学、心理学、社会学、生物学和医学等方面的专家为学生做一些关于生命教育的专题讲座，使学生可以对生死、对人生有一个透彻的了解。

（四）通过校园文化活动及社会实践活动培养大学生的心理素质和生命情感

丰富多彩的校园文化活动及社会实践活动，让大学生在活动中体验生存感受、提高心理素质、培养生命情感。心理教育和生命教育都是触及心灵、感染灵魂的教育，而不是仅仅通过传授知识和技能就能够达到教育目的，必须通过一些体验来实施，有些教育活动可以联合开展，共同培养大学生的心理素质和生命情感。因此，学校要遵循教育规律利用各种途径来培育学生的生存感受能力和生命情感。新时期，实现心理健康教育与生命教育的融合成为促进大学生健康发展的必经之路。在以后的心理健康教育中，向生命教育方面的延伸和扩展应该是目前教育实践中的趋势。高校的生命教育应在以后的教育实践中继续发掘适用的教学资源和教学方法，与已有的心理健康教育紧密结合，借鉴其理论及方法的优势，顺应规律，以积极的教育态度、人生态度、生命态度完成教育任务。

第二节 生命礁石
——细说心理危机

一、大学生心理危机概述

大学生心理危机一般是指大学生由于突然遭受严重灾难、重大生活事件或精神压力，使生活状况发生明显的变化，尤其是出现了现有生活条件和经验难以克服的困难，以致陷入痛苦、不安的状态，常伴有绝望、麻木不仁、焦虑，以及自主神经系统症状和行为障碍。要判断大学生是否处于心理危机状态需要满足三个条件：

（一）个体存在着具有重大心理影响的生活事件，如突然遭受严重灾难、重大生活事件或精神压力；

（二）出现严重不适感，引起一系列的生理和心理应激反应；

（三）当事人惯常的处事手段不能应对或应对无效。

如果达到以上三个标准就可以判断个体正在经历着心理危机。

一般情况下，心理危机的后果有四种：

（一）不仅顺利度过危机，还学会了处理危机的方法和策略，提高了心理健康水平；

（二）度过了危机但留下心理创伤，影响个体今后的社会适应；

（三）未能度过危机，导致出现严重心理障碍；

（四）自残或自杀。

二、大学生常见心理危机

关于大学生常见心理危机的分类有很多，根据大学生在校主要生活事件，把其划分为适应型心理危机、学习压力型心理危机、恋爱情感型心理危机、人际关系型心理危机、境遇型心理危机、经济压力型心理危机、就业压力型心理危机、综合型心理危机等。

（一）适应型心理危机

适应型心理危机主要是指大学生对大学新的学习、生活、人际关系等环境不适应，从而形成的心理失衡状态。杨子珺等人对 3703 名大学新生进行调查后发现可能存在明显心理卫生问题者 507 人，占 13.68%；想轻生者 79 人，占总人数的 2.13%；应引起关注 1263 人，占 34.11%。强迫症状、人际关系不良、情绪和意志问题、自信心缺乏是大学新生心理健康的主要问题。

（二）学习压力型心理危机

学习成绩是家长、老师、同学、社会、用人单位对学生进行评价的主要依据之一，也是大学生非常看重的。大学的学习内容信息量大，教学方法区别于中学，一些专业课的学习与中学成绩关系不大，这些因素容易造成部分学生难以把握大学的学习方法，从而影响大学的学业成绩，而大学同学入学成绩都很接近，同学间的学习竞争基本上是重新开始的，大学成绩的好坏取决于多种因素。大学在学科设置、课程数量等方面任务普遍较多、较重，不少学校有外语、计算机等等级考试的硬性要求，如果学生没有通过相关要求，就无法取得学位甚至不能毕业，不少学生感到学习压力很大。另一方面，因为就业的要求，大学生除了完成较重的必修学业之外，还要参加各种形式的职业资格考试和等级考试，这进一步加重了大学生的学业负担。还有的学生对专业的不适应和排斥，也会造成学业上的巨大压力。这些学习上的压力往往使大学生长期处于身心疲惫的状态，容易引发心理危机。

（三）人际关系型心理危机

当代大学生独生子女多，成长环境比较封闭，在人际交往中常常表现出性格缺陷。许多独生子女从小一直是家长和老师眼中的佼佼者，总是以自我为中心，缺乏与人沟通的能力，缺少交往中所需的宽容、热情、信任和技巧，这一弱点在上大学以后的集体生活中暴露无遗。大学寝室同学间的关系紧张是大学生心理危机爆发的重大隐患。缺乏交往能力还表现在大学生容易出现骄傲、不懂得欣赏他人优点等方面，使得大学生在人际交往中缺乏主动性，同学之间"心墙"越垒越高。除了与同学的关系紧张外，在与老师、家人或其他社会成员的交往中大学生也常常受到挫折。在碰到人际关系挫折后，他们表现出脆弱、抗挫折能力差的特点，表现出与他们的骄傲不相符合的低自信力。一旦遇到困难，没有勇气面对，更没有能力解决，很容易导致大学生在面对人际关系挫折时无所适从，从而产生心理危机。

（四）恋爱情感型心理危机

大学生处于人生成长阶段的青年期，生理发育基本成熟，普遍具有欣赏和追求异性的心理。由于相关法律法规的认同，当代大学教育与管理中，对于大学生恋爱的态度也越来越宽容。目前，高校大学生恋爱的现象越来越普遍，如果感情和学业处理得当，恋爱会使两人相互督促，共同进步和提高。然而，有的同学心理发展还不成熟，情感经验缺乏，无法处理好复杂的情感纠葛，一旦出现感情挫折（如遭遇倾慕异性的拒绝、恋爱过程中的分手、不慎的性行为，恋爱与学业、事业之间的冲突等），就容易陷入恋爱情感引发的心理危机。

（五）境遇型心理危机

境遇型心理危机是指突如其来、无法预料和难以控制的自然灾害或人为事件，使大学生无法承受由此带来的影响和压力，从而产生心理危机。近年来接连发生的洪水、冰雪灾害、地震、内涝等自然灾害，以及大学生个人及家人在灾害中受到的影响和伤害，往往会对大学生心理产生严重的影响，甚至产生心理危机，从而形成继发性伤害事件。而生活中突发的人为事件，如亲友突然死亡、父母感情破裂、家庭经济破产、家人受到刑事处罚、偶像幻灭、自身遭遇身体的侵害或财产被侵占等偶然性遭遇，这些事件随机性强，当事大学生没有心理准备，一经发生，心理上的无助感和挫折感十分强烈，非常容易引发心理危机。

（六）经济压力型心理危机

目前，子女的教育费用，特别是高等教育的费用，已经是许多低收入家庭第一位的消费支出。对于收入较低的农村家庭、城市低保户等经济困难的家庭，要负担一名甚至是多名大学生上学是一个巨大的压力，许多家庭因此背上沉重的债务。近年来，国家出台相关奖、助、贷政策，一定程度地缓解了大学生学费压力的问题。然而，日益上涨的生活费也是经济困难家庭大学生面对的难题，其中部分学生可以通过兼职收入缓解一定的压力。而那些既困难又没能找到兼职的学生，在巨大的经济压力面前容易感到无助和自卑，从而产生巨大的心理压力。而生活在同一群体中的大学生，来自不同条件的家庭，具有不同的消费能力和消费习惯，大学生容易羡慕家庭条件好、消费水平高的学生，有的学生还盲目攀比，给自己造成了不必要的经济压力，更有甚者进而产生嫉妒，形成严重的心理扭曲。也有大学生以高消费来赢得恋人欢心，让自己背上沉重的经济负担。

（七）就业压力型心理危机

当前大学生普遍存在着对前程的担忧，他们不知道毕业后该干什么、能干什么，感到前途渺茫，担心找不到好的工作，担心辜负父母的期待，甚至担心失业。高等教育的大众化和社会竞争的加剧，大学生已经不再是"天之骄子"，他们几乎从上大学起就在为就业做准备。这种就业压力一直伴随大学生的整个大学生活，已经成为大学生面临的最大的心理应激源，是大学生陷入心理危机的最主要原因之一。就业压力型大学生心理危机还表现在求职过程中。一方面，用人单位对大学生的知识结构、社会实践、综合素质的要求越来越高；另一方面，高校毕业生的就业期望也越来越高，留恋大城市的工作，不愿到艰苦地区工作，加上就业领域存在的个别不正之风，使不同家庭社会背景、地域条件、性别等的大学生受到区别对待。在就业过程中，部分难以就业或与就业预期反差较大的学生容易产生心理危机。

三、高职生心理危机的特征

（一）突发性和不可预见性

引发大学生心理危机的因素众多，如人际关系、学业压力、就业压力、情感不稳定、身体的健康情况，等等。但往往大学生又缺乏对心理危机的清醒认识。许多人遇到心理危机时，多采取把压力自己扛，把秘密埋在心里，而不是选择与人沟通。因此，当心理承受能力突破其临界点时，心理危机就极易引发危机事件。那些缺乏外界介入和帮助的危机状态如果自然衍生，就极具有突发性，令人猝不及防。

（二）破坏性和传染性

大学生常见的心理问题有很多。比如自卑、压抑、孤独、逆反、焦虑、敌对、偏执等，这些不仅影响了大学生自身的生活和学习，也对在校其他学生产生较大的负面影响。学校是一个大环境，如果在学校发生了一些危机事件，学生就会产生不同程度的恐慌和紧张，也会有不同程度的压力，甚至会效仿，因此破坏性和传染性极大。

（三）危险性和不可控制性

大学生面对突如其来的危机，并不是都能妥善地解决处理。如果性格内向，不善于倾诉或求助，再加上自身承受能力有限，身心所处状态是消极的，就可能加速危机的发生、发展，出现局面失控的状态，甚至引发一些极端或偏激的行为。对于处于危机中的人来说，如果没有一套快速的解决方案，最终可能会导致危机的加深。而面对同一类型的危机，时间变了，对象变了，解决的方法也应该随之而变，而不是千篇一律的，否则就会加剧危机的破坏性。

（四）广泛存在且复杂多变

大学生心理危机无处不在，有的甚至无法预测。它往往不是单一因素的反映，而是各种原因相互交织后的综合反映。它存在于社会、学校、家庭中，有时有形，有时无形。随着社会的发展，危机形成的因素也在不停地发展，如果个体不能及时调整，适应变化，就会陷于被动，影响其与环境和社会的适应，造成不和谐。

（五）危机与机遇并存

危机的解决会导致积极和消极两种预后。对于处在危机中的人来说，正确处理和解决危机，可以使当事人更健康地成长，提高正确的自我意识，是人生路上的一个机会，一个重要转折。此时，危机转变为机遇。但如若解决不好，则可能导致个体严重的心理障碍。

四、大学生心理危机的诱因

导致大学生出现心理危机的因素是多方面的，既有社会、学校、家庭等外部原因，也有学生个体方面的自身原因。

（一）社会方面

电脑、智能手机终端的新媒体信息等飞快发展，各种良莠不齐的信息出现并传播。一些媒体为了吸引人眼球，频频报导各种负面事件。而大学生正处于关键的价值观、人生观形成阶段，其心理机制还未完全健全，对社会中的种种问题与矛盾往往感到很迷茫。经常接触此类信息，在遇到困境时可能会受到心理暗示，做出极端的选择，从而造成严重的后果。

（二）学校方面

心理健康教育缺失。一方面，部分高校学生心理健康教育主要是靠辅导员日常管理和教育，专职从事心理危机事件预防工作的专业人员很少。这些管理者只能靠自己的管理经验来判断，对学生的心理危机缺乏敏锐感，有的甚至不能正确引导。另一方面，部分高校心理服务体系的建设和运作还比较落后，满足不了形势发展的要求，大学生的心理问题得不到及时有效的解决。并且相当一部分高校至今没有开设心理健康课，经费投入不足，宣传力度不够，危机干预工作开展得不全面。

（三）家庭方面

家庭环境是心理危机最直接的诱因之一。家长关注学生的成绩多于孩子的快乐成长，关注的还是生理健康多于心理健康。父母对孩子期望过高，望子成龙，望女成凤，或者把自己的想法强加给子女，这些都是导致孩子压力过大和引发心理危机的因素。另外，家庭结构与氛围也是引发危机心理的因素，如离异家庭、单亲家庭等，易使子女形成敏感、多疑、抑郁、偏执等不健康的性格特点，为日后心理危机的产生埋下伏笔。

（四）个体方面

1. 人格缺陷

危机人格理论认为，心理危机受个体性格特点的影响，是容易陷入危机状态的个体，在人格上常具有这样几个特异性：注意力明显缺乏、社会倾向性过分内倾、遇到危机时总联想不良后果；在情绪情感上具有不稳定性、自信心下降、独立处理问题的能力差；解决问题时缺乏尝试性，行为冲动欠理性，经常会有毫无效果的反应行为。

2. 社会支持缺乏

马建青等人认为"社会支持系统是心理危机形成的最后一道防线，社会支持系统的缺失是心理危机形成特别是心理危机最终发生的重要原因。有效的社会支持可以成功避免危机的发生"。社会支持从性质上可以分为以下两类：

（1）客观的、可见的或实际的支持，包括物质上的直接援助。例如，为解决贫困大学生上学难所设立的各种助学金、奖学金、减免学杂费等；

（2）主观的、可以体验到的或情感上的支持，指的是个体从父母、亲戚、朋友以及其他社会人员等处所获得的精神上的支持。

大学生失去心理平衡时，如果拥有一个良好的社会支持系统，他们就能正确认识到自身能力与现实的距离、现实自我与理想自我的关系，这都在一定程度上缓解他们紧张和压抑的情绪，维护他们的心理健康，也预防心理危机的发生。

第三节 大学生心理危机的应对

一、心理危机干预措施

心理危机干预就是在发生严重的突发事件或创伤性事件后采取迅速、及时的应对措施，告知其如何运用合适的方法处理应激事件，并采取支持性治疗帮助个体度过危机，恢复正常的适应水平，以帮助个体化解危机，防止或减轻未来心理创伤的影响。心理危机干预主要有自我应对和专业干预两种措施。

（一）自我应对心理危机

当遇到心理危机时，对于个体自身而言，可以通过正确看待危机、寻求社会支持两个方面，进行心理危机的自我应对。

（1）正确看待危机。首先，危机是客观存在的。人的一生总会面临各种危机，危机是不以人的意志为转移的。面对客观现实，我们应该承认它，肯定它的存在。其次，危机又是辩证的。从积极的意义上看，适度的危机是维系正常心理功能的条件，有助于人们适应环境、提高能力，有助于认识自身的长处与短处，还能激发个体潜能的发挥，使人生变得丰富而充实。而危机的克服又能使人在增长人生经历的同时提高自信心。

（2）寻求社会支持。人的成长和发展离不开他人和社会的支持。在产生心理危机时，来自家人、亲友、同学、老师的帮助和支持，往往会帮助我们积极应对危机。通过向他人倾诉，一方面可以释放压抑的情绪；另一方面还可以得到对方的安慰和鼓励，得到心灵的慰藉，同时对方还可能提供解决问题的经验和思路。通过参加社会活动，拓宽人际交往的途径，体验与他人的互助与合作，增强安全感和被接纳的感觉，获得积极的情绪体验以及顺利度过危机的信心。

（二）心理危机干预的专业帮助

一般由专业的心理工作者、社会工作者或精神科医生等人员负责开展心理危机干预工作。专业的危机干预需要很多程序，一般包括接触危机者、评估危险程度、确定干预目标、具体实施干预、小结和评估等，并且危机后还需要一些相应的援助策略。一般来说专业的心理危机干预需要从以下三方面开展工作。

1. 沟通并建立良好关系即获得当事人的信任。建立并保持救助者和当事人双方的良好沟通和相互信任，有利于当事人恢复自信和减少对生活的绝望，保持心理稳定和有条不紊的生活，同时改善人际关系。

2. 支持即稳定当事人的情绪。给予当事人精神支持，而不是支持当事人的错误观点或行为。这类技术的应用旨在尽可能地解决目前的危机，使当事人的情绪得以稳定，如果有必要，可考虑短期的住院治疗。同时，在干预过程中须注意，不应带有教育的目的，教育虽说是干预者的任务，但应是危机解除和康复过程中的工作重点。

3. 干预技术包括问题解决、促进行动等。干预的基本策略为：第一，主动倾听并热情关注，给予心理上的支持；第二，提供情绪宣泄的机会，鼓励当事人将自己的内心情感表达出来；第三，解释危机的发展过程，使当事人理解目前的境遇，理解他人的情感，树立自信；第四，给予希望和保持乐观的态度和心境；第五，培养兴趣、鼓励积极参与有关的社交活动；第六，注意社会支持系统的作用，多与家人、亲友、同学接触和联系，缓解孤独感和心理隔离感。另外，危机后还需要一段时间的相应指导。

二、自杀的预防措施

自杀是心理危机可能导致的一个极端后果，预防自杀行为是心理危机预防的重要内容和目的。自杀的征兆主要表现在语言上、行为上。预防大学生自杀是个系统工程，需要各个方面积极配合，不仅要做好各个方面、各个层次的工作，还要求大学生能自觉加强自身心理素质，提高解决问题、克服困难的能力和对挫折的耐受力。

（一）语言上的迹象

直接说出："我希望我已经死去，我再也不想活了"或者间接说出："我所有的问题马上就要结束了，现在没人能帮我，没有我，别人会生活得更好，我再也受不了啦，我的生活一点意义也没有""长痛不如短痛，唯有牵挂的是年迈的父母"等言语；他们说与自杀有关的事情和拿自杀开玩笑；谈论自杀的计划，包括自杀的方法、时间和地点；流露出无助、绝望的情感；与亲朋告别；谈论自己现有的自杀工具。

（二）行为上的迹象

如出现突然的、明显的行为变异，中断与他人的交往，或危险行为增加；无缘无故请人吃饭；有条理地安排后事；无故给同学送临别礼物、送自己珍爱的东西；频繁出现意外事故；饮酒骤增等。

（三）如何帮助有自杀征兆的人

1. 表达你的关心，询问其目前的困难。

2. 保持冷静，耐心倾听，鼓励其谈自己内心的感受，也不试图说服其改变自己的感受。

3. 表示接纳，不对其做任何道德或价值评判，表达出在相同境遇下自己也会有同样的感受。

4. 给予希望，让其知道所面临的困境是能够改变的，但不要认为只凭借自己的能力就能够解决问题。

5. 询问其是否有自杀的想法："你是否感觉到痛苦、绝望，以至于想结束自己的生命？""有时候个人经历非常困难的事情时，他会有结束生命的想法。你会有那种感觉吗？"询问一个人有无自杀念头不但不会引起自杀，反而可以拯救生命。当其说想要自杀时，应认真对待。

6. 如果认为其即刻自杀的危险很高，要立即采取措施，不要让其独处，去除可能用于自杀的危险物品，或将其转移至安全的地方，陪其去心理卫生机构寻求专业人员的帮助；

如果自杀行为已经发生，应立即报警求救，并通知老师。

三、自杀危机的干预

（一）自杀意念心理危机干预措施

1. 与学生进行沟通，获取信任，提供心理支持，稳定情绪，成立监护小组，由辅导员和监护小组对有自杀意念的学生实行 24 小时监护。

2. 及时通知有自杀意念学生的家长尽快赶到学校。各学院应注意不要告知学生已通知家长，并要求家长也不要告知学生，以免激发或加重所干预学生的自杀意念，待家长赶到学校后双方共同商量解决办法。在必要的情况下，对学生家长的心理干预也是必要的，尤其是对有自杀史或较重心理疾病的家长。

3. 向学校或上级机关的心理健康教育中心报告，由其组织有关专家对有自杀意念学生的心理状况进行评估并写下书面评估；经心理健康教育中心评估或有关专家会诊。确认学生需立即住院，可到学校对口的医院进行心理治疗。如评估该生回家休养治疗有利于其心理康复，学校应通知家长将学生带回家休养治疗，及时通知学生家长办理休学或退学等手续；有关医疗费用按学校有关规定处理。

4. 学生所在学院在事故处理后应将该生的详细材料（包括遗书、日记、信件复印件）提供给学校及管理机构备案。

（二）实施自杀行为心理危机干预措施

对于已经实施了自杀行为的学生，二级学院应立即采取以下措施：

1. 对刚刚出现自杀行为的学生，要立即送到最近的急诊室或校医院并由急诊室或校医院负责实施紧急救治或协助转到其他医院救治。同时，立即向学工部、心理健康教育中心报告情况。

2. 及时向保卫处报告，由保卫处负责及时保护勘察、处理现场、防止事态扩散和对其他学生的不良刺激，并配合、协调有关部门对事件的调查。

3. 立即通知实施自杀行为学生的家长到校，在必要的情况下，也需要对有自杀史或较重心理疾病的家长进行必要的心理干预。

4. 对于自杀未遂学生在其病情稳定后由家长将其带回家休养治疗，为其办理休学或退学等手续，有关医疗费用按学校有关规定处理。

5. 应对已经实施自杀行为学生周围的同学，尤其是同寝室同学、同班级同学采取相应的安抚措施，如果事态扩大，心理健康教育中心可根据需要进行团体辅导，避免更大范围的急性心理危机。

6. 正确应对新闻媒体，要有选择性地把事实告诉外界。防止不恰当报道引发负面影响。

7. 学生所在二级学院在事故处理后将该生的详细材料（包括遗书、日记、信件复印件）提供给学工部或心理咨询室备案。

（三）自杀发生后大学生的心理修复工作

首先，对于有自杀未遂史的复学学生，心理健康教育中心要组织专家对其进行定期心理访谈及风险评估，并及时反馈给学生所在二级学院。同时二级学院应安排学生骨干对其进行严密监护，复学学生的辅导员每月至少要与其谈话一次，通过其周围的同学了解情况，并向心理健康教育中心汇报。其次，要做好善后的工作。日常生活中，我们要对自杀者表现出镇静、关爱而非歧视性态度。一般而言，在自杀未遂后的第一年中（特别是头三个月），自杀致死的风险性最高。因此至少在危机期不要对其自杀行为和价值观进行道德评判，以免引起他们心理的抗拒和敌对情绪。同时，要启动社会、学校和家庭心理支持系统，通过家人、朋友和师生的爱心和帮助，使其产生对社会、家庭的责任感和对生活的留恋，增强生存的信心。据研究，90% 的自杀未遂者经过有效干预会放弃轻生念头。

 【心灵瑜伽】

（一）生命中的三次幸运

（1）幸运一：来到地球

宇宙大约在147亿年前的大爆炸中产生，之后陆续产生了太阳、月亮、金星、木星、水星、火星、土星、天王星……经过近100亿年的历史演变，大约在46亿年前宇宙中诞生了一个晶莹透亮的蓝色球体，上面蓝色和白色相互交错，周圆裹着一层薄薄的水蓝色"纱衣"，它就是地球。经过漫长的进化历程，生命大约在38亿年前幸运地出现在地球上。今天的地球，从高山到平原，从沙漠到极地，从天空到海洋，几乎到处都有种类繁多，大小不一、形态各异的生物。随着人类文明的高速发展，人类为了能够探寻宇宙中生命的奥秘，中国向大空发射了"嫦娥"系列登月探测器、"玉兔"月球车、"天问一号"火星探测器，美国则发射了"探路者"火星探测器、阿波罗号等多个探测研究设备。遗憾的是，到目前为止，还没有发现月球、火星、金星等其他任何星球上存在生命的特征或适合生命存在的条件。

（2）幸运二：成为人类

地球生命的历史是一部不断进化的历史，是一部生命与环境实现着平衡和良性循环的历史。经过漫长的历史演变，地球上的生命历经诞生、单细胞、多细胞、原始生态系统形成等阶段，从简单到复杂、从水生到陆生、由低级到高级不断进化，大约在300万年前，人类在地球上最终幸运地诞生。

（3）幸运三：成为自己

人类胚胎发育是从卵子和精子相结合形成受精卵开始的。从受精卵形成、发育到新生儿诞生，充满着幸运。成熟的男性每次排精产生约2亿个精子；女性大约从15岁性成熟开始产生成熟卵子，直到绝经，其一生总共产生约450个成熟卵子；假如25岁结婚，除去结婚前的10年，女性一生约产生300个卵子。每个卵子每次都有2亿个精子竞争，与它结合，但最终只有一个能力最强的精子能够与卵子结合成为受精卵，生命受孕后要经历十月怀胎，能力最强的精子能够与卵子结合成为受精卵。女性受孕后要经历十月怀胎，胎儿在母体内度过约 40 周（280 天）的发育阶段才能够降生。胎儿在发育的过程中还要经历不良情绪、药物、营养不良、病毒、死胎或畸形、疾病等因素的挑战。因此，我们每一个人天生就是冠军，非常幸运地成为自己。

（二）我很重要

当我说出"我很重要"这句话的时候，颈项后面掠过一阵战栗。我知道这是把自己的额头裸露在弓箭之下了，心灵极容易被别人的批判洞伤。

许多年来，没有人敢在光天化日下表示自己"很重要"。我们从小受到的教育都是——"我不重要"。

作为一名普通士兵，与辉煌的胜利相比，我不重要。

作为一个单薄的个体，与浑厚的集体相比，我不重要。

作为一位奉献型的女性，与整个家庭相比，我不重要。

作为随处可见的人的一分子，与宝贵的物质相比，我们不重要。

我们——简明扼要地说，就是每一个单独的"我"——到底重要还是不重要？

我是由无数星辰日月草木山川的精华汇聚而成的。只要计算一下我们一生吃进去多少谷物，饮下了多少清水，才凝聚成这具美好的躯体，我们一定会为那数字的庞大而惊讶。平日里，我们尚要珍惜一粒米、一叶菜，难道可以对亿万粒菽粟亿万滴甘露濡养的万物之灵，掉以丝毫的轻心吗？

当我在博物馆里看到北京猿人窄小的额和前凸的吻时，我为人类原始时期的粗糙而黯然。他们精心打制出的石器，用今天的目光看来不过是极简单的玩具。如今很幼小的孩童，就能熟练地操纵语言，我们才意识到人类已经在进化之路上前进了很远。我们的头颅就是一部历史，无数祖先进步的痕迹储存于脑海深处。我们是一株亿万年苍老树干上最新萌发的绿叶，不单属于自身，更属于土地。人类的精神之火，是连绵不断的链条，作为精致的一环，我们否认了自身的重要，就是推卸了一种神圣的承诺。

回溯我们诞生的过程，两组先命基因的嵌合，更是充满了人所不能把握的偶然性。我们每一个个体，都是机遇的产物。

常常遥想，如果是另一个男人和另一个女人，就绝不会有今天的我……

即使是这一个男人和这一个女人，如果换了一个时辰相爱，也不会有此刻的我……

即使是这一个男人和这一个女人在这一个时辰，由于一片小小落叶或是清脆鸟啼的打搅，依然可能不会有如此的我……

一种令人怅然以致走入恐惧的想象，像雾蔼一般不可避免地缓缓升起，模糊了我们的来路和去处，令人不得不断然打住思绪。

我们的生命，端坐于概率垒就的金字塔的顶端。面对大自然的鬼斧神工，我们还有权利和资格说我不重要吗？

对于我们的父母，我们永远是不可重复的孤本。无论他们有多少儿女，我们都是独特的一个。

假如我不存在了，他们就空留一份慈爱，在风中蛛丝般无法附立地飘荡。

假如我生了病，他们的心就会皱缩成石块，无数次向上苍祈祷我的康复，甚至愿灾痛以十倍的烈度降临于他们自身，以换取我的平安。

我的每一次成功，都如同经过放大镜，进入他们的瞳孔，摄入他们的心底。

假如我们先他们而去，他们的白发会从日出垂到日暮，他们的泪水会使太平洋为之涨潮。

面对这无法承载的亲情，我们还敢说我不重要吗？

我们的记忆，同自己的伴侣紧密地缠绕在一处，像两种混淆于一碟的颜色，已无法分开。你原先是黄，我原先是蓝，我们共同的颜色是绿，绿得生机勃勃，绿得苍翠欲滴。失去了妻子的男人，胸口就缺少了生死攸关的肋骨，心房裸露着，随着每一阵轻风滴血。失去了丈夫的女人，就是齐斩斩折断的琴弦，每一根都在雨夜长久地自鸣……

面对相濡以沫的同道，我们忍心说我不重要吗？

俯对我们的孩童，我们是至高至尊的唯一。我们是他们最初的宇宙，我们是深不可测的海洋。假如我们隐去，孩子就永失淳厚无双的血缘之爱，天倾西北，地陷东南，万劫不复。盘子破裂可以黏起，童年碎了，永不复原。伤口流血了，没有母亲的手为他包扎。面临抉择，没有父亲的智慧为他谋略……面对后代，我们有胆量说我不重要吗？

与朋友相处，多年的相知，使我们仅凭一个微魇的眉尖、一次睫毛的抖动，就可以明了对方的心情，假如我不在了，就像计算机丢失了一份不曾复制的文件，他的记忆库里留下不可填补的黑洞。夜深人静时，手指在揿了几个电话键码后，骤然停住，那一串数字再也用不着默诵了。逢年过节时，她写下一沓沓的贺卡。轮到我的地址时，她闭上眼睛……许久之后，她将一张没有地址只有姓名的贺卡填好，在无人的风口将它焚化。

相交多年的密友，就如同沙漠中的古陶，摔碎一件就少一件，再也找不到一模一样的成品。面对这般友情，我们还好意思说我不重要吗？

我很重要。

我对于我的工作我的事业，是不可或缺的主宰。我的独出心裁的创意，像鸽群一般在天空翱翔，只有我才捉得住它们的羽毛。我的设想像珍珠一般散落在海滩上，等待着我把它用金线串起。我的意志向前延伸，直到地平线消失的远方……

没有人能替代我，就像我不能替代别人。我很重要。

我对自己小声说。我还不习惯嘹亮地宣布这一主张，我们在不重要中生活得太久了。

我很重要。

我重复了一遍。声音放大了一点。我听到自己的心脏在这种呼唤中猛烈地跳动。

我很重要。

我终于大声地对世界这样宣布。片刻之后，我听到山岳和江海传来回声。

是的，我很重要。我们每一个人都应该有勇气这样说。我们的地位可能很卑微，我们的身份可能很渺小，但这丝毫不意味着我们不重要。

重要并不是伟大的同义词，它是心灵对生命的允诺。

对于一株新生的树苗，每一片叶子都很重要，对于一个孕育中的胚胎，每一段染色体碎片都很重要。甚至驰骋寰宇的航天飞机，也可以因为一个油封橡皮圈的疏漏而凌空爆炸，你能说它不重要吗？

人们常常从成就事业的角度，断定我们是否重要。但我要说，只要我们在时刻努力着，为光明而奋斗着，我们就是无比重要地活着。

让我们昂起头，对着我们这颗美丽的星球上无数的生灵，响亮地宣布——我很重要！

【心理测试】

自杀态度问卷

指导语：本问卷旨在了解你对自杀的态度，在下列每个问题的后面都有五个选项供您选择，请选择适合的答案。谢谢合作！

（1）自杀是一种疯狂的行为。　　　　　　　　　　　　　（　　　）

　　A. 完全赞同　　　B. 比较赞同　　　C. 中立　　　D. 比较不赞同　　　E. 完全不赞同

（2）自杀死亡者应与自然死亡者享受同样的待遇。　　　　　（　　　）

　　A. 完全赞同　　　B. 比较赞同　　　C. 中立　　　D. 比较不赞同　　　E. 完全不赞同

（3）一般情况下，我不愿意和有过自杀行为的人深交。　　　（　　　）

　　A. 完全赞同　　　B. 比较赞同　　　C. 中立　　　D. 比较不赞同　　　E. 完全不赞同

（4）在整个自杀事件中，最痛苦的是自杀者的家属。　　　　（　　　）

　　A. 完全赞同　　　B. 比较赞同　　　C. 中立　　　D. 比较不赞同　　　E. 完全不赞同

（5）对于身患绝症又极度痛苦的病人，可由医务人员在法律的支持下帮助病人结束生命（主动安乐死）。　　　　　　　　　　　　　　　　　　　（　　　）

　　A. 完全赞同　　　B. 比较赞同　　　C. 中立　　　D. 比较不赞同　　　E. 完全不赞同

（6）在处理自杀事件过程中，应该对其家属表示同情和关心，并尽可能为他们提供帮助。　　　　　　　　　　　　　　　　　　　　　　　　（　　　）

　　A. 完全赞同　　　B. 比较赞同　　　C. 中立　　　D. 比较不赞同　　　E. 完全不赞同

（7）自杀是对人生命尊严的践踏。　　　　　　　　　　　　（　　　）

　　A. 完全赞同　　　B. 比较赞同　　　C. 中立　　　D. 比较不赞同　　　E. 完全不赞同

（8）不应为自杀死亡者开追悼会。　　　　　　　　　　　　（　　　）

　　A. 完全赞同　　　B. 比较赞同　　　C. 中立　　　D. 比较不赞同　　　E. 完全不赞同

（9）如果我的朋友自杀未遂，我会比以前更关心他。　　　　（　　　）

　　A. 完全赞同　　　B. 比较赞同　　　C. 中立　　　D. 比较不赞同　　　E. 完全不赞同

（10）如果我的邻居家里有人自杀，我会逐渐疏远和他们的关系。（　　　）

　　A. 完全赞同　　　B. 比较赞同　　　C. 中立　　　D. 比较不赞同　　　E. 完全不赞同

（11）安乐死是对人生命尊严的践踏。　　　　　　　　　　　（　　　）

　　A. 完全赞同　　　B. 比较赞同　　　C. 中立　　　D. 比较不赞同　　　E. 完全不赞同

（12）自杀是对家庭和社会一种不负责任的行为。 （　　　）
　　A. 完全赞同　　　B. 比较赞同　　　C. 中立　　　D. 比较不赞同　　　E. 完全不赞同

（13）人们不应该对自杀死亡者评头论足。 （　　　）
　　A. 完全赞同　　　B. 比较赞同　　　C. 中立　　　D. 比较不赞同　　　E. 完全不赞同

（14）我对那些反复自杀者很反感，因为他们常常将自杀作为一种控制别人的手段。
（　　　）
　　A. 完全赞同　　　B. 比较赞同　　　C. 中立　　　D. 比较不赞同　　　E. 完全不赞同

（15）对于自杀，自杀者的家属在不同程度上都应负有一定的责任。 （　　　）
　　A. 完全赞同　　　B. 比较赞同　　　C. 中立　　　D. 比较不赞同　　　E. 完全不赞同

（16）假如我自己身患绝症又处于极度痛苦之中，我希望医务人员能帮助我结束自己的生命。 （　　　）
　　A. 完全赞同　　　B. 比较赞同　　　C. 中立　　　D. 比较不赞同　　　E. 完全不赞同

（17）个体为某种伟大的、超过人生命价值的目的而自杀是值得赞许的。 （　　　）
　　A. 完全赞同　　　B. 比较赞同　　　C. 中立　　　D. 比较不赞同　　　E. 完全不赞同

（18）一般情况下，我不愿去看望自杀未遂者，即使是亲人或好朋友也不例外。
（　　　）
　　A. 完全赞同　　　B. 比较赞同　　　C. 中立　　　D. 比较不赞同　　　E. 完全不赞同

（19）自杀只是一种生命现象，无所谓道德上的好与坏。 （　　　）
　　A. 完全赞同　　　B. 比较赞同　　　C. 中立　　　D. 比较不赞同　　　E. 完全不赞同

（20）自杀未遂者不值得同情。 （　　　）
　　A. 完全赞同　　　B. 比较赞同　　　C. 中立　　　D. 比较不赞同　　　E. 完全不赞同

（21）对于身患绝症又极度痛苦的病人，可不再为其进行维持生命的治疗（被动安乐死）。 （　　　）
　　A. 完全赞同　　　B. 比较赞同　　　C. 中立　　　D. 比较不赞同　　　E. 完全不赞同

（22）自杀是对亲人、朋友的背叛。 （　　　）
　　A. 完全赞同　　　B. 比较赞同　　　C. 中立　　　D. 比较不赞同　　　E. 完全不赞同

（23）人有时为了尊严和荣誉而不得不自杀。 （　　　）
　　A. 完全赞同　　　B. 比较赞同　　　C. 中立　　　D. 比较不赞同　　　E. 完全不赞同

（24）在交友时，我不太介意对方是否有过自杀行为。 （　　　）
　　A. 完全赞同　　　B. 比较赞同　　　C. 中立　　　D. 比较不赞同　　　E. 完全不赞同

（25）对自杀未遂者应给予更多的关心与帮助。 （　　　）
　　A. 完全赞同　　　B. 比较赞同　　　C. 中立　　　D. 比较不赞同　　　E. 完全不赞同

（26）当生命已无欢乐可言时，自杀是可以理解的。 （　　　）
　　A. 完全赞同　　　B. 比较赞同　　　C. 中立　　　D. 比较不赞同　　　E. 完全不赞同

（27）假如我自己身患绝症又处于极度痛苦之中，我不愿再接受维持生命的治疗。
（　　　）
　　A. 完全赞同　　　B. 比较赞同　　　C. 中立　　　D. 比较不赞同　　　E. 完全不赞同

（28）一般情况下，我不会和家中有过自杀者的人结婚。　　（　　）

　　A. 完全赞同　　B. 比较赞同　　C. 中立　　D. 比较不赞同　　E. 完全不赞同

（29）人应有选择自杀的权利。　　（　　）

　　A. 完全赞同　　B. 比较赞同　　C. 中立　　D. 比较不赞同　　E. 完全不赞同

评分标准：

本测验为5级评分，完全赞同、比较赞同、中立、比较不赞同、完全不赞同分别对应1、2、3、4、5分。要求根据自己对自杀所持有的态度，对问卷项目中关于自杀态度的描述评定态度等级，最后根据被测者对各个项目的等级评定计算个体在自杀态度的四个方面的均分，然后判定其相应的态度等级。本测验的总分或总均分无意义，各维度可单独使用。该问卷共分为4个维度：

（1）对自杀行为性质的认识（F1）：共9项，即问卷的第（1）、（7）、（12）、（17）、（19）、（22）、（23）、（26）、（29）项。

（2）对自杀者的态度（F2）：共10项，即问卷的第（2）、（3）、（8）、（9）、（13）、（14）、（18）、（20）、（24）、（25）项。

（3）对自杀者家属的态度（F3），共5项，即问卷的第（4）、（6）、（10）、（15）、（28）项。

（4）对安乐死的态度（F4），共5项，即问卷的第（5）、（11）、（16）、（21）、（27）项。

在分析时，（1）、（3）、（7）、（8）、（10）、（11）、（12）、（14）、（15）、（18）、（20）、（22）、（25）为反向计分，即选择"A""B""C""D""E"，分别记5、4、3、2、1分；其余条目均为正向计分，即选择"A""B""C""D""E"，分别记1、2、3、4、5分。在此基础上，再计算每个维度的条目均分，最后分值在1～5之间。

分数解释：以2.5和3.5分为两个分界值，将对自杀的态度划分为三种情况：2.5分以下：对自杀持肯定、认可、理解和宽容的态度；2.6～3.4分：对自杀持矛盾或中立态度；3.5分以上：对自杀持反对、否定、排斥和歧视态度。

【活动训练】

（一）我所了解的父母

活动目的：

让学生加深对自己父母的了解，感激父母的养育之恩。让学生把感恩意识融入自己的日常生活中。

活动准备：歌曲《感恩的心》，每个同学一份《我所了解的父母》的问卷，如下表所示。

爸爸生日	妈妈生日
爸爸最喜欢吃的食物	妈妈最喜欢吃的食物
爸爸所穿鞋子的尺码	妈妈所穿鞋子的尺码
爸爸最喜欢看的节目	妈妈最喜欢看的节目
爸爸的兴趣爱好	妈妈的兴趣爱好
爸爸年青时的理想	妈妈年青时的理想
爸爸最得意的一件事	妈妈最得意的一件事
爸爸最后悔的一件事	妈妈最后悔的一件事
爸爸最大的优点	妈妈最大的优点
爸爸对我的期望	妈妈对我的期望
…………	…………

活动方法：

（1）教师引入："父母不只给了我们生命，还养育我们成长，在座的所有人能够考上大学，都离不开父母的辛苦栽培。父母为我们付出了很多，那你对他们有多少了解呢？"

（2）我所了解的父母：播放背景音乐《感恩的心》，给学生五分钟的时间，让学生填写《我所了解的父母》问卷。

（3）学生填写完后，让一部分同学起来分享他们对父母的了解。

注意事项：

在分享的时候，一定要向学生说明要本着真诚、认真的态度。有的同学不知道自己父母的生日，又害怕同桌或周围的同学看不起自己，就随便填一个生日数字。对于其他问题，个别同学觉得是自己家的隐私问题，不愿意回答，此时教师就不要强求学生回答。

（二）生命历程

活动准备：一张白纸、一支红铅笔和一支蓝铅笔。彩笔也行，需一支较鲜艳，一支较暗淡。要用颜色区分心情。

活动过程：

（1）在白纸的中部，从左至右画一道长长的横线。然后给这条线加上一个箭头，让它成为一条有方向的线。请你在线条的左侧，写上"0"这个数字，在线条右方，箭头旁边，写上你为自己预计的寿数。可以写68，也可以写100。此刻，请你在这条标线的最上方，写上你的名字，再写上"生命历程"三个字。

（2）请你按照你为自己规定的生命长度，找到你目前所在的那个点。请在你的标志的左边，即代表过去的岁月，把对你有重要影响的事件用笔标出来。请在你标志的右侧，即代表将来的岁月，你有什么想法就一股脑儿地写出来吧。把你这一生想干的事，比如挣多少钱、住什么样的房子、汽车、心爱的人、职业生涯、个人情趣等都标出来。如果有可能尽量把时间注明。把它们带给你的快乐和期待的程度，标在线的上方。当然，在将来的生涯中，还有挫折和困难，比如父母的逝去、孩子的离家、生病等各种意外的发生，比如职场或事业方面可能出现的挫折、失业等，不妨一一用暗淡颜色的笔将它们在生命线的下方大略勾勒出来。

（3）如果你觉得是件快乐的事情，你就用鲜艳的笔写出来，并且要写在生命线的上方。如果你觉得快乐非凡，你就把这件事情写得更高些。如果你觉得是不快乐的事情，你就用暗淡颜色的笔写在生命线的下方，越痛苦的事情，越在生命线的相应下方很深的陷处。

（4）仔细看看，在你的人生当中，是处于横线之上的部分多，还是位于横线之下的部分多？上升和下降的幅度怎么样？

（三）洞口余生

活动主题：思考生命的价值。

活动目的：明确自己生命的重要性以及对他人重要性的珍视。

活动过程：

（1）折叠椅一人1把。

（2）把班级成员分成5～6个人一组。每组围圈坐下，尽量缩短相互之间的距离，留一个出口；为增强神秘的气氛可以拉上窗帘，关上灯，出口处最好靠近门或窗。

（3）老师说明："有一群学生到郊外旅游，不巧遇到泥石流倾泻，全部被困在几米深的地下，只有一个出口，只可以过一个人，而出口随时有倒塌的危险，谁先出去就有生的希望。请每个人依次说出自己求生的目的及将来可能对社会做出的贡献，然后大家协商，看谁可以最先逃出，并排出次序。然后，全体一起讨论活动过程及自己的感受。"

（4）讨论的重点集中到自己能否说出将来生活的指向，听了别人意见后自己是否修正原有的想法，小组内以什么为标准决定逃生者的次序。

（四）珍爱生命

活动目的：思考生命，认识生命的意义。

活动过程：

（1）写出当我的生命只剩下最后3个月，我最想做的10件事情。

（2）请在小组内与组员交流你完成以上作业时的感受。

心理辅导：人们常常以为，死亡是老年人才需要考虑的问题，这是误区。我们每个人从一出生，生命之钟的倒计时就开始了。一个人年青的时候就思索死亡，和他老了才思索死亡，甚至死到临头都不曾思索过死亡，是完全不同的境界。知道有一个结果在等待着我们，对生命、对生活、对人间温情、对大学生活等就有不同的理解。思索死亡是为了活得更好，书写墓志铭是为了积极引导人生。

（五）墓志铭

活动目的：协助学生反省自己的个人价值观及了解人生目标。

活动时间：约 45 分钟。

活动准备：白纸、笔、"墓志铭"的表格（见附件）。

活动操作：

（1）介绍练习的背景，使参加的学生投入活动及了解什么是墓志铭。举例如何写下墓志铭（可以简单到只写上名字、生年及死年，也可长篇大论）。

（2）分发"墓志铭"表格给参加者填写（可视团体目标及对象，选择写自己的墓志铭或他人的墓志铭）。填写好的墓志铭张贴起来，不必写名字，然后讨论。

（3）讨论。例如，看完这么多墓志铭，你觉得哪些人的人生目标吸引你并值得尊重？为什么？哪些人的成就是"真正"的成就？为什么？你认为对社会或者他人最有贡献的是谁？假若你要替自己重写墓志铭，你会怎么样写？

附件："墓志铭"表格

（1）你即将离世，现在你将要为自己写墓志铭，反映自己的一生，墓志铭将会刻在墓碑上，供人凭吊。

（2）墓志铭除了生平、卒年，最低限度包括：一生最大的目标；在不同的年纪时的成就；对社会、家庭及其他人的贡献；我是怎么样的人等。

（六）护蛋游戏

活动目的：引导成员思考如何爱惜自己的生命

活动操作步骤：

（1）在房间内布置好曲折的、高低不平的道路。以小组为单位进行护送接力。

（2）规则是两人面对面、手对手支撑住两个鸡蛋，越过障碍物走到终点，交接给下一组。

（3）看哪个组的速度最快，一旦鸡蛋破碎要重新开始。

（4）给每个组 3 分钟时间讨论。

（5）引导讨论：生命就像这被运送的脆弱的鸡蛋一样需要呵护，你准备怎样爱惜自己的生命？

【作业反思】

（1）你认为生命中什么最重要？请说说原因。

（2）如何做到珍爱生命？

第九章

学习心理

【心理案例】

难以适应的大学学习

小叶是一个很爱学习的女孩子，在高考中没有取得理想的成绩，就想在大学里弥补遗憾，但是已经进入大学两个月了，她感到在学习上无法适应，大学老师的讲课不像高中老师，大学的知识点比较多，拓展知识也多，有的内容在书上找不到，老师上课进程较快，教学方法也比较多样化。小叶觉得自己很迷茫，跟不上老师的节奏，也不知道怎么完成老师布置的作业，课余时间比以前多了，但是不知道怎么学、从哪里开始学，现在对学习没有了信心，也觉得待在学校没什么意思了。

案例分析：

因为学习环境、学习内容以及教学方式的改变，会导致部分大学生出现学习上适应不良的现象，严重的会有学习倦怠、厌学等学习心理问题，案例中小叶的情况就是典型的学习适应不良，是大学新生普遍存在的问题。

【心理课堂】

学习是大学生生活的一个重要组成部分，学习心理是否健康直接影响着大学生的学习效果和身心健康，然而学习环境和职业规划的改变，让部分大学生在学习动机、学习方法、学习策略等方面面临着新的挑战，部分大学生对学习产生倦怠、厌恶，不仅直接影响着大学生的学习质量和学业完成情况，降低了大学生的整体素质，还会导致其他心理问题。大学生的学习心理问题需要引起重视，也需要高校、家庭和学生自身多方面共同努力解决。

第一节 大学生学习心理概述

一、学习的含义

学习指通过阅读、听讲、思考、研究、实践等途径获得知识和技能的过程。学习有广义和狭义之分，广义的学习是指人在生活过程中，通过获得经验而产生的行为。狭义的学习是指在教师的指导下，有目的、有计划、有组织、有系统地掌握前人的知识、技能，发展智力和能力，培养个性和思想品德的过程。

二、大学生学习心理

（一）学习心理

学习心理是教育心理学中最基本的内容之一，是个体在学习过程中表现出来的心理现象。学习心理涉及个体在学习过程中的认知、动机、情绪、能力、兴趣、态度和社会价值观等方面，这些方面不是割裂的，而是相互联系、相互影响的，如对学习的认知需要能推动个体产生学习动机和兴趣，社会价值观影响学习的态度和能动性，在学习过程中会获得各种各样的情绪体验，并展现出学习能力。

大学生学习心理指大学生在学习过程中受各种内在与外在的、智力与非智力因素的影响或刺激而形成的各种心理现象及规律，主要包括大学生学习心理特点、学习动机、学习策略、常见的学习心理问题等。

（二）学习动机

1. 学习动机的含义和分类

学习动机是推动学生进行学习活动的直接原因和内部动力，学习动机支配了学习行为，是激发、定向和维持学习行为的心理过程。

学习动机可以分为内部动机和外部动机。内部动机是指学生对学习活动真正感兴趣和想要学习所引起的动机，不需要外界的奖惩来监督和维持学习行动，具有内部动机的学生能在学习活动中得到满足，积极参与学习过程，对知识积极探索，对自己的学业充满信心。外部动机是指由外部诱因引起的动机，学生并不是主动想要学习或者是对学习活动感兴趣，而是对学习活动所带来的后果感兴趣，想要获得表扬或奖励，外部动机引起的行为，具有短时性，一旦外部诱因消失，行为也会消失。

2. 学习动机的作用

（1）启动作用。学习动机促使学生进入学习状态，让学生自觉、主动地进行各种学习活动，可以激发学生对知识的渴望，而且可以培养学生的学习热情和学习主动性。

（2）导向作用。学习动机的导向作用有助于确定学生的学习方向，促使学生有选择地进行各种学习活动，帮助学生排除各种干扰，使学习活动指向特定的学习目标。

（3）维持作用。学习动机可以支持学生在学习目标未达成前的长期过程中保持积极主动的学习态度和一定的行动力，克服学习过程中的各种困难。

（三）大学生学习的特点

由于大学与中学在培养目标等方面有显著差异，所以大学的学习与中学相比也有所不同，一是学习内容从基础知识到专业知识转变；二是学生的学习目的从追求升学向寻求就业转变；三是学生心理方面的变化。学生在进入大学之后不仅在环境和心理上要尽快适应，也要掌握大学的学习特点和方法，尽快适应新的学习。总的来说，大学学习存在以下四个特点：

1. 探索性

和中学相比，大学的学习不再限于基础知识的学习，而是具有明显的探索和研究的性质，表现在学习内容由基础的、确定的结论逐步转向最新学术发展的动态和方向，学生不仅被要求识记固定的答案，还要去探究理论从何而来、为何而来、如何发展等。大学生在教师的指导下完成作业，独立完成毕业论文，都要求大学生树立全面的学习观，对各种理论和观点形成自己的认知和见解，这些学习活动带有明显的探索的性质。

2. 多样性

大学生学习的多样性主要体现为学习方法的多样性。大学的学习不再仅限于课堂，而是以课堂为主，辅以参加论坛、听报告、网络自学以及参加实践等方式来学习专业知识。开展多种学习方式，特别是与专业相关的实践活动，把专业知识和实践经验相互融合不仅是大学学习的基本要求，提高大学生的综合素质，还体现了大学生要正确地处理"博"与"专"的问题，做到拓展学习领域与抓学习重点相统一。

3. 专业性

与中学基础教育不同，大学是专业教育阶段，大学生根据自己的爱好或者特长选择自己的专业，各专业之间在培养目标、课程设置、教学内容和教学安排上有很大差异，大学生必须对自己的专业有一个横向和纵向的深刻了解，并且能够较好地将理论联系实际，达到学校培养专业人才的要求。

4. 自主性

自主性学习是指大学生作为学习活动的主体，能调控自己的学习活动，积极主动地获取知识，培养能力和形成专业所需的各种品质。对大学生而言，学习的自主性主要体现在大学生自主选择专业、自主确定学习目标、根据自己的兴趣和爱好自主选择某些选修课程、自主决定学习方法、独立阅读感兴趣的书籍、自我钻研学习内容等。在大学的教学中，教师不是主导者，而是引导者和合作者，引导大学生探索钻研，获取专业知识。

第二节 大学生常见学习心理问题

案例：

小吴是一个来自单亲家庭的大学生，家庭比较困难，之前母亲管得比较严，在母亲的要求下制定了一些学习计划，成绩一直非常优秀。上大学后，忽然心中感到非常茫然，觉得自己在学习上面不知道怎么努力，学习没有动力，生活没有目标，但想到家里的情况又非常的自责和内疚，最近十分烦恼，找到了辅导员倾诉："我知道我现在很不争气，可是我的确找不到奋斗的目标和学习的动力，学习上得过且过，老师让我做什么，我就做什么，有时候也没有按时完成，我觉得每天都这样学习很没意思。"

案例分析： 小吴因为之前有母亲的督促，有清晰的目标，在学习上就表现优秀，现在在一个自由的环境中，没有了母亲的督促，小吴找不到目标，所以才会每天不知道要做些什么，学习没有意思，也学不进去，这就是学习动机缺乏的表现。

一、常见的学习心理问题

（一）学习动机缺乏

动机是由某种需要所引起的有意识的行动倾向，是激励或推动人去行动以达到一定目标的内在动因。它推动着学生的学习行为，促使大学生实现人生目标。大学生的学习动机匮乏主要表现在意识上丧失信心、萎靡不振，自尊心和自信心不强，在行动上表现为对专业和课程缺乏兴趣、上课不集中、应付考试等。大学生的学习动机不仅受环境、家庭教育方式等影响，还取决于学生个体因素，如兴趣、爱好、意志力、自尊心、好胜心、上进心、责任心、荣誉感、义务感、理想等。

（二）学习目标不明确

学习目标是个体对学习结果的主观设想，也是学习的预期目的，为学习活动指明方向。学习目标不明确主要表现在三个方面：一是没有确立学习目标。在中学，大多数学生的学习目标就是考上一个好大学，进入大学后，面对着突然多出来的时间和变化的学习环境，不知道自己要做什么了，没有意识到学习目标与计划的重要性。二是学习目标过大或过高。部分学生则是在确立学习目标时没有对自己的自身素质和外界条件进行客观的评估和认识，期望值过高，将学习目标设定过大，导致执行失败，进而产生挫败感，自尊心和自信心也会受到打击，还会产生一系列的学习心理问题。三是在学习目标设定上出现错误。部分学生在学习目标设定上不够具体，导致不知道如何下手；有的学生在目标设定上不够长远，只关注于眼前的成绩或者名次，忽略了自身的进步和发展。

（三）意志力不强

意志是指人们自觉地克服困难，实现预定目标的心理过程。学习意志力指个体为完成学习任务而持续地克服困难的能力，通常以学习者每次学习活动所持续的时间长短为标志。意志力是引导和促进学生学习、成长的一种内驱力，它对学生的智力与能力的发展起着动力和定向的作用。大学生意志力不强表现在三个方面：一是缺乏毅力。在学习中遇到困难时，不愿研究探索或向教师、同学寻求答案，而是长期搁置或放弃。二是控制能力较差。在学习中，注意力难集中，容易受到外在因素的影响，学习"三分钟热度"；三是缺乏学习的恒心。做事情没有持久性、稳定性，"三天打鱼，两天晒网"，说了无数次"从明天起，我一定好好学习"，有的坚持了一天，有的坚持了一个月，但不能长久坚持。

（四）拖延行为严重

拖延行为是指在能够预料后果有害的情况下，仍然把计划要做的事情往后推迟的行为。大学生拖延行为普遍存在，对学习任务的拖延会对大学生正常的学习和生活以及心理健康造成很大影响，会出现自责感，自信心受挫，伴有焦虑、抑郁等情绪。拖延行为的发生受到内外因素的影响，内在因素上包括自我效能感低以及动机。学生对自身能力信心不足，自我效能感低往往容易产生逃避心理，导致不断推迟完成任务；学生内部动机不足，而内部动机比外在动机更容易驱使个体完成任务，也会导致拖延行为。外在因素上包括外部环境诱惑和任务性质，大多数大学生难以抵制外界的诱惑，比如娱乐游戏等；在时间上则表现为被要求的时间越宽裕，越容易导致拖延行为的产生；任务难度和对任务的厌恶程度也是重要影响因素之一，学习任务越难，越容易拖延，学生觉得任务超出自身能力，自己无法完成时，就会产生拖延与逃避行为，也会产生焦虑等不良情绪。另外，学生更加倾向选择带有愉快体验的任务，对于令人乏味、会产生挫败感的学习任务，往往会选择逃避或者延迟面对。

（五）学习倦怠

学习倦怠是指学生对学习不感兴趣或缺乏主动时感到的疲劳和沮丧，从而产生的一种恐惧心理状态。学习倦怠是大学生存在的主要学习心理问题之一，不仅影响大学生学业完成情况，还严重影响其心理健康。大学生学习倦怠主要表现为没有学习目标和远大理想，缺乏学习动力，学习压力大，对学习和学校产生厌恶情绪，学习成绩下滑，厌学情绪加重，严重的还伴随焦虑等心理问题，且影响学生正常的人际交往及其他社会功能。大学生产生学习倦怠的原因主要有三个方面：一是大学生学习适应不良，没有从中学的学习环境中转变过来，面对教学节奏快、知识难度提高和教学方法改变等的大学学习，一些学生没有办法适应和接受，觉得学不会，理不清，学习压力加大。二是就业形式严峻，就业压力大。随着高校扩招，人才供大于求，加上用人单位的要求不断提高，学生认为不管自己如何努力都找不到理想工作，产生的消极想法严重影响着大学生学习。三是专业认同感低。学生认为在校所学的专业知识实用性差，以后在社会作用不大，导致对学习的热情减退，甚至对大学的必要性产生怀疑。

（六）考试焦虑

考试焦虑是一种比较复杂的、严重影响学习效果的消极情绪状态。一般来说，考试焦虑是在应试情境状态下产生的，主要表现有心理情绪上的紧张、恐惧、易怒烦躁、自信心受挫，学习认知上的记忆力减退、注意力难以集中、思维僵化、学习效率下降，行为上的坐立不安、手足无措、逃避学习等，以及躯体上的呼吸急促、心跳加快、头晕头痛、多汗、睡眠不好、食欲下降和腹泻等肠胃不适。造成考试焦虑的原因包括三个方面：一是对考试的认识不合理。考试是检验近期学生对知识掌握的手段之一，应该以正确的态度对待，如果考得好，说明近期学习方式有效，对知识掌握得好；如果没有考好，说明学习方法等方面出现了问题，应及时调整，不能以一次考试判断。二是考试性质。考试的难度和重要程度是产生考试焦虑的重要因素，考试题目越难，越是重要的考试，越容易引起考试焦虑。三是学生对自己的期望值。如果对学生学业期望值较高，平时重视学业和成绩，害怕考试失败，对考试结果抱有过高的期待，比较容易产生考试焦虑。四是考试经验。如果学生平时注意总结考试经验，掌握应试技能，在面对考试时会减少考试焦虑的产生，反之则会在考场上出现慌乱、没有合理利用时间等问题，增加考试焦虑。

第三节 大学生学习中的心理调适

案例：

小凤是一个大一学生，本来满怀希望地朝着梦想努力，学习上的表现也得到了老师的肯定，但经过一个寒假后，老师发现小凤在课堂上经常发呆，没有以前积极投入，迟到和早退现象严重，便找到小凤谈话，小凤说出了他心里的想法，"我感觉现在读书是没有用的，又不是什么名牌大学，学历也不高，以后出去还是要打工，还不如现在就出去呢，以后找工作也是难。"

案例分析：大学生正处于价值观形成的时期，社会经验少，容易受到他人的影响，形成一些错误的歪曲的价值观念，高校的责任不仅是答疑解惑，还要给学生传递正确的价值观念，引导学生树立正确的学习观念，帮助他们完成学业和培养积极向上的意志品质。

大学生存在学习动机匮乏等常见的学习心理问题不仅会影响学生学习效果和学业完成，还会对大学生的身心健康产生较大的影响，帮助大学生识别学习心理问题的同时，还要帮助其在问题出现后进行及时有效的自我调节，以恢复更好的状态应对学习和生活。

一、树立正确的学习观

受社会的需求、人口的增长和教育的普及等原因的影响，社会对大学生提出了更高的要求，要求大学生的学习应该是全面的、系统的，既要抓住学习的重点，也要注意开拓学习的领域，钻研专业知识，提高个人素养，为社会发展做出更大的贡献。作为新时代大学生，一定要树立起正确的学习观念。一是要学习专业知识，用科学理论武装头脑。要认识到理论是行动的先导，重视知识的力量，肯定知识的价值，摒弃知识无用论，但也不可唯书本论，要积极参与实践，敢于提出质疑，并积极探索。二是要树立终身学习的意识。"不积跬步，无以致千里"，学习是一点一滴的过程，不是一蹴而就的，要增强"吾生也有涯，而知也无涯"的终身学习意识，把学习作为生活的重要组成部分，紧紧跟上时代发展的步伐。三是端正学习态度。不管专业的选择是否自主、学习的内容是否感兴趣，都应该积极履行学生的基本义务，完成学习任务。

二、确立正确的学习目标

确立正确的学习目标是每位学生的首要任务。目标越明确、越切合自己的实际情况，其学习行动就越容易获得成功。在确立目标上，要考虑以下两个方面：一是符合自身实际。首先，大学生在设定目标之前应该分析自身现状，如学习的优势和不足是哪些？为了达到目标，要如何发挥优势，克服不足？自身的学习毅力如何？学习方法和学习效率如何等，只有对自己有充分的了解，才能设立适合自己的目标。其次，设立的目标要适合自己。目标设定不能太难，目标过难，通过自身努力很难达到，自信心会受挫，容易放弃学习；设定目标也不能"随大流"，不能照搬、照抄别人的目标，所以，要根据自身实际，设立中等难度的、通过努力可以达到的目标。二是分阶段设立。目标设定要分阶段，分别设立长期目标、中期目标和短期目标，根据实际还可以设立每月和每周的目标，每个阶段的目标虽然具体内容不同，但大体的方向要一致，都是要达到最终的目标。

三、培养求知欲和学习兴趣

"兴趣是最好的老师"，兴趣是推动学生学习的一种内部动力，如果学生对学习活动和内容产生了兴趣，那么兴趣会促使其排除干扰，最大限度地发挥主观能动性，激发创造的潜能，引导其克服困难，获得学习成果。所以，在学习过程中，教师层面需要通过多种教学方法和途径培养学生的学习兴趣，如进行教学成果展示，以及开展实践活动，让学生用自己专业知识解决实际问题等，培养和强化学生的学习兴趣。学生自身学习兴趣的培养主要从以下三个方面开展：一是多维度认识所学的专业知识。通过课外书籍、网络纵向和横向了解专业知识，特别是专业前景和时代意义，可以提高对专业的学习兴趣。二是与前辈多交流，获取更多信息。可以多和教师、高年级学生交流学习，学习他人的学习经验和学习趣事，更加接地气地了解专业，进而培养学习兴趣。三是要有责任感，对学习负责。既然已经来到大学，我们就应该履行学生的义务，按时、按量地完成学习活动，不能以对学习不感兴趣、忙于社团活动等为借口而逃避正常的学习活动，要在学习中体现当代大学生的责任感，对自己的学习负责。

案例：讨厌的专业

小峰刚入学不久，就转了一次专业，因为他觉得自己之前填写的专业太大众化了，以后就业会有很多人竞争，说出去一点都不"酷"。现在的专业学习的人数并不多，刚开始小峰觉得新奇，可是后来学习后觉得学习难度较大，又觉得这个专业就业前景比较没有想象中那么好，学习的东西在生活中实用性不高，不知道为什么要学，上课也听不下去，作业也没有完成，整个人很烦躁，也影响了睡眠。

案例分析：案例中小风的情况在大学中比较普遍，很多学生出于无奈、随大流、或者是由于长辈的要求或逼迫才选择了当下的专业，自己对所学专业基本没有兴趣，也不了解，导致大学生出现学习倦怠等学习心理问题。

四、提高学生专业认同

大学生专业认同是指学生对自己所学专业的情感、态度乃至认识的移入过程，并最终与其专业达到一种"同一"的状态，包括大学生充分认识和了解专业，接受专业身份以及对所学专业进行积极、正面的评价。影响大学生专业认同的因素有很多，主要包括学生自身是否出于兴趣选择专业，以及外在的专业前景、社会评价等。大学生专业认同的提升需要学生本身、高校、社会等多方面共同努力，从学生层面上看，一是要根据自己的爱好和特长进行专业的选择，不能只是跟风或者听从父母的意愿。二是要努力融入所学专业，在学习中培养自己的专业兴趣和专业情感，兴趣是可以培养的，认同也是需要过程的，不能因为不了解或者与自己想象的有所出入就懈怠专业学习，而是要以积极的心态面对，有意识地培养自己的专业兴趣，提高专业认同。三是积极参与社会实践，体验专业成就感。在实践中利用自己的专业知识去解决实际问题，体验专业的实效性。

五、考试焦虑调适

考试焦虑是应试情境状态下产生的，所以对于考试焦虑的调适主要是针对以下几个方面，首先，在认知上要端正对考试的态度和调整不合理的观念。考试是检验知识掌握的手段之一，要认真对待每一次考试，但也要认识到，考试成绩并不能全面反映一个人的学习能力和知识水平，不能过分看重考试成绩。其次，在考前要做好充分准备。学生考试焦虑的产生大部分是由于准备不充分引起的，所以学生平时要在学习上严格要求自己，学懂弄通，对知识进行及时复习和梳理，在考前一定要做充分的复习，按照重难点分配复习时间，多次重复巩固复习效果，做到胸有成竹。最后，科学用脑，劳逸结合。一方面要注意学习和考试期间的身体状况，保证充足的睡眠，注意饮食健康，保持清醒的头脑和良好的身心状态，有助于防止和缓解考试焦虑。另一方面，学会考前放松，当自己觉得紧张时，利用呼吸调节或想象放松等方式，让身体进入放松状态，有利于缓解心里紧张。

六、拖延行为调适

对拖延行为的调适方式主要包括以下三个方面：一是增强自我效能感。自我效能感指个体对自己是否有能力完成某一行为所进行的推测与判断。在学习中，学生可以通过回忆或者罗列自己的成功经验、寻找正确的榜样、自我积极暗示、增加成功体验等方式增强自我效能感，可以帮助改善和防止拖延行为。二是端正态度，改变认知。可以通过适当的放松获得一些积极情绪，但是要积极面对，分析完成任务可以带来的益处，通过加深了解和添加奖励，将厌恶的学习任务转变为喜欢的学习任务，促使自己按时完成。三是加强时间管理。在面对多种学习任务时，要罗列任务清单，并按照重要和紧急程度，做好工作计划，规定每项任务的完成时限，更有效地利用时间。

七、掌握科学的学习方法

大学生的学习具有专业性、探索性，大学生应该根据自己的实际，找到适合自己的学习方法，有助于更好地完成学业和维持身心健康。首先，大学生应当更好地把握在校时间，充分利用学校的资源。通过使用图书馆资源、旁听课程、搜索网络、听讲座、参加社团活动、与朋友交流等不同方式接触更多的领域、更多的工作类型和更多的专家学者，可以开阔视野、增长见识。其次，在学习中，掌握科学的学习方法，如科学用脑，保证充足睡眠，在记忆知识时采取理解记忆、多感官结合、及时复习等手段，科学地利用时间。还有，提高自学能力。根据教师及课程要求，学会快速查找资料、总结观点等，自学能力是大学生在校期间要培养和提高的重要技能，有利于大学生学习和适应大学生活环境。

【知识分享】

一、增强记忆的好方法

1. 理解分析

对所学知识进行分析、综合、比较、归纳总结，认真分析数据、材料等信息，找出内在联系及规律，在理解的基础上，通过几个关键字词组成一句精炼的话，然后再尝试着去记忆，这样会更加容易、更加轻松。

2. 分割记忆

把要记忆的信息分解为很多小组块，然后分组块记忆，这会比一口气记忆一大段信息简单一点。人的短时记忆是以组块为单位的，一个单词、一个词组、一个句子甚至几个句子，都可以看作一个组块。组块内部的信息是互相连接的，而不是各自孤立的。

3. 多做记录

在分析数据材料之前，可以准备一张纸和一支笔，一边分析数据材料，一边动手做记录，这样脑子和手同时动起来，记忆的效果会更加理想。当你在上课或者工作的时候，你可以把你学到的和想到的东西作为笔记记录下来，然后把这些记下来的东西理解透彻，你会对这些信息的记忆更加深刻。

4. 定期回顾

根据遗忘曲线理论，如果在学习新的知识后没有及时复习，就会很快遗忘。所以建议每天将自己的当天所学的知识进行回顾，每3到5天进行一次总结复习，每次回顾或者复习可以不像当天学习的时候那么详细，可以整理成要点或者思维导图，这也可以帮助自己理解和锻炼逻辑思维能力。

5. 联想记忆

在学习一个新的知识时，可以将其与脑海中旧的知识进行联系和比较，对比他们的异同点和联系，也可以根据自己的想象力，给他们建立新的联系，再回忆时，想到一个知识点，就会联想到其他。

二、《礼记·学记》中有关学习的箴言

1. 玉不琢不成器，人不学不知道。

如果一块璞玉不经过千雕万琢，就无法成为精美的玉器；一个人也只有经过刻苦学习，才能掌握人生的道理。

2. 学然后知不足，教然后知困，知不足，然后能自反也；知困，然后能自强也。故曰：教学相长也。

我们在学习的过程中，才会发现自己知识水平在哪里欠缺，在教别人的时候，才能发现自己已有的知识在什么地方仍然理解不清楚。知道自己有不足，才能督促自己继续努力，知道自己仍有未学通的地方，就会发奋去弥补。教与学是相互促进的。

3. 善问者如攻坚木：先其易者，后其节目，及其久也，相说以解。不善问者文此。善

待问者如撞钟：叩之以小者则小鸣，叩之以大者则大鸣；待其从容，然后尽其声。

善于提问的人，就像砍坚硬的木头一样，先从容易砍的地方下刀，提问要先易后难，循序渐进，由浅入深，一个复杂的问题，就会慢慢迎刃而解。善于答问的人，就像敲钟一样，轻轻叩击时，发出的声音细小，重重叩击时，发出的钟声就会很响亮，钟声响起之后，要等它慢慢地响完。

4. 良冶之子，必学为裘；良弓之子，必学为箕；始驾者反之，车在马前。

优秀的铁匠，会让儿子在冶炼之前，先学会缝衣服；优秀的弓匠，会让儿子在着手制作弓弩之前，先学会用木条编织簸箕；车夫在让一匹没有驾过车的小马开始驾车之前，先让这匹马跟着马车走一段时间。

5. 古之学者，比物丑类。

古代懂学习和教学的人，都会善用比喻和类比。

 【心理测试】 ▪▪

考试焦虑自评量表

验共有33道题，每题有4个备选答案，根据自己的实际情况，在题后的括号内填上相应字母，每题只能选择一个答案，其相应字母的意义是：A：很符合自己的情况；B：比较符合自己的情况；C：较不符合自己的情况；D：很不符合自己的情况。

1. 在重要的考试前几天，我就坐立不安了。　　　　　　　　　　（　　　）

2. 临近考试时，我就泻肚子了。　　　　　　　　　　　　　　（　　　）

3. 一想到考试即将来临，身体就会发僵。　　　　　　　　　　（　　　）

4. 在考试前，我总感到苦恼。　　　　　　　　　　　　　　　（　　　）

5. 在考试前，我感到烦躁，脾气变坏。　　　　　　　　　　　（　　　）

6. 在紧张的温课期间，我常会想到："这次考试要是得到个坏分数怎么办？"

　　　　　　　　　　　　　　　　　　　　　　　　　　　（　　　）

7. 临近考试时，我的注意力很难集中。　　　　　　　　　　　（　　　）

8. 想到马上就要考试了，参加任何文娱活动都感到没劲。　　　（　　　）

9. 在考试前，我总预感到这次考试将要考坏。　　　　　　　　（　　　）

10. 在考试前，我常做关于考试的梦。　　　　　　　　　　　（　　　）

11. 到了考试那天，我就不安起来。　　　　　　　　　　　　（　　　）

12. 听到开始考试的铃声响了，我的心马上紧张地急跳起来。　（　　　）

13. 一到重要的考试，我的脑子就变得比平时迟钝。　　　　　（　　　）

14. 考试题目越多、越难，我越感到不安。　　　　　　　　　（　　　）

15. 在考试中，我的手会变得冰凉。　　　　　　　　　　　　（　　　）

16. 在考试中，我感到十分紧张。　　　　　　　　　　　　　（　　　）

17. 遇到很难的考试，我就担心自己会不及格。 （ ）

18. 在紧张的考试中，我却会想些与考试无关的事情，注意力集中不起来。 （ ）

19. 在考试时，我会紧张得连平时记得滚瓜烂熟的知识也回忆不起来。 （ ）

20. 在考试中，我会沉浸在空想之中，一时忘了自己是在考试。 （ ）

21. 在考试中，我想上厕所的次数比平时多些。 （ ）

22. 在考试时，即使不热，我也会浑身出汗。 （ ）

23. 在考试时，我紧张得手发僵，写字不流畅。 （ ）

24. 在考试时，我经常会看错题目。 （ ）

25. 在进行重要的考试时，我的头就会痛起来。 （ ）

26. 发现剩下的时间来不及做完全部考题，我就急得手足无措、浑身大汗。 （ ）

27. 如果我考了个坏分数，家长或教师会严厉地指责我。 （ ）

28. 在考试后，发现自己懂得的题没有答对时，就十分生自己的气。 （ ）

29. 有几次在重要的考试之后，我腹泻了。 （ ）

30. 我对考试十分厌烦。 （ ）

31. 只要考试不计成绩，我就会喜欢考试。 （ ）

32. 考试不应当在这样的紧张状态下进行。 （ ）

33. 不考试，我能学到更多的知识。 （ ）

考试焦虑自评量表得分统计表

1	2	3	4	5	6	7	8	9	10
11	12	13	14	15	16	17	18	19	20
21	22	23	24	25	26	27	28	29	30
31	32	33							

计分方法：选 A 计 3 分，选 B 计 2 分，选 C 计 1 分，选 D 计 0 分，将所有得分相加即可得到总分。

考试焦虑水平评定：1~24 分为镇定；25~49 分为轻度焦虑；50~74 分为中度焦虑；75~99 分为重度焦虑。

【活动训练】

目标与计划

目标是指导行动和维持行动的重要保证，有助于我们将理想变为现实。下面请你按照提示列出你的目标：

1.请列出今年对你来说最重要的三个目标：

今年最重要的三个目标	对自己的意义

2.请写出你实现目标过程中的优势和不足，以及你将采取的措施。

目标分析	目标1	目标2	目标3
优势			
不足			
拟采取的措施			

3.回忆以往目标未达成的原因，总结经验和教训。

以往目标失败事例	客观原因	自身原因	启示经验

4.选择步骤1中的一个目标，做一个详细的月计划，具体到每天要完成的事情，并开始执行下去。

【作业反思】 ||||||||||||||||||||||||||||||||||||||||||||||||||||||||||||||||||||||||||||||||||||||

回想你的成长经历，回忆一下因为学习给你带来的难忘的经历是什么？你当时的感受是什么？对你现在产生了什么影响？

第十章

家庭关系

小红是一名大一的学生，出生在农村，爸爸和妈妈在她很小的时候离异，很少见到妈妈，对妈妈的印象只有家里的一张发黄的照片。爸爸长期在外地打工，平时也不怎么和小红联系，只有过年时才能够聊上几句。小红由年迈的爷爷奶奶抚养长大。考入大学的前两个月交到了新朋友，宿舍同学相处很好，学习也能跟上，感觉挺不错。但是不知道为什么，最近有一天晚上睡觉前突然情绪崩溃，在宿舍里控制不住嚎啕大哭，停不下来。宿舍舍友发现后，安慰她但并没有什么用，建议她找心理咨询师。在咨询室里，小红忍不住又流下眼泪，心理咨询师询问最近是否发生了什么事情？小红说自己也觉得奇怪，没有发生什么事情，就是莫名其妙地觉得很委屈，难受并感到生活没有意义。谈话进行到第二次，小红分享了情绪崩溃那天在宿舍发生的一件小事：晚上没有课，大家都在宿舍一起看看电影或者聊聊天，最近天气转冷了，宿舍舍友陆续添了新的厚外套。舍友们还经常在宿舍和父母打电话。那天下午吃完晚饭，其中一个舍友挂了电话后，坐到她身边，随口一说："真的是太心烦了，我都多大了，我妈还管那么多，买衣服寄过来干什么，都不是我喜欢的。"这句话说者无心，小红也没当一回事。但是洗完澡，洗完衣服，忙完手里的事情，小红坐在床上就忍不住哭起来了……

案例分析：

从表面上看，小红考上大学，宿舍关系融洽，学业也能跟上，已经适应大学生活，这次突然的情绪崩溃是"无缘无故"发生的。但是，在这背后却是家庭结构、家庭互动方式等整个家庭系统的问题。

　　小红的父母在她很小的时候离异，父母双方都在她的成长中长期"缺席"，隔代抚养下成长的她，会更努力、独立和自强，但是因为家庭结构的不完整，年迈的爷爷奶奶没办法完全替代父母的职责，所以小红会更为敏感。当舍友陆陆续续购置新衣服的时候，她容易会因为自己没有新衣服感到自卑。

　　小红和妈妈唯一的联系就是一张照片，和爸爸也只是每天像例行公事一样谈话交流。从小缺乏温暖和关爱。年迈的爷爷奶奶可能没有因为天冷询问小红是否需要购置新衣服。而舍友被其父母的关心和舍友的埋怨，形成巨大的反差，勾起了小红内心的成长创伤，进而情绪崩溃。

【心理课堂】

　　大学阶段是人生发展的黄金关键期，但研究表明相当数量的大学生存在不同程度的心理问题。这些心理问题形成的原因是很复杂的，而家庭因素占有很大的比重。家庭是每个人最早接受教育的场所，父母是我们人生的第一任老师。我们每个人最初的道德观念、价值观念都是在家庭中形成的，因此每个人的各种心理特点、性格品质、生活习惯的形成与家庭都有直接联系。如果家庭对待孩子可以是适度的关爱和管束，孩子将会有更多的安全感，在人际交往、工作和生活中表现出更多的信任、友善和合作。相反，如果家庭对孩子干涉、控制过多，不信任，忽视，甚至虐待，孩子就可能在一个非常不安全的环境里成长，进而在未来的与人交往和学习工作中变现出更多的焦虑、恐惧和不适应。因此，家庭作为我们每个人最初、最原始的一段关系，对我们人生讲面对的人际关系、恋爱关系和婚姻关系会产生深刻且绵长的影响。

第一节 家庭的结构和发展

　　家庭是个体早期社会化的重要主题。一个在温暖、完整的家庭中成长的孩子，更有可能健康快乐地成长。而家庭成员的缺失，不仅会影响到孩子的生理健康成长，更会对孩子心理的健康产生长远的影响。这其中如果存在心理创伤，是很难根治的。

一、家庭结构的概念

家庭结构是指家庭中成员的构成及其相互作用、相互影响的状态，以及由这种状态形成的相对稳定的联系模式。家庭结构包括两个基本方面：

（一）家庭人口要素。家庭由多少人组成，家庭规模大小。

（二）家庭模式要素。家庭成员之间怎样相互联系，以及因联系方式不同而形成的不同的家庭模式。

家庭结构是一个抽象的概念，同时，又是实际存在的，它对家庭成员的生理、心理和行为有着巨大的影响，随着宏观的社会、经济、文化发展而不断发展。

二、家庭结构的分类

家庭有不同的分类方法，按家庭的代际数量和亲属关系的特征分类是常见的家庭分类的方法，主要有以下五种家庭类型。

（一）夫妻家庭。只有夫妻两人组成的家庭，包括夫妻自愿不育的丁克家庭、子女不在身边的空巢家庭以及尚未生育的夫妻家庭。

（二）核心家庭。由父母和未婚子女组成的家庭。

（三）主干家庭。由两代或者两代以上夫妻组成，每代最多不超过一对夫妻且中间无断代的家庭，如父母和已婚子女组成的家庭。

（四）联合家庭。指家庭中有任何一代含有两对或两对以上夫妻的家庭，如父母和两对以上已婚子女组成的家庭或兄弟姐妹结婚后不分家的家庭。

（五）其他形式的家庭。而随着社会的发展非传统的家庭结构越来越多：单亲家庭，是指由单身父亲或单身母亲养育未成年子女的家庭；单身家庭，指人们到了结婚的年龄不结婚或离婚以后不再婚而是一个人生活的家庭；重组家庭，指夫妻一方再婚或者双方再婚组成的家庭；空巢家庭，是指只有老两口生活的家庭；寄居家庭，指父母健在，子女却寄居在别处不与父母一起生活的家庭；父母双亡家庭，父母均离世，只留下子女的家庭；同性恋家庭，指由两个生物学性别相同的人组成的家庭。

三、家庭结构特征

（一）家庭人口的组成

家庭规模和人口组成直接影响到家庭结构的特征，一般而言，家庭人口越多，家庭结构越复杂，出现家庭矛盾的可能性越大，家庭管理越难。

（二）维持家庭运转和家庭稳定的机制

家庭成员在家庭中地位和角色的规定，以及与之相联系的责任、权利和义务的关系就形成了家庭规则。通常稳定的家庭规则的形成是一个经常存在冲突、斗争、妥协、调整的家庭动荡的过程。

（三）家庭成员在日常交往中所形成的稳定关系模式

一般而言，一个家庭结构包括横向和纵向的代际关系两种组合，可以形成许多不同的家庭结构类型。

四、完整家庭的发展序列

我们生活在一个快速发展的社会，这个社会在家庭结构、生活方式上正经历一系列巨大的变化，当然家庭生命周期模式也不可避免地表现出很大的变化。美国加州大学心理系教授哥登伯格从当代完整家庭的生命周期的发展视角，认为家庭的发展序列需要经历以下六个阶段：

（一）成年

弗尔莫认为，要长大成人的首要任务是离开家庭但同时又保持与原生家庭的联系。成年人需要从原生家庭分离出来，发展亲密关系并在工作、经济独立中建立自我。

（二）结婚组成新的家庭

下一个普遍的发展任务是，寻找伴侣并把自己托付给对方，建立新的家庭系统。目前，这一阶段出现的时间要比过去晚。这一阶段，重新定位与大家庭、朋友的关系，并纳入夫妻关系中。夫妇必须从独立过渡到相互依赖。通过大量的一系列的经历把两个人连在一起：它包括学会独处和共处、分配权力、聚集物质和情感资源、过性生活、共享亲密和平常的感情，以及完成极具挑战性的任务——养育下一代。

（三）孩子降生

这个阶段开始接受新成员进入家庭。需要调整婚姻系统，除在生活中给孩子腾出空间外，在心理和体力上，夫妇还必须更清楚地参与到照顾孩子、经济与家务等任务中。重新定位与大家庭的关系，并纳入父母和祖父母的角色中。

（四）拥有青少年的家庭

当孩子到了青春期，家庭在组织上面对新的挑战，尤其是围绕着自主和独立问题的挑战。也许父母再也不能维持绝对的权威，但是他们也不能放弃权威。中年父母，可能会出现"中年危机"，需要重新关注中年的婚姻和事业，需要开始考虑照顾年迈的祖父母，迫使其在父母与现在需要依靠的祖父母之间做出角色转换，或许还要求根据老一代的情况做出调整。

（五）孩子离开家庭独立生活

这个阶段被一些心理学家称为"收缩"阶段，这个阶段需要"让孩子独立，继续发展"。这个阶段重新回到两个人的婚姻系统，在长大的孩子与父母间发展成人与成人的关系，需要重新定位关系并纳入女婿与媳妇和孙辈的关系中，需要处理祖父母的衰老或者死亡。

（六）步入晚年

因为孩子已经不再住在家里，父母需要重新评估与孩子的关系，接受代际间角色的转换。在代际理论学家威廉姆森看来，当孩子进入四十岁的时候，另一个家庭的生命周期阶段就开始了。由退休（可能意味着收入减少、失去自我认同和意志、失去社区中重要位置的身份等）、孀居、成为祖父母、易患慢性疾病和长期照顾他人所带来的改变都是对整个家庭系统在适应性上的挑战。新的一代出现中心角色，家庭中第一位祖父母的去世或许是年幼孩子第一次面对至亲的分离和失去，与此同时，也在提醒父母的衰老和需要准备面对死亡。李特文对老年人的社会关系网进行了调查，他发现致力于与家庭、朋友保持关系的人可能会活得更长、过得更充实。

【相关链接】

父母教养方式量表（EMBU）

EMBU 是 1980 年由瑞典 Umea 大学精神医学系 C.Perris 等人共同编制用以评价父母教养态度和行为的问卷。EMBU 为人们提供了一种探讨父母教养方式与子女心理健康关系的有力而客观的工具，同时也为探讨心理疾病的病因学提供了一条途径，也可以用来探讨父母教养方式对人格形成的影响，从而使更多的子女在良好的教养环境中成长并形成健全的人格。

目前，EMBU 已在 23 个国家用于抑郁症、恐怖症、人格障碍等各类患者及正常人群父母教养方式的研究。

问卷由很多题目组成，每个题目的答案均有四个等级。请您分别在最适合你父亲和你母亲的等级数字上划"○"或者"√"，每题只准选一个答案。您的父母对您的教养方式可能是相同的，也可能是不同的，请您实事求是地分别回答。

如果幼小时父母不全，可以只回答父亲一栏或者母亲一栏。如果是独生子女，没有兄弟姐妹，相关的题目可以不答。

	从不	偶尔	经常	总是
1. 我觉得父母干涉我所做的每一件事				
2. 我能通过父母的言谈、表情感受他（她）很喜欢我				
3. 与我的兄弟姐妹比，父母更宠爱我				

（续表）

4. 我能感到父母对我的喜爱				
5. 即使是很小的过失，父母也惩罚我				
6. 父母总试图潜移默化地影响我，使我成为出类拔萃的人				
7. 我觉得父母允许我在某些方面有独到之处				
8. 父母能让我得到其他兄弟姐妹得不到的东西				
9. 父母对我的惩罚是公平、恰当的				
10. 我觉得父母对我很严厉				
11. 父母总是左右我该穿什么衣服或该打扮成什么样子				
12. 父母不允许我做一些其他孩子可以做的事情，因为他们害怕我会出事				
13. 在我小时候，父母曾当着别人的面打我或训斥我				
14. 父母总是很关注我晚上干什么				
15. 遇到不顺心的事时，我能感到父母在尽量鼓励我，使我得到一些安慰				
16. 父母总是过分担心我的健康				
17. 父母对我的惩罚往往超过我应受的程度				
18. 如果我在家里不听吩咐，父母就会发火				
19. 如果我做错了什么事，父母总是以一种伤心的样子使我有一种犯罪感或负疚感.				

（续表）

20. 我觉得父母难以接近				
21. 父母曾在别人面前唠叨一些我说过的话或做过的事，这使我感到很难堪				
22. 我觉得父母更喜欢我，而不是我的兄弟姐妹				
23. 在满足我需要的东西，父母是很小气的				
24. 父母常常很在乎我取得的分数				
25. 如果面临一项困难的任务，我能感到来自父母的支持				
26. 在家里往往被当作"替罪羊"或"害群之马"				
27. 父母总是挑剔我所喜欢的朋友				
28. 父母总以为他们的不快是由我引起的				
29. 父母总试图鼓励我，使我成为佼佼者				
30. 父母总向我表示他们是爱我的				
31. 父母对我很信任且允许我独自完成某些事				
32. 我觉得父母很尊重我的观点.				
33. 我觉得父母很愿意跟我在一起				
34. 我觉得父母对我很小气，很吝啬				
35. 父母总是向我说类似"如果你这样做，我会很伤心"的话				

（续表）

36. 父母要求我回到家里必须向他们说明我在做的事情				
37. 我觉得父母在尽量使我的青春更有意义和丰富多彩（如给我买很多的书，安排我去夏令营或参加俱乐部）				
38. 父母经常向我表述类似"这就是我们为你整日操劳而得到的报答吗"的话				
39. 父母常以不能娇惯我为借口不满足我的要求				
40. 如果不按父母所期望的去做，就会使我在良心上感到不安				
41. 我觉得父母对我的学习成绩、体育活动或类似的事情有较高的要求				
42. 当我感到伤心的时候可以从父母那儿得到安慰				
43. 父母曾无缘无故地惩罚我				
44. 父母允许我做一些我的朋友们做过的事情				
45. 父母经常对我说他们不喜欢我在家里的表现				
46. 每当我吃饭时，父母就劝我或强迫我再多吃一些				
47. 父母经常当着别人的面批评我既懒惰，又无用				
48. 父母常常关注我交往什么样的朋友				
49. 如果发生什么事情，我常常是兄弟姐妹中唯一受责备的一个				
50. 父母能让我顺其自然地发展				

51.　父母经常对我粗俗无礼				
52.　有时甚至为一点儿鸡毛蒜皮的小事，父母也会严厉地惩罚我				
53.　父母曾无缘无故地打过我				
54.　父母通常会参与我的业余爱好活动				
55.　我经常挨父母打				
56.　父母常常允许我到我喜欢去的地方，而他们又不会过分担心				
57.　父母对我该做什么、不该做什么都有严格的限制而且绝不让步				
58.　父母常以一种使我很难堪的方式对待我				
59.　我觉得父母对我可能出事的担心是夸大的、过分的				
60.　我觉得与父母之间存在一种温暖、体贴和亲热感觉				
61.　父母能容忍我与他们有不同的见解				
62.　父母常常在我不知道原因的情况下对我大发脾气				
63.　当我所做的事取得成功时，我觉得父母很为我自豪				
64.　与我的兄弟姐妹相比，父母常常偏爱我				
65.　有时即使错误在我，父母也会把责任归咎于兄弟姐妹				
66.　父母经常拥抱我				

家庭教养方式量表评分标准：

父亲	题目	总数	均数
情感温暖与理解	2, 4, 6, 7, 9, 15, 20, 25, 29, 30, 31, 32, 33, 37, 42, 44, 60, 61, 66	19	51.54
惩罚与严厉	5, 13, 17, 18, 43, 49, 51, 52, 53, 55, 58, 62	12	15.84
过分干涉	1, 10, 11, 14, 27, 36, 48, 50, 56, 57	10	20.92
偏爱被试	3, 8, 22, 64, 65	5	9.82
拒绝与否认	21, 23, 28, 34, 35, 45	6	8.27
过度保护	12, 16, 39, 40, 46, 59	6	12.43

66 个题目中，父亲量表不含有 19，24，26，38，41，47，54，63（反向计分项目：20，50，56）

母亲	题目	总数	均数
情感温暖与理解	2, 4, 6, 7, 9, 15, 25, 29, 30, 31, 32, 33, 37, 42, 44, 54, 60, 61, 63	19	55.71
过分干涉、过分保护	1, 11, 12, 14, 16, 19, 24, 27, 35, 36, 41, 48, 50, 56, 57, 59	16	36.42
拒绝与否认	23, 26, 28, 34, 38, 39, 45, 47,	8	11.47
惩罚与严厉	13, 17, 43, 51, 52, 53, 55, 58, 62	9	11.13
偏爱被试	3, 8, 22, 64, 65	5	9.99
过度保护	12, 16, 39, 40, 46, 59	6	12.43

66 个题目中，母亲量表不含有 5，10，18，20，21，40，46，49，66（反向计分项目：50，56）

父母教养方式量表（EMBU）　采用父母教养方式量表（EMBU）的中文修订版，共有 66 个题目，其中父亲教养方式由 58 个题目组成，共有 6 个因子，分别是情感温暖与理解、惩罚与严厉、过度干涉、偏爱被试、拒绝与否认、过度保护；母亲教养方式由 57 个题目组成，共有 5 个因子，分别是情感温暖与理解、过度干涉、拒绝与否认、惩罚与严厉、偏爱被试。该量表由被试者独立完成，回答"从不"记 1 分，"偶尔"记 2 分，"经常"记 3 分，"总是"记 4 分。

因素		意义	均数	标准差
父亲	因子Ⅰ	情感温暖与理解	51.54	8.89
	因子Ⅱ	惩罚与严厉	15.84	3.98
	因子Ⅲ	过分干涉	20.92	3.66
	因子Ⅳ	偏爱被试	9.82	3.83
	因子Ⅴ	拒绝与否认	8.27	2.40
	因子Ⅵ	过度保护	12.43	3.12
母亲	因子Ⅰ	情感温暖与理解	55.71	9.31
	因子Ⅱ	过分干涉、过分保护	36.42	6.02
	因子Ⅲ	拒绝与否认	11.47	3.26
	因子Ⅳ	惩罚与严厉	11.13	2.84
	因子Ⅴ	偏爱被试	9.99	3.81

共计11个因子值。求出每个因子值的均值作为该因子的代表。

如果被试某个因子项的得分高于常模平均数，那么该被试者就表现出对应的教养方式。

第二节 家庭的沟通

沟通是人们彼此传递信息与分享信息的过程。良好的沟通有利于家庭成员化解家庭冲突和紧张，促进家庭成员角色的实施和家庭功能的正常运转。除了家庭结构，家庭内部的沟通模式也会对一个人的成长产生深远的影响。如果家庭成员间的沟通是直接的、真诚的，能够表达内心真实的感受，这有利于有效表达和传递需要沟通的信息，形成良好的家庭关系；相反，如果有家庭成员的沟通是通过攻击性的方式来进行的，成员表达的需求和观点会让对方感到被指责，非常的不舒服。很可能诱发成员同样通过攻击的方式表达，这就形成了争吵。我们希望对方知道的东西却无法传达给对方，无法形成有效的沟通。我们和别人的沟通模式，受到我们和父母沟通模式的影响。这种沟通不仅包括言语的沟通，还包括非言语的沟通，比如微笑、流泪等情绪，还有拥抱、打骂等行为。我们往往会以情绪感受的方式来记忆早期和父母的沟通模式，并以此来预期自己和别人的沟通。例如，如果小时候母亲给我们的感觉是我们做这件事情会受到惩罚，不做这件事情又会受到指责，我们就会有不知所措、进退两难的感觉，并且觉得是非常不安全的。在我们长大后，也会觉得周围的人总是"欺负自己"的，可能会对他们处处提防。这就是家庭治疗当中"双重束缚"的概念，这种沟通模式有时和严重的精神疾病相联系。因此，了解一个人的人际沟通模式需要理解他从小在家庭里和父母的依恋模式和沟通模式。

一、依恋理论

（一）产生与定义

依恋理论首先由英国精神病学家约翰·鲍尔比提出，1944 年他进行了一项关于 44 名少年小偷的研究，首次激发了他研究母子关系的兴趣。他认为心理健康最基本的要素是婴儿时期就体验到与母亲之间拥有的温暖、亲密和可持续的关系。在这种关系中，婴幼儿和母亲双方都感到满意和享受。依恋，一般被定义为婴儿和其照顾者 （一般为母亲）之间存在的一种特殊的感情关系。它产生于婴儿与其父母的相互作用过程中，是一种感情上的联结和纽带。

在家庭中，大部分婴儿在三个月左右的时候对母亲的反应就已经区别于其他人。比起看到其他人来，这个年龄的婴儿看到母亲来的时候更会微笑，更愿意发出声音并且会长久地跟随她的眼睛。婴儿一岁的时候，会显露出一些依恋模式。

现在，研究者普遍认为，依恋是人类适应生存的一个重要方面，因为它不仅提高婴儿生存的可能性，而且建构了婴儿终生适应的特点。婴儿早期与母亲建立的依恋模式，是个体社会化的基础，会对儿童及其成年以后的人际关系、婚姻关系产生长期的影响。

（二）依恋的类型

依恋研究的重大进展来自安斯沃斯的认识：在依恋关系中个体间的重要差异在于依恋的安全程度或不安全程度。于是，她与同事设计了陌生情境测验，评定一岁婴儿对其母亲的依恋的安全程度。

陌生情境测验的做法是，在一间实验性玩具室内观察婴儿、养育者 （多为母亲） 和一名友好却陌生的成人在一系列情境中的行为与反应。整个实验 20 分钟，在实验中，婴儿会在玩耍的时候被观察，具体的观察步骤如下：

1. 养育者和婴儿被介绍进入实验室；
2. 养育者和婴儿单独在一起，当婴儿自己探索玩耍时，养育者并不参与；
3. 陌生人进入房间，和养育者进行交谈，然后和婴儿进行接触，父母明显地离开房间；
4. 第一个分离事件：陌生人和婴儿进行互动；

5. 第一个重逢事件：养育者进来和婴儿打招呼，并且安抚婴儿，然后再次离开；

6. 第二个分离事件：婴儿独自一人；

7. 第二个分离事件的继续：陌生人进入房间，和婴儿进行互动；

8. 第二个重逢事件：养育者进来，问候婴儿，抱起婴儿，陌生人明显地离开。

在整个实验过程中，将婴儿的四个行为反应观察并记录下来：

1. 婴儿投入探索和玩耍的数量；

2. 婴儿对养育者离开时的反应；

3. 当婴儿单独和陌生人在一起时的焦虑；

4. 婴儿和养育者的重逢行为。

通过观察和分析婴儿在陌生情境中的行为表现，将婴儿的依恋分为四种类型：

第一种，安全型依恋。这类儿童与母亲在一起时能舒心地玩玩具，并不总是依附母亲，当母亲离去时，明显地表现出沮丧和苦恼。当母亲回来后，会寻求与母亲的接触，很快平静下来并继续全神贯注地玩耍。

第二种，不安全依恋——回避型依恋。这类儿童在母亲离去时并无紧张或忧虑。当母亲回来后他们亦不予理会或短暂接近一下又走开，表现出忽视及躲避行为，很多这种类型的婴儿对陌生人比对母亲更友善。

第三种，不安全依恋——抗拒型依恋。此类儿童对母亲的离去表示强烈反抗。当母亲回来后，寻求与母亲的接触，但同时又显示出反抗，甚至发怒，不能再去玩游戏。

第四种，不安全依恋——混乱型依恋。此类儿童的行为是紊乱的、没有方向的，表现为明显的恐惧，矛盾的行为或者情绪同时或依次产生，有时会出现刻板行为或者明显的解离现象。

二、PAC 人际交往理论

PAC 理论又称为人格结构分析理论、交互作用分析，由加拿大心理学家艾瑞克·伯恩于 1964 年在《人们玩的游戏》一书中首次提出，是一种针对个人的成长和改变的有系统的心理治疗方法。

这种分析理论认为，个体的个性是由三种比重不同的心理状态构成的，这就是"父母""成人""儿童"状态。取这三个间的第一个英文字母，Parent（父母）、Adult（成人）、Child（儿童），所以简称人格结构的 PAC 分析。"PAC 理论"把个人的"自我"划分为"父母""成人""儿童"三种状态，这三种状态在每个人身上都交互存在，也就是说这三者是构成人类多重天性的三部分。人们相互之间沟通是顺畅、愉快的，还是引发误会和冲突的，和这三种状态的相互组合有关。

	父母（P）	成人（A）	儿童（C）
特征	权威、优越感	客观、理智	单纯、服从
表现	命令、统治、训斥、责骂等家长制作风	待人接物冷静，慎思明断，尊重别人	遇事畏缩，感情用事，喜怒无常，任性、不加考虑
常用的沟通语句	"你应该……"，"你不能……"，"你必须……"	"我个人的想法是……"	"我猜想……"，"我不知道……"

交互作用（语言、动作或非语言信号的交换）可以是互补式的或非互补式的。在公开交互作用中，如果发出者和接受者的心态在回答中仅是方向相反，则交互作用是互补式的。

一般来说，工作中最有效的交互作用是成人对成人的交互作用。这种交互作用促使问题得到解决，视他人同自己一样有理性，降低了人们之间感情冲突的可能性。另外互补式的交互作用也能令人满意地发挥作用。例如，如果主管想要扮演家长的角色，员工想要扮演孩童的角色，他们之间可以形成一种比较有效的工作关系。但是在这种情况下，员工无法成长、成熟，不知如何贡献自己的想法。因此，虽然互补式的交互作用确实能发挥作用，但在工作中能够得到最优结果并且最不可能带来问题的是成人对成人的交互作用。

了解 PAC 分析理论，有助于我们在交往中有意识地观察自己和对方的心理状态，作出互补性或平行性反应，使信息得到畅通。倘能在交往中把自己的情感、思想、举止控制在成人状态，以成人的语调、姿态对待别人，给对方以成人刺激，同时引导对方也进入成人状态，作出成人反应，那就有利于建立互信、互助关系，保持交往关系的持续进行。国外对管理人员进行 PAC 分析理论教育，帮助他们了解人们在相互接触中的心理状态，取得了良好的效果。

 【相关链接】 ||||||||||||||||||||||||||||||||||||||||||||||||||||||||||||||||||||||

自我体验

在依恋理论的基础上，请根据你对自己的看法，以及你对他人看法的不同，从下面四种类型中，找到自己更倾向的类型，并尝试探索以下两个问题，将答案写在下面对应的方框中：

（1）对自我的感受和看法，举自身的例子说明。

（2）对他人的感受和看法，举自身的例子说明。

	对自我的看法：高焦虑	对自我的看法：低焦虑
	安全型	矛盾型
他人的看法： 低回避		
	疏远型	恐怖型
他人的看法： 刚回避		

第三节　家庭治疗的产生和发展

一、家庭治疗的产生

绝大多数权威观点认为：第二次世界大战后的十年间是家庭治疗研究的开始，那个时期家庭从动荡到稳定，从离散到重聚，这也引发了一系列社会、文化、人际交往、伦理等问题。面对这些复杂的问题，人们开始转向心理学家寻求解决的办法。以前专家们习惯处理个体的问题，但现在人们希望这些心理学家能够有效地处理家庭中的大批问题。

家庭治疗是以家庭为对象实施的团体心理治疗模式，其目标是协助家庭消除异常、病态情况，以执行健康的家庭功能。家庭治疗的特点：不着重于家庭成员个人的内在心理构造与状态的分析，而将焦点放在家庭成员的互动与关系上；从家庭系统角度去解释个人的行为与问题；个人的改变有赖于家庭整体的改变。从家庭的角度去看待个体，是把个人放在一个大的文化和历史背景下去理解和认识。个人的问题将不再仅仅当作个人的问题，而作为家庭问题的表现，即家庭功能失调的表征。所以，对个人症状的改善，将不仅仅是改变个体，而是关注整个家庭系统，通过调整家庭结构、家庭系统和动力来改变每个家庭成员，最终达成家庭成员之间关系的和谐，以及个人问题的解决。

二、家庭治疗的流派及主要观点

（一）鲍恩家庭系统治疗

它由鲍恩首先提出，因此也被称为鲍恩理论。他主张把家庭当作一个系统理论去理解，而不是将其当作一套干预的方法。在他的理论中提出了六个重要概念：自我分化、三角关系、核心家庭情感程序、代际传递、情感隔离、社会情感过程。其中，"自我分化"是鲍恩的核心理论，其功能就是个人处理压力的能力，自主性和独立性差的人往往都与家庭过分纠结，这样很容易造成功能不良。"三角关系"是鲍恩提出的另一个重要概念，他认为导致情感三角活动的主要因素是焦虑。焦虑的增加会使人们更加需要彼此情感拉近，当两个人之间出现问题时，被伤害人的感觉会促使个人去寻求其他人的同情，或者将第三方拉入冲突之中。第三方的卷入，可以将焦虑分散在三角关系中，从而使之得到缓解。在家庭治疗的先驱中，鲍恩的家庭治疗是对精神分析原理的拓展，强调自我发展、代际观点和过去的重要性，为在家庭治疗中研究人类行为和问题提供了更为广阔的视野。

（二）结构派家庭治疗

结构派家庭治疗和其他家庭系统疗法一样，对于问题与解决都偏好聚焦于背景而不是个人。米纽庆于20世纪60年代早期开始他的家庭治疗职业生涯，当时他发现有问题的家庭共有两种模式：一种家庭表现为缠结，处于混乱并且紧密的相互联结；另一种家庭则表现为脱离，孤立并看似无关。这两种家庭类型都缺乏对权利的清晰界线，过于纠缠的父母过分卷入到他们的子女之间，由此丧失了父母的领导权和控制权。结构派家庭治疗提供了这样一个蓝图，并且提供了组织策略治疗的基础。结构派家庭治疗有三个最基本的组成要素：结构、亚系统和界线。结构派家庭治疗的技术主要包括两个一般性的策略，首先，治疗者必须适应家庭以真正地"加入"到家庭之中。挑战家庭所偏爱的关系模式往往会引发家庭的抗拒。相反地，若治疗者开始理解并接受家庭，家庭更可能接受治疗。一旦实现了最初加入家庭的目标，结构派治疗者就开始使用重新组织的策略。

这些积极的策略通过增强松散的界线以及放松僵硬的界线已达到打破功能不良的结构的目的。1981年，米纽庆搬到纽约并成立了当今非常著名的米纽庆家庭治疗中心。另外，对于结构派家庭治疗还有一些简单、实用且有效的技术值得介绍："模仿"意指以效仿行为举止、风格、情绪范围或沟通内容等方式参与家庭的过程。治疗师也可能谈到个人经验，这些做法有时候是自发的，有时候是设计的，无论如何，它们通常具有增加治疗师与家庭的关联的作用。"行动促发"是指治疗师将外在的家庭冲突带入治疗会谈中，使得家庭成员可以展示其处理方法，治疗师也可以观察其过程，并且开始找出修正其互动和造成结构改变的方法。治疗师通常会使用这些技术主动地在治疗时间内创造出使家庭成员表现出功能不良沟通的场景。

（三）策略派家庭治疗

策略派家庭治疗最深远的影响来自米尔顿·艾瑞克森，尽管这影响是在他去世后才产生的。在20世纪70年代中期到80年代中期，策略方法吸引了很多家庭治疗师。原因之一是其注重实务和以问题解决为中心，这不仅成为策略派的魅力，同时也成为其迷惑人的地方。他的才能得到广泛的赞美和模仿，然而非常遗憾的是很多治疗者都没能掌握可预见的治疗原理；相反地，他们只是模仿米尔顿·艾瑞克森"非同一般的技术"。然而，策略派治疗表现出对来访者的强烈控制，它从独特的思维角度出发，表现出鲜明的创造性和操作性。与此同时，策略的出现会掩盖抵抗并且会激发家庭改变。20世纪90年代处于主导地位的治疗方法提升了认知的地位，使认知的地位超出了行为，并且鼓励家庭治疗师与来访者进行协作，而不再是操控来访者，这样的变革使策略派治疗逐渐退出了人们的视线。

（四）经验性家庭治疗

经验性家庭治疗发端于心理学中的人本主义思潮，它受表达性治疗的启发，强调了及时的、此时此地经验的作用。家庭治疗早期阶段，从个体治疗和团体治疗中借用了一些技术，当时经验性家庭治疗是很流行的。它从格式塔治疗和会心团体中借用了唤起技术，如角色扮演和情感对质，同时，其他的表达性治疗方法，如雕刻和家庭绘画对艺术和心理剧都产生了深刻的影响。在经验性家庭治疗的流派中，出现了两位巨匠卡尔·威特克和维琴尼亚·萨提亚。威特克倡导了一种自由的、直觉的方法，目的是打破伪装，解放自我，使每个家庭成员回归真我，他首次把心理治疗运用于家庭中，虽然他曾经被视为特立独行的，但他最终成为了这个领域最杰出的治疗师之一。打破旧习，虽然在当时被认为是不可容忍的，然而威特克依然因为他在家庭治疗中的成就获得了尊重。维琴尼亚·萨提亚是家庭治疗发展中的又一个关键人物。她相信一种健康的家庭生活包括开放和共同分享感情、感受等，如"拯救者"和"安抚者"，她认为家庭角色的功能是约束家庭中的关系。经验性家庭治疗建立于这样的前提：家庭问题的产生原因和影响结果是情感的压力。系统派家庭治疗师从家庭交往模式的角度看症状行为的根源，这些交往模式被看成家庭成员各自的防御投射的阴影下的结果。从这个角度出发，如果家庭成员最初能了解他们真实的感受——恐惧和焦虑，还有希望和愿望，那么在家庭中尝试一些积极的改变会更成功。因此，经验性家庭治疗从内部入手，帮助个人表达他们真诚的情感，缔造更加真实的家庭纽带。

（五）精神分析家庭治疗

接受精神分析训练的临床医生们是最早从事家庭治疗的，但是当他们开始面对家庭问题时，大多数还是运用系统理论中的深度心理学观点。20世纪80年代中期，家庭治疗师对心理动力学的兴趣复归，主要是客体关系理论和自我心理学。精神分析治疗的关键目的是帮助人们理解他们的基本动机，通过以健康的方式表达这些愿望来解决冲突。

弗洛依德的理论强调性驱力和攻击驱力，自我心理学聚焦于被欣赏的渴望，客体关系治疗师专心于对安全依恋关系的需要。但是他们有一个共同的信念，如果家庭中的个体相互理解并开始解决他们自己个人的冲突，就可以帮助配偶和家庭成员更好地相处。精神分析家庭治疗师较少关注团体和他们的交往模式，而更多关注个体和他们的感受。以探索这些感受为目的的精神分析理论帮助临床医生理解人们挣扎背后的基本问题。

（六）认知行为家庭疗法

家庭症状被看作是习得的反应、无意识地获取或强化的结果。治疗一般是限定时间的和症状聚焦的。应用于家庭的行为方法是基于社会学习理论，行为是由于其结果而习得和维持的，同时可以通过改变其结果而发生变化。对于社会学习理论的一个补充是，Thibaut 和 Kelley 的社会交换理论，该理论认为人们致力于使人际关系的"回报"最大化，同时使"代价"最小化。行为治疗师集中于改变问题行为的结果，这既是该方法的优点，同样也有其不足之处。通过出现的问题进行思考，行为学家已经足够发展出一系列有效的技术。另一方面，行为只是个体的一部分，而表现出问题的人又只是家庭中的一部分。如果未解决的冲突仍然让他们感到困惑，仅仅让他们做出改变是不够的。行为学家很少对整个家庭进行治疗，他们只注意目标行为所在的子系统。然而不幸的是，在治疗中不包括或考虑整个家庭可能造成不良后果。另外，如果改变不是涉及整个家庭的，那么新行为不可能强化和维持下去。

尽管存在这些不足，但行为家庭疗法为儿童问题和有问题的婚姻提供了有效的技术。行为疗法的最大优点是坚持进行观察，并对其发生的改变进行测量。第二个进步是从减少或强化具体"标志"行为逐渐发展到教授一般的问题解决、认知和沟通技巧。第三个进步是具有标准化的干预方案，以应付个体和家庭特定和不断变化的需要。

【相关链接】

家 谱 图

一、家谱图的定义

家谱图是理解家庭模式的一个实用工具，它可以生动地呈现一个家庭的信息，如有多少口人住在一起？来访者有没有兄弟姐妹？父母在家中的排行？家庭成员之间的关系如何？家庭中有没有重大的丧失或创伤事件等，这些信息都可以帮助个人了解自己所面临的问题所产生的家庭背景。

在家庭中，所有成员的情感、生理和社会功能都紧紧依赖着彼此，甚至是已逝世的家庭成员都无法避免这种连接。从家庭的角度来看，没有任何成员、任何成员的问题、任何成员问题的解决办法，是完全独立存在的。

家谱图让我们从一个宏观、外化、系统的视角，来看待自身的问题，例如，在绘制完家谱图后，有些人会惊讶于自己和这么多家庭成员都有关系；有些人会突然发现，不是父母不理解自己，而是自己从没想过父母是怎么生活过来的；还有些人会发现，自己和父母中的一方经历如此相似，正如父母和他（她）们的父母经历十分相似，有趣的是，没有任何两个人的家谱图是完全一样的。家谱随着社会与时代的变化发展，竞争日趋激烈，大学生的家庭结构也更为复杂多样，大学生人数正在不断增多，因此大学生心理问题已成为突出的社会问题。家谱图就像是我们每个人独特的身份密码一样，默默地影响着我们，并伴随我们的一生。

二、家谱图的基本绘图符号

在家谱图中，图形代表人，线代表关系。在作图时，可用特定的线条和图案来描述基本家庭成员以及彼此之间的关系。每一个家庭成员都用一个正方形或者圆形表示，正方形表示男，圆形表示女。在咨询与治疗中，被认为是"有问题的人"或者"主要的研究对象"用双线连接的正方形或者圆形表示，这个人可能是来访者本人，也可能不是，如父母来访，但主要咨询孩子的问题，此时，孩子是"有问题的人"。死亡在正方形和圆形中画"×"表示；流产用实心图形表示；横实线表示婚姻关系；横虚线表示同居关系；在横实线上加双斜线表示离异；加单斜线表示分居；竖实线表示血亲关系；竖虚线表示收养关系；折线表示关系紧张。家庭中兄弟姐妹的顺序从左向右、从大到小依次排列。

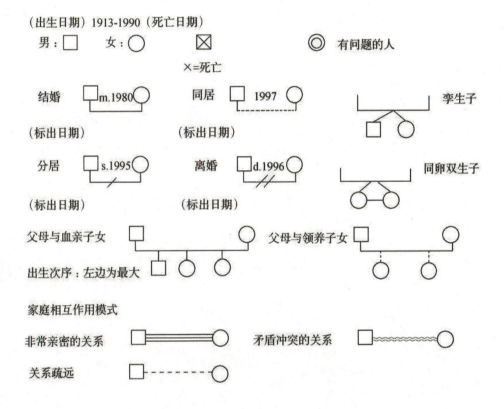

三、体验环节

取出一张 A4 纸，横向摆放，用一支笔在纸上画下：

1、方框，代表男性；圆圈，代表女性。

2、在家庭成员符号的左边，写下这些人的年龄、学历和职业，记不清的可以不写。

3、如果家族中有遗传疾病，或家中长辈因某种严重疾病去世，请将这个疾病的名称写在该成员符号的左边。

4、分别用一个形容词来形容这些人的性格特点。

5、用直线连接和你关系比较亲近的人，用虚线连接和你关系比较疏远的人，用折线连接你和他（她）有冲突，或他们相互之间有冲突的人。

观察自己的家谱图，思考以下问题：

1、你和这幅图中的谁比较亲近？和谁平时互动比较多？

2、在这幅图中，你最在意的是哪个部分？为什么？

3、你觉得你的性格更像图中的谁？哪里像？

4、哪个人对你造成的影响最大？他是如何影响你的？

5、在这幅图中，你对谁有期待？又对谁有不满？

_____的家谱图

___年___月___日制作

第十一章

网络心理

 【心理案例】

小白是一名大二男生，他是学院学习部的学生干部，性格开朗，做事很负责，受到同学们的喜欢，学习部工作比较多，课程也安排得比较满，他每天都过得非常充实。在暑假的时候，在家里受到表哥的影响，开始玩起了网络游戏，并逐渐上瘾到了严重影响休息的程度。来到学校后，本来想要控制游戏时间，重新调整作息投入学习和生活，但是又抵制不住网络游戏的诱惑。刚开始，小白只是用晚上时间打游戏，经常玩到凌晨一两点，不仅因为打扰宿舍同学休息而产生矛盾，他自己白天上课也没有精神，甚至在课堂上就睡着了，在学习部的工作也没有完成。最近，小白又因晚起迟到而放弃去上课，开始了每天逃课玩网络游戏，辅导员了解情况后找他谈话，一方面他感觉自身压力很大，也对自己这段时间的表现感到自责，另一方面又没有办法抵制网络游戏的诱惑，只要一离开就会很难受，现在陷入了困境。

案例分析：

小白因为沉迷网络游戏，导致生活和学习都陷入了困境，心理和情绪状态也不好，是比较典型的网络成瘾表现。大学生网络成瘾不仅严重影响大学生学业的完成，还会引发一系列心理问题。

【心理课堂】

　　互联网的迅猛发展，对人们的生活方式、工作方式和学习方式产生了重要影响，大学生是当前社会中相对较大的网络群体，同时受其特殊的心理发展特征的影响，网络对他们有着更强大的影响力。网络的发展为大学生带来了丰富的知识、创新的思维和全新的观念，同时网络中的负面信息，也对大学生的价值取向、道德观念、行为模式等产生了比较大的冲击，甚至导致大学生产生严重的心理问题，影响其身心健康发展。全面了解大学生网络心理现状，加强对网络心理问题及其成因的分析与研究，提出具有针对性和有效性的策略，对于大学生构建积极心理品质和维护大学生心理健康有着重要的意义。

第一节 大学生与网络

一、什么是网络

　　网络是以信息技术为物理媒介、以信息为主体内容的信息储存和传播系统。它以光导纤维为信息传递通道，以多媒体为信息传输的入口和出口，是融计算机技术、电子技术、通信技术、声像技术等各种技术为一体的信息交换系统。

　　网络是随着社会对信息共享和信息传递日益增强的需求而发展起来的，它拉近了人与人之间的距离，让地球越变越"小"，为人类开创了一个崭新的生活方式——网络生活方式，让我们足不出户就"知天下事"，对我们的学习、生活、心理状态和价值取向等产生了重大影响。

二、网络的特征

　　（一）网络的便捷性。网络平台实现了信息的即时更新和人际交往的即时互动。网络平台以视频、微博、直播室等各种形式实现了信息的即时传输，用户可以随时发表评论，并因此吸引了大量的受众。对外界充满好奇心的大学生们可以通过网络在很短的时间内对相关事件有比较完整清晰的了解，并可以根据个人兴趣自由选择所需的信息。另外，手机移动网络的普及，使大学生们不再受限于计算机平台，可以随时随地实现人机互动。

　　（二）网络的开放性。网络的功能之一就是资源共享，覆盖了不同学科、不同领域、不同地区、不同语言的信息资源，且根据学科发展，各类信息在不断更新完善。在网络世界中，大部分信息都是平等开放、互通共享的，没有身份、性别、年龄之分，只要能上网，就可以获取信息。

（三）网络的匿名性。网络是一个开放的平台，在绝大多数的情况下，在网络信息平台中，发表言论、表达立场都是在一个虚拟的空间中进行的，每个人都可以当一个"隐形人"，性别、身份、年龄等信息都可以隐匿或假装，文字传输中也隐藏了表达者的语气和神态，增加了交往的神秘感，这正符合大学生追求神秘和刺激、想隐藏和伪装的心理。网络的匿名性为自由言论创造了便利的条件，但这也是引发不良信息传播、网络犯罪等一系列负面问题的原因之一。

三、大学生网络心理

网络心理是指个体在参与网络活动的过程中，有心理活动或潜意识的活动所表现出的各种反应和倾向。大学生网络心理是指大学生作为一类特殊的群体，对网络的认知及其的情感体验而产生的一种心理反应。

四、大学生网络心理特点

（一）自主性

大学生网络行为具有自由性，只要你会上网、有设备，就可以自由选择是否浏览信息、发布信息，还是在社交平台开展社交活动。网络的飞速发展使传统媒体的单向交流模式逐渐转变为双向互动交流模式。在自主、平等的网络世界中，渴望获得独立自主的大学生不再是被动地接受信息传播，而是可以根据自身的特点发表自己的见解、展现自己的个性。

（二）娱乐性

大学生上网内容偏娱乐性。学习压力的增大，大学生趋向于在网络世界中寻找可以放松的活动，如网络游戏、音乐、电影、视频、聊天、网络小说等，这些都是大学生重要的娱乐方式。

（三）表现性

大学生正处于情感丰富、表现欲望强烈的时期，会利用网络匿名性的保护，在虚拟世界中扮演多种不同的角色，更敢于表达自己的真实想法，并且很多大学生在上网时都具有强烈的情感表达需求，利用网络平台交友甚至网恋，以满足自己在现实中的孤独、寂寞的情感需求。

第二节 大学生常见网络心理问题和成因

案例：

小江是一个比较内向的女孩子，性格文静，刚来到大学，在生活和学习上有些不适应，觉得自己融不进现在的环境，没有交到好朋友，平时没有人和她说话。一次偶然的机会使她认识了网友"小石头"，他们成了无话不说的好朋友，两人每天都在微信聊天，分享着彼此的生活，烦恼也向对方倾诉。因为和"小石头"的网上来往，小江很少与宿舍同学交流，可是有时候看着宿舍同学们一起玩闹，心里又觉得空空的。

案例分析：从小江的例子可以看出，大学生因为各种原因沉迷网上交流而忽视了现实人际关系发展，看起来是扩大了交友的圈子，实际上可能会在现实生活中更加自我封闭，孤独感更加强烈，也会导致很多心理问题的产生。

一、大学生常见网络心理问题

对于心理发展还不完全成熟的大学生来说，网络在满足他们的心理需求的同时，也诱发了许多网络心理问题，大学生网络心理状况是大学生心理是否健康的重要影响因素之一。健康的网络心理可以使其更好地利用网络获取知识、排解孤独、获得自尊等，不良的网络心理则会导致其产生孤独的心理、网络成瘾、网络人格障碍等网络心理问题。

（一）网络成瘾

网络成瘾是指上网者由于长时间地或习惯性地沉浸在网络时空当中，对网络产生强烈的依赖，以至于达到了痴迷的程度而难以自我解脱的行为状态和心理状态。大学生网络成瘾对大学生的学业、人际关系、心理健康等方面会造成极大的消极影响。目前，网络成瘾的标准主要有两个方面：一是上网时间过长，二是如果上网欲望没有得到满足，就会出现烦躁不安等情绪。网络成瘾主要表现为三个方面：一是行为变化。沉迷于网络的学生过分地关注与网络相关的人和事，对其他周围的一切缺乏兴趣，导致学生逃避其他活动，出现上课迟到、旷课，严重的甚至出现辍学等情况。二是人际变化。如果学生大部分时间沉迷网络，很少与现实中的人来往，可能会逐渐地封闭自我，导致人际交往问题的出现。三是心理变化。长期沉迷网络，会引发一些烦闷、焦躁、孤独的心理问题，对外界事情漠不关心。

大学生网络成瘾根据其上网目的可以分成三个类型。

1. 网络娱乐成瘾。大学生主要利用网络进行游戏、观看视频、听音乐等。

2. 网络关系成瘾。大学生主要利用微信、QQ及陌陌等进行聊天，享受网络交际。

3. 网络信息成瘾。一般是指强迫性或冲动性浏览网页。强烈的求知欲与好奇心使大学生热衷于通过网络查找和收集自己需要的各类信息和知识，但在此过程中，无用的或不相关的信息经常会以各种方式干扰大学生生活，使其在不知不觉中被与学习毫不相干的信息所吸引，而原本打算搜索的信息已经被抛在脑后。

（二）网络人格障碍

网络人格是在网络行为中形成的，一个人在网络交往过程中表现出来的比较稳定、持久的心理特征的总和。网络人格既是现实人格的反映，又丰富和发展着个人的现实人格。网络人格障碍是大学生在网络中偏离了社会文化期望，并以一种非正常的行为方式或内心体验与他人交往所形成的网络人格。许多大学生在网络中"虚拟我"和生活中的"现实我"存在很大不同，这说明他们在虚拟、匿名的网络世界中选择伪装自己达到目的或者迎合别人。大学生还会通过各种方式在网络中美化自己，或者抛弃现实身份，塑造成各种理想的社会角色，在网络中展现出与现实生活中截然不同的另一种人格。在面对现实时，大学生又要进行虚拟和现实的角色互换，当转换频繁进行、承担的角色过多时，就会自我迷失，逐渐混淆虚拟和现实，对自己的社会角色认知错位，影响大学生心理健康。

自我意识正确是心理健康的重要标志，大学生处于自我认识、自我评判发展的关键时期，必须在现实的人际交往中认识自我、发展自我和完善自我，而网络中的自我往往是虚拟的，网络上的他人评价和自我评价是虚幻的，自我判断能力也缺乏真实的参照物，大学生不能正确认识自我，更不能发展自我和融入集体，严重影响大学生心理健康水平。

（三）孤独感

孤独感作为大学生较为常见的负性情绪体验常与社会交往问题相关，是指个体在社会交往中感到自身和外界隔绝或受到外界排斥所产生出来的孤伶、苦闷的消极情绪体验，长时间的孤独感还会对大学生自尊、自我认同和生活满意度等产生消极影响。另外，孤独感不仅会诱发大学生的网络成瘾倾向，而且很有可能通过对大学生人际关系的不利影响进而加重网络成瘾倾向。

大学生来到新的生活环境，可能存在适应不良的情况，在人际关系上，面对来自各个地方的陌生同学，部分大学生不愿主动与人交流，感到越来越孤独，认为没有人能理解自己，不愿与人沟通，他们更喜欢上网而非现实生活中的活动，甚至当网络与现实生活中活动发生冲突时，他们会选择网络而减少集体活动。大学生长时间依赖网络使他们对现实生活中的一切漠不关心，与周围人缺乏情感和思想的交流，虽然网络社交在一定程度上扩大了大学生的人际交往范围，使他们获得网络的支持，但现实活动和人际交流也在减少，实则在无形中缩小了个人生活的圈子。当这些大学生离开网络交友的热闹氛围，回归现实生活中时，热闹和冷清的强烈对比使他们更容易感到孤单、寂寞。

（四）网络信息焦虑

网络信息焦虑是在网络信息获取和利用过程中对于网络信息的超载、干扰、无效和失控等情况不能有效处理，而呈现的矛盾化、冲突性、干扰性和障碍化状态，引发了如紧张、恐惧、焦虑、忧虑、不安等心理反应的情绪状态。因网络信息数量的暴涨性和信息交互的即时性等原因，不断强迫大学生更新自身的信息储备和信息应用的方式，关注网络信息互动，具体表现为：一是在情绪上，当大学生遇到网络信息超载不能完全消化，遇到网络信息干扰不能准确筛选，遇到网络信息无效不能有效获得，会产生如紧张、焦虑、烦躁及愤怒等情绪；当因为某种原因不能上网时，整个人会极度焦虑、难受；当发现很长时间没有人来关注自己的微博、朋友圈时，会产生很深的失落感，进而影响到大学生正确的自我意识。二是在行为上，表现为频繁地使用手机软件或者网络平台，即使没有信息也反复检查，担心错过软件或者平台上的信息，不停地刷新朋友圈和微博，不停地查看各种新闻软件发布的信息，对其正常生活造成了很大的影响。

二、大学生网络心理影响因素

（一）社会因素

网络以其自身的特性给人们的生活带来了巨大的改变，很多人都想从网络这个巨大的平台上分一杯羹，一些娱乐、游戏商家为了吸引消费者，研究和制定一些满足人们心理需要的网络游戏、娱乐活动和互动平台等，使得网络充满了诱惑力，加上上网成本逐渐降低，大学生成为使用网络的主力军。但是受各种因素的影响，目前的网络市场管理机制并不健全，网上信息良莠不齐，一部分大学生会不自觉陷入对网络的过度使用中，成为网络心理问题的受害者。

（二）家庭因素

父母是孩子的第一任老师，家庭环境和父母教养方式对大学生性格的形成和心理健康有着重要影响，也是促使大学生形成网络心理问题的重要因素之一。一种情形是家庭关系不和谐。父母长期在外或者忙于事业，使得大学生从家庭中得到的支持不足，转向通过网络寻求关爱和温暖；父母关系破裂或教养方式不当也会促发大学生对网络的依赖。另一种情形是父母溺爱，导致大学生自制力差，缺乏生活的目标，容易受到网络的诱惑和沉迷网络。

（三）大学生自身因素

首先，大学生心理发展尚未完全成熟，好奇心强，情感需求强烈，喜欢新鲜的、刺激的事物，但自我约束和自我控制能力较差，面对复杂、充满诱惑的网络环境不能做出正确的判断和选择。其次，大学生的人际交往需求强烈，当现实当中的人际交往出现困难时，大学生便转向网络获取社会支持。最后，大学生在面对和承受学业压力、就业压力等负面情绪时，虚拟的网络世界是他们选择逃避后的"港湾"，在网络的世界里，他们的压力可以得到暂时的缓解。

第三节　大学生网络心理问题的自我调适

案例：

小辉是一名大一学生，父母平时忙于工作，从小小辉和爷爷奶奶相处得较多，他从大一上学期开始沉迷于网络游戏，出现了逃课行为，同学反映他几乎每天熬夜玩游戏。辅导员得知后，及时找小辉谈话，平时学校和班级的活动也都安排上小辉的工作，也与其父母多次联系，提醒他们多关心小辉，不久以后，小辉逐渐减少了玩游戏的次数和时间，上课也逐渐恢复正常。

案例分析： 案例中小辉通过辅导员的帮助、父母的关心和鼓励，逐渐回归正常的大学生活，这说明大学生网络心理问题的产生是多因素的，防治也需要多方面的努力。

大学生网络心理问题的自我调适方式是多样的，大学生要根据自身实际选择适合的、有效的方式。

一、鼓励大学生树立正确应对心理问题的态度

网络心理问题在大学生中是较为普遍的，但大学生对待网络心理问题的态度持有逃避和掩饰的态度，这种处理问题的方式只会使问题不断加重，树立正确的态度对于解决网络心理问题至关重要，高校在对大学生进行心理健康教育时，也要引导学生树立正确应对心理问题的态度。一方面，网络心理问题是普遍存在的。引导大学生了解网络心理问题的成因和表现形式，告诉大学生在纷繁复杂的网络环境中几乎人人都存在不同程度的心理问题，只是由于调适能力或者心理承受能力的不同，导致问题的表现和严重程度有所不同而已，不用担心自己是唯一的、特殊的。另一方面，积极解决问题。是否能够积极面对是大学生树立正确态度的第一步，而积极投入行动、改变现有问题是解决大学生网络心理问题的决定因素，可以鼓励大学生尝试自我求助，在自己解决不了的时候，积极主动寻求心理治疗。高校在心理健康教育建设过程中也要通过理论引导、实践活动及校园宣传等形式，使大学生从观念上接受网络心理咨询和教育，在大学校园中营造一种积极对待不良状态的氛围。

二、树立正确的网络观

网络是一个巨大无比的信息交换库，承载着知识、信息、数据的同时，也存在着暴力、色情等有害信息，在享受着网络给我们带来全新的生活体验的同时，我们也要保持清醒的认识，网络是一个自由、开放、平等的世界，也是一个充满诱惑与陷阱的危险之地。大学生应该树立正确的网络观，才能正确使用网络，处理好网络与现实的关系，避免产生网络心理问题。首先，网络不是万能的。作为大学生，我们在学习和生活中可以依靠网络更加

便捷地获取信息和知识，可以把网络看作一个学习的工具和载体，但是不能将网络视作解决一切问题的灵药，不能盲目地相信和依赖，要根据实际、联系实际去解决问题和提升自我。其次，网络安全人人有责，大学生应树立正确的网络安全观。面对互联网技术和应用飞速发展，现行网络安全管理体制存在明显弊端，主要是职能交叉、权责不一、效率不高。同时，随着互联网媒体属性越来越强，网上媒体管理和产业管理远远跟不上形势发展的需要，网络在一定程度上是"良莠不齐"的，大学生正处于价值观塑造的关键阶段，经验缺失，心智不够成熟，容易受到不良信息的引导，利用网络进行有害身心甚至是违法犯罪行为，主要包括两个方面：一是发表不当言论。网络具有虚拟性和匿名性，大学生在社交网站中随意发表对国家、社会不利的言论，他们有的是受人欺骗，有的是情绪发泄，但不管原因如何，这都是有害于国家和社会的违法行为。二是传播不良信息。网络的包容性就意味着网上信息多且杂，存在着大量有害大学生身心健康的信息，涉世未深的大学生容易受到不良信息的影响，在自己浏览的同时，有的大学生还受到利益的诱惑，在社交平台上帮助不法商家传播涉黄、涉赌等有害信息。

三、加强网络道德自律

首先，大学生应提高自己的网络道德素质。网络道德素质是现在大学生要具备的基本道德素质之一，大学生在享受网络带来的便利的同时，要避免网络带来的道德偏差。一方面大学生要对网络道德素质有明确的认识。通过对比自己在网络活动中的具体行为，看看是否符合道德要求。另一方面，从提升自我反省意识和反省能力做起，时刻警醒自己，树立网络道德意识，端正自己的上网态度。其次，大学生要提高自我约束能力。自我约束能力是大学生必备能力之一，影响着大学生的情绪控制和行为控制。自我约束能力不足，缺乏一定的自律能力，是现在大学生普遍存在的问题，具体表现为容易受到诱惑、立场不坚定、执行力不强、拖延行为严重，在网络上表现为不能控制上网时间等，严重影响着大学生的学习和生活，因此，提高大学生的自我约束能力显得尤为重要。一是要提高大学生对自我约束能力的认知，让大学生明白自我约束能力在成长过程中的重要性。二是要时刻约束自己的网络行为，网络上充斥着良莠不齐的观点，大学生要学会去粗取精、去伪存真，正确运用网络，坚定自己的意志，规范自己的网络行为及规范网络使用时间。

四、培养良好的情绪调节能力

网络的虚拟性和匿名性使网络暴力游戏成为大学生发泄不良情绪的途径之一，情绪虽得到暂时缓解，但也带来了网络成瘾等网络心理问题。情绪是心理的重要组成部分，引导大学生培养积极情绪，接纳和调节不良的、消极的情绪有助于大学生网络心理问题的解决。培养良好的情绪调节能力，一方面是要接纳不良情绪。情绪产生的原因和对情绪的处理方法是多方面的，社会环境、学校环境、家庭因素和自身因素的影响，在大学生中存在较大的个体差异性，且有一定的情境性。大学生在遭遇一些挫折、困难或在人际关系上存在矛盾时，产生一些焦虑、自卑、愤怒等情绪是正常的，要学会正视自己的不良情绪，接纳不良情绪，如果只是排斥和否定，不仅情绪得不到宣泄，还会引发其他心理问题。另一方面要学会合理地宣泄情绪。当大学生接受学习、人际关系和在网络使用过程中产生焦虑、冷漠等不良情绪时，应该及时、合理地进行宣泄，大学生可以选择运动、找人倾诉、散步放松以及大声哭泣等方式进行情绪的放松和调节。环境对人的情绪和情感同样起着重要的影响和制约作用。如在网络环境中产生不良情绪时，可以通过转变环境来调节情绪问题，可以选择远离网络环境，回归到现实生活中，到外面走走，如景色优美的公园、充满趣味的科技馆等，都可以有效缓解消极情绪，使大学生心情舒畅，有助于帮助大学生解决网络心理问题和其他心理困扰。教师要引导大学生能够敏锐地察觉网络带来的情绪变化，并及时接纳、有效调节情绪。

五、帮助大学生构建意义感

"我不知道要做什么，觉得什么都没有意义，感觉只有玩游戏一件事情可以做""我觉得生活没有意义，学习没有意义，干什么都没意思"，这是一些大学生挂在嘴边的话。没有生活目标，没有兴趣爱好，不想学习，不知道怎么学习，害怕失败，不想付出，这是大学生缺乏意义感的体现。意义感是大学生积极心理品质的重要组成部分，对指导大学生开展正常的学习生活有着重要意义，对于意义感的构建，可以从以下两个方面开展：一是学习相关课程，学校层面可以以选修、讲座的形式开设关于生命体验、死亡体验等课程，带领大学生体验关于生命和死亡的意义，思考生活的价值、自我的价值和对于社会的价值。二是多参加实践活动。社会实践活动不仅限与在专业技能相关的，还可以参加公益类实践活动，如参加敬老活动或希望小学、扶贫、特殊人员救助活动，在实践中体验多元价值，体验自己能在这个社会上做出的贡献，树立对社会、对自身的责任感。

【心灵瑜伽】

提高幸福感的十件小事

没有网络也可以很有趣，分享生活中一些可以获得幸福感并且有意义的十件小事：

1. 好好睡一觉，充足的睡眠能让你精力充沛。
2. 和家人做一顿饭，体验动手的快乐。
3. 和朋友重温小学校园，寻找属于童年的回忆。
4. 和好朋友周末骑行，享受自然。
5. 换上运动装，出门运动。
6. 找上一本喜欢的书，给自己一杯清茶，感受书香、茶香和知识的魅力。

7. 动手整理卫生，干净整洁的环境有利于心情舒畅。

8. 买一点盆栽或鲜花，让它们给你充充电。

9. 做一个简单的手工礼物，送给最近要过生日的朋友。赠予比接受更具幸福感。

10. 做好个人清洁，认真搭配衣服，给自己自信。

 【心理测试】

网络成瘾量表（IAT）

请根据你的实际情况如实回答。几乎没有：记1分；偶尔：记2分；有时：记3分；经常：记4分；总是：记5分。

1. 我觉得上网的时间比我预期的要长吗？

2. 我会因为上网忽略自己要做的事情吗？

3. 我更愿意上网而不是和亲密的朋友待在一起吗？

4. 我经常在网上结交新朋友吗？

5. 朋友、家人会抱怨我上网时间太长吗？

6. 我因为上网影响学习了吗？

7. 我是否会不顾身边需要解决的一些问题而上网查 Email 或看留言？

8. 我因为上网影响到自己的日常生活了吗？

9. 我是否担心网上的隐私被人知道？

10. 我会因为心情不好而去上网吗？

11. 我在一次上网后会渴望下一次上网吗？

12. 如果无法上网我会觉得生活空虚无聊吗？

13. 我会因为别人打搅自己上网而发脾气吗？

14. 我会上网到深夜不去睡觉吗？

15. 我在离开网络后会想着网上的事情吗？

16. 我在上网时会对自己说："再玩一会吗？"

17. 我会想方法减少上网时间而最终失败吗？

18. 我会对人隐瞒自己上网多长时间吗？

19. 我宁愿上网而不愿意和朋友们出去玩吗？

20. 我会因为不能上网变得烦躁不安、喜怒无常，而一旦能上网就不会这样吗？

网络成瘾量表（IAT）得分统计表

1	2	3	4	5	6	7	8	9	10
11	12	13	14	15	16	17	18	19	20

计分方式：把所有题号的分数相加，即可得到总分。

总分含义为：40~60分：轻度；60~80分：中度；80~100分：重度。

UCLA 孤独量表（第三版）

请用数字来表达你有这种感觉的频度。从来没有：1分；几乎没有：2分；有时候：3分；总是：4分。

1. 你是否感到同周围的人很合拍？

2. 你是否感到缺少伙伴？

3. 你是否感到无从求助？

4. 你是否感到孤独？

5. 你是否感到是朋友圈的一部分？

6. 你是否感到同周围的人有很多共同点？

7. 你是否感到不再想亲近任何人？

8. 你是否感到你的兴趣和想法不为周围的人所接受？

9. 你是否感到外向而友善？

10. 你是否感到与人们亲近？

11. 你是否感到被忽略了？

12. 你是否感到同他人的关系没有意义？

13. 你是否感到没人真正了解你？

14. 你是否感到与他人隔绝？

15. 你是否感到需要时就能找到伙伴？

16. 你是否感到有人真正理解你？

17. 你是否感到害羞？

18. 你是否感到人们在你周围但不同你在一起？

19. 你是否感到有你可以倾诉的人？

20. 你是否感到有你可以求助的人？

UCLA 孤独量表（第三版）得分统计表

1	2	3	4	5	6	7	8	9	10
11	12	13	14	15	16	17	18	19	20

　　计分方式：全量表共有 20 个条目，每个条目有 4 级频度评分：4 分：一直有此感；3 分：有时有此感；2 分：很少有此感觉；1 分：从未有此感觉。其中有 9 个条目反序记分，分别是：1、5、6、9、10、15、16、19、20（即 1=4，2=3，3=2，4=1），将所有题号的分数按照要求相加，即可得到总分，总分分数越高，孤独程度越高。

【作业反思】

　　根据身边的案例，探讨如何从寝室文化建设的角度，帮助大学生摆脱网络依赖。

参考文献

[1] 欧阳辉，袁忠霞．高职生心理健康应用教程 [M]．沈阳：辽宁教育出版社，2012．

[2] 魏改然．高职生心理健康教育 [M]．北京：化学化工出版社，2010．

[3] 陈昉，王明娟．新编高职生心理健康教育 [M]．北京：北京邮电大学出版社，2012．

[4] 田爱香．高职生心理健康教育 [M]．武汉：武汉大学出版社，2014．

[5] 刘晓玲．高职生心理健康教育 [M]．北京：旅游教育出版社，2012．

[6] 李红亚，万虎，李岚冰．爱的成长——高职生心理健康教育 [M]．北京：现代教育出版社，2012．

[7] 白羽．改变心力——团体心理训练与潜能激发 [M]．杭州：浙江文艺出版社，2006．

[8] 连榕，张本钰．高职生心理健康 [M]．北京：北京师范大学出版社，2012．

[9] 周家华，王金凤．高职生心理健康教育 [M]．北京：清华大学出版社，2010．

[10] 蔡晓军，张立春．自助与成长——高职生心理健康教育 [M]．上海：教育科学出版社，2010．

[11] 郑日昌，陈永胜．学校心理咨询 [M]．北京：人民教育出版社，2003．

[12] 李文霞，任占国，赵传兵．高职生心理健康教育 [M]．北京：北京师范大学出版社，2013．

[13] 中国就业培训技术指导中心，中国心理卫生协会．国家职业资格培训教程——心理咨询师（基础知识）[M]．北京：民族出版社，2012．

[14] 崔建华．快乐成长营——高职生心理素质提升训练 [M]．厦门：厦门大学出版社，2009．

[15] 吉家文．新编大学心理健康教育——健康的心理为你添上飞翔的翅膀 [M]．天津：南开大学出版社，2012．

[16] 刘畅．高职生心理素质教育 [M]．北京：北京交通大学出版社，2007．

[17] 郑乐平，卫红．高职生心理健康教育 [M]．长沙：湖南师范大学出版社，2013．

[18] 赵海信．高职生心理健康教育 [M]．沈阳：东北师范大学出版社，2013．

[19] 樊富珉，王建中．当代高职生心理健康教程 [M]．武汉：武汉大学出版社，2014．

[20] 张文新．高职生心理健康教育 [M]．济南：山东人民出版社，2013．

[21] 杨昭宁．高职生心理健康教育 [M]．济南：山东人民出版社，2012．

[22] 梅宪宾．高职生心理健康教育 [M]．长春：吉林大学出版社，2011．

[23] 宋宝萍．高职生心理健康教育 [M]．西安：西安电子科技大学出版社，2007．

[24] 姚萍．高职生心理健康与咨询 [M]．北京：北京大学出版社，2010．

[25] 李百珍．青少心理卫生与心理咨询 [M]．北京：北京师范大学出版社，2011．

[26] 张松．高职生心理健康教育 [M]．武汉：武汉大学出版社，2012．

[27] 杨眉．心理关键词影响你的一生 [M]．广州：花城出版社，2011．

[28] 崔艳. 高职生心理健康教育 [M]. 大连：东北财经大学出版社，2013.

[29] 王金云，张静，宋大成. 高职生心理健康教育与训练 [M]. 北京：电子工业出版社，2015.

[30] 王奕威. 应激中介因素与高职生心理危机的关系研究 [D]. 上海：华东师范大学，2010.

[31] 王定福. 高职生心理危机预警系统建构研究 [D]. 武汉：华中师范大学，2011.

[32] 黄有梅，李德. 当代高校高职生性心理特点分析及对策 [J]. 当代教育论坛，2004.

[33] 秦彧. 高职生学习心理分析 [J]. 商丘师范学院学报，2005.

[34] 连榕，杨丽娴，吴兰花. 高职生的专业承诺、学习倦怠的关系与量表的编制 [J]. 心理学报，2005.

[35] 韩登亮，齐志斐. 高职生手机成瘾症的心理学探析 [J]. 当代青年研究，2006.

[36] 王维，陈青山，刘治民，林佩贤，严红虹. 广东某高校高职生性幻想情况分析 [J]. 中国学校卫生，2008.

[37] 程芳. 科学发展观下高职生生命教育新论 [J]. 当代教育论坛（上半月刊），2009.

[38] 单常艳，王俊光. 高校生命教育与心理健康教育的建构研究 [J]. 内蒙古师范大学学报（教育科学版），2009.

[39] 师建国. 手机依赖综合征 [J]. 临床精神医学杂志，2009.

[40] 卢勤. 高职生心理危机预防与干预体系的构建 [J]. 中国青年研究，2010.

[41] 梁九清，王淑敏. 高职生负性情绪影响因素调查分析 [J]. 中国健康心理学杂志，2012.

[42] 郑晓娜，辛斌. 在校高职生手机依赖调查报告——沈阳5所学校为例 [J]. 沈阳航空航天大学学报，2012.

[43] 洪艳萍，肖小琴. 高职生手机依赖状况及其与人格特质 [J]. 中国健康心理学杂志，2013.

[44] 邓婷，王燕晓. 浅析当代高职生爱情能力的培养 [J]. 吉林省教育学院学报，2014.

[45] 赵振杰. 当代中国大学师生关系管理探析 [J]. 教师教育研究，2015.

[46] 吴少怡. 新编大学生心理健康教程 [M]. 西安：西安交通大学出版社，2018.

[47] 覃干超，唐峥华. 大学生心理健康教育 [M]. 桂林：广西师范大学出版社，2020.

[48] 李雄鹰. 大学生心理健康教程 [M]. 西安：西安交通大学出版社，2019.